교회의 갈등과 회복

Firestorm : preventing and overcoming church conflicts

교회의
갈등과 회복

FIRESTORM:
PREVENTING AND
OVERCOMING CHURCH CONFLICTS

론 수섹 **지음** | 장혜영 옮김

포이에마
POIEMA

교회의 갈등과 회복

론 수섹 지음 | 장혜영 옮김

1판 1쇄 발행 2010. 11. 9. | **1판 2쇄 발행** 2020. 9. 26. | **발행처** 포이에마 | **발행인** 고세규 | **등록번호** 제300-2006-190호 | **등록일자** 2006. 10. 16. | 서울특별시 종로구 북촌로 63-3 우편번호 03052 | 마케팅부 02)3668-3260, 편집부 02)730-8648, 팩스 02)745-4827

값은 뒤표지에 있습니다. ISBN 978-89-93474-43-5 03230 | 독자의견 전화 02)730-8648 | 이메일 masterpiece@poiema.co.kr | 좋은 독자가 좋은 책을 만듭니다. | 포이에마는 독자 여러분의 의견에 항상 귀를 기울이고 있습니다.

하나님께서 이 책을 통해 그리스도의 몸 된 교회를

갈등으로부터 끌어내시고, 그리스도가 아버지와 하나인 것 같이

우리도 하나가 되게 하시기를 소망합니다.

차례

문예가들은 대부분 책의 질을 결정하는 핵심 요소로 진정성을 꼽는
다. 저자라면 누구나 직접적인 경험에서든 간접적으로 쌓은 지식으로
든 자신이 다룰 주제에 통달해야 한다.

이 책에서 론 수색은 자신에게 큰 충격과 극심한 괴로움을 안겨준
비극적 사건을 이야기한다. '폭풍처럼 번지는 불길'을 뜻하는 이 책
의 원제는 그가 다루는 주제의 파괴적인 본질을 잘 보여준다. 그럼에
도 저자는 불굴의 의지, 한결같은 긍휼, 진기한 경험을 잘 버무려서
어떤 상황에도 적용할 수 있는 해결책을 만들어냈다. 모든 상황 속에
서 진정성을 발휘할 수 있는 책을 만들어낸 것이다.

이 책은 이제까지 보아왔던 어떤 책보다 교회의 분열에 대해 정교
하게 분석한다. 실제로 교회 공동체를 휘감는 갈등의 불길에는 일정
한 라이프사이클이 있어서 여섯 단계가 차례로 진행된다. 주의 깊게
관찰하면 각각의 단계를 알아볼 수 있다는 사실은 우리에게 상당한
위로를 준다. 저자는 또한 교회에서 갈등이 생기는 원인에 대해 탐구
하고 도저히 손을 쓸 수 없는 지경에까지 이르지 않으려면 잠재적 원
인을 쉼 없이 경계해야 한다고 경고한다. 아마도 독자들에게 가장 유
익한 부분이 될 것이다. 또한 저자는 불길과 싸우는 실제적 기술, 즉

대형 화재를 예방하고 극복하는 법을 제시한다. 내부 분열로 상처 입은 교회를 재건할 때 꼭 필요한 통찰을 보여주는 대목이다.

무엇보다 저자는 인간의 본성이 지닌 연약함과 거기서 오는 다양한 충돌을 어떻게 다루어야 하는지 상세한 방법을 제시하는 내내 고통받는 교회의 안녕을 바라는 복음전도자의 열정을 잊지 않는다. 적절한 성경말씀을 인용하며 그가 전하는 핵심 메시지는 그리스도께서 교회를 사랑하셨고 교회를 위해 자신의 생명을 내어주셨다는 것이다. 교회를 향한 그리스도의 사랑은 영원하다. 어떤 문제를 안고 있든지 그 사랑을 받아들이기만 하면, 개인의 삶은 물론 교회를 위협하는 모든 갈등의 불길을 능히 물리칠 수 있다.

_D. 제임스 케네디

이 책은 교회 갈등에 관한 책이다. 너무나도 파괴적인 갈등이기에 나는 이 책의 원제를 폭풍같이 번지는 불을 뜻하는 *Firestorm*으로 정했다.

처음부터 책을 쓰기로 마음먹은 것은 아니었지만, 견디기 쉽지 않은 사나운 불길을 통과한 펜실베이니아 주의 한 교회를 돕다 보니 어느새 마음속에 강한 소원이 생겼다. 갈등의 불꽃은 그간 이뤄온 교회 성장의 기적을 한 줌의 재로 만들기 직전까지 타올랐다. 하지만 교회를 지키기 위해 남은 교인들은 하나님이 기뻐하실 만한 방법으로 사나운 불길에 대적했고, 덕분에 교회는 오늘까지 살아남았다. 교인의 수는 현격히 줄었지만, 영적으로는 어느 때보다도 생동감이 넘친다.

2년간 이어진 거센 불길과 그로부터 회복되는 과정을 통해 내가 얻은 교훈이 있다면, 이것이 비단 이 교회만의 이야기가 아니라는 사실이다. 하지만 그 내용이 너무나 적나라한 까닭에 나는 우리가 배운 원리들을 책으로 엮어도 괜찮을지 먼저 교회 장로들에게 양해를 구해야 한다고 생각했다. 그런데 그들은 오히려 제발 그렇게 해달라고 부탁했다.

펜실베이니아 주 〈랭커스터 선데이 뉴스〉가 지적한 대로 "교회가 크든 작든, 도시 교회든 시골 교회든, 자유주의를 지향하든 근본주의를 지향하든 어디서나 문제는 생길 수 있다." 심각한 교회 갈등을 과연 극복할 수 있을까? 물론이다. 하지만 갈등에 연루된 사람들이 변화되지 않고는 불가능하다. 더욱이 불길이 걷잡을 수 없을 만큼 넓게 번진 상태에서 교회를 파멸로부터 지키려면 인간의 능력을 뛰어넘는 하나님의 역사가 절실히 필요하다.

최근 펜실베이니아 주 마이어스타운에 위치한 은혜형제교회가 지독한 불길에 휩싸였고, 내게 이 교회를 회복시키는 일을 도와달라는 부탁이 들어왔다. 장로 및 교인 들과 함께 교회를 재건하는 동안 나는 로이 로버츠 목사가 했던 말을 피부로 실감했다. "심각한 갈등이 일어나기까지 24시간이면 충분합니다. 여기에는 예외가 없어요. 그리고 그 후 일 년이면 수년간의 열심과 성장이 모두 물거품이 되지요."

로이 목사는 자신의 작은 판단 착오가 거대한 불길로 번져 몇 달간 굴욕을 당하고 결국 사임까지 하게 될 줄 상상이나 했을까. 그 일이 있고 얼마 되지 않아 50대 초반밖에 안 된 로이 목사는 뇌졸중으로 쓰러졌다. 그간의 스트레스가 원인이라는 데는 이론의 여지가 없었다.

솔직히 마이어스타운 은혜형제교회가 생존할 확률은 제로에 가까웠다. 하지만 이 교회는 살아남았다. 주님의 능력과 지혜로 은혜형제교회가 갈등을 극복할 수 있었다면, 그것은 모든 교회가 그럴 수 있다는 의미이다. 그리고 이것이 바로 이 책이 전하는 메시지이다. 이 '기드온의 군대'는 강력한 군대로 남기보다 자신의 원래 이름대로 마이어스타운 은혜형제교회로 기억되기를 소망한다.

사나운 불길을 통과한 다른 교회들도 마찬가지겠지만, 이 교회를 맡고 가장 먼저 떠오른 질문은 "무엇이 문제였을까?"였다. 하지만 답을 찾을 시간이 없었다. 교회는 무너지기 일보 직전이었고 남아 있는 교인들은 절망 속에서 허우적거렸다. 우선 온 교회를 휘감은 죄의식과 자괴감에서 교인들을 건져내는 것이 급선무였다. 상호 존중을 바탕으로 한 깊은 관계가 절실했다. 장로들은 어떤 대가를 치르더라도 성경적으로 올바른 결정을 내리기로 마음을 다잡았다. 교인들에게 어떤 결정을 내리도록 강요하기보다 침착하고도 겸손하게 자신의 행동과 동기를 설명하는 데 집중했다. 교회의 재정이 어려워져 생존 가능성은 희박했다. 부채를 갚고 아주 기본적인 운영비를 떼면 천 원 한 장 남지 않았다. 적합한 목회자를 찾는 과정이 길어지자 우리는 매월 하루를 금식과 기도의 날로 정했고 지금까지 지키고 있다. 첫 번째 기도회가 열린 다음 날부터 키스 시어러 목사님을 청빙하자는 의견이 신중하게 오갔다. 키스 목사님은 그로부터 6개월 후에 은혜형제교회 담임 목회자로 부임했다. 하나님의 손이 우리와 함께하신 결과였다. 마이어스타운 은혜형제교회에서 내가 맡은 사역이 거의 끝나갈 무렵, 하나님은 사나운 불길에서 우리를 거의 건져주셨다. 새로운 목회자가 오고 2년 반이 지나 교회는 개보수 공사를 시작했다. 교회가 영적 건강을 회복하고 있었기에 가능한 일이었다.

이 교회가 회복될 수 있었던 가장 큰 요인이 무어냐고 묻는다면 나는 하나님에 대한 믿음과 순종이었다고 대답할 것이다. 너무 간단한 대답 아니냐고 반문할지 모르지만 사실이 그렇다. 하나님을 믿는다는 것은 모든 것을 그분의 방식대로 처리한다는 뜻이다. 그리고 종종 그분의 방식은 인간의 생각과는 전혀 다르다. 심각한 문제가 생기면 담대히 맞서는 대신 도망쳐서 편안한 곳에 머물려는 우리의 바람과 정면으로 충돌한다는 말이다. 그런데 은혜형제교회 교인들은 도망치지 않고 현대판 홍해를 가르시는 하나님의 역사를 목격하기로 단단히 마음먹은 상태였다.

이 귀한 경험과 연구를 통해 얻은 교훈을 이제 독자들의 손에 건네고 싶다. 마이어스타운의 승리가 다른 교회들도 공감할 수 있는 평범한 이야기가 되기를 바라기 때문이다. 이전의 상처를 다시 들추어내는 것은 바람직하지 않다. 따라서 마이어스타운 이야기를 그대로 전하지는 않을 생각이다. 하지만 이 책은 분명히 메인 주에서부터 캘리포니아 주에 걸쳐 두루 살고 있는 실재 인물들과 그들 사이에 일어난 사건들을 바탕으로 쓰였다. '이건 바로 내 이야기가 아닌가' 하고 생각하는 독자들도 더러 있을 것이다. 이 책의 원고를 읽은 어떤 목사는 이렇게 고백했다. "거의 모든 단락에서 아내와 저는 함께 울고 웃었습니다. 론 목사님이 이 책을 우리 교회 예배당 뒷자리에 앉아 쓰신 건 아닐까 생각하기도 했습니다."

어쩌면 독자들의 이야기를 쓴 것일 수도 있다. 인간의 행동 원리가 보편적인 탓이다. 따라서 여러분은 이 책에서 자기 교회 이야기와 비슷한 이야기를 많이 발견하게 될 것이다. 따로 명시하지 않는 한 이 책에 나오는 이름은 모두 가명이다.

교회를 휘감는 사나운 불길은 대개 여섯 단계를 거쳐 폭발하고 사그라진다. 그래서 나는 각 단계를 하나씩 살펴보면서 각 단계에서 필요한 적절할 대처 방법을 제안하려 한다. 담임 목회자부터 교역자, 장로, 평신도에 이르기까지 모든 사람이 저지르는 실수와 판단 착오, 부당한 행동에 유념하며 읽어보라.

모든 사역의 이면을 적나라하게 드러내는 데는 두 가지 이유가 있다. 우선, 백 퍼센트 결백한 피해자는 거의 없다는 사실을 인정할 필요가 있기 때문이다. 아주 없는 것은 아니지만 극히 드물다. 손뼉도 마주쳐야 소리가 나는 법이다. 또한 다른 사람들이 갈등하는 이유를 살펴봄으로써 독자들도 자신이 갈등하는 원인을 찾게 되길 바라기 때문이다. 갈등의 조짐을 분별하는 법과 거기에 반응하는 법을 배우는 기회가 될 것이다.

이 책을 읽는 당신이 목회자라면, 특별히 목회자를 위해 쓴 부분을 숙지하라고 권하고 싶다. 그리고 함께 동역하는 교역자들에게 이 책을 건네주고 그들 또한 그 부분을 꼼꼼히 읽게 하라. 함께 수련회를 떠나 토론의 시간을 갖고 교회를 갈라놓는 사나운 불길을 예방할 계획을 세워라. 또한 이 책에는 평신도들이 자신의 역할과 책임을 발견하기 위해 읽어야 할 부분도 들어 있다.

그 무엇도 정복하지 못한 마이어스타운 교회에서 임시 행정 목사로서의 사역이 끝나갈 무렵, 사실 떠나고 싶지 않은 마음이 생기기도 했다. 목전에 다가온 이별을 두고 사람들은 아쉬워했고 그것이 나의 마음을 아프게 했다. 따뜻한 미소와 포옹, 악수를 통해 사람들은 "우린 평생 친구입니다"라고 말했다. 안녕이라는 말로 마지막을 고하는 대신, 많은 교인이 나의 사역을 기도로 후원하기로 했다. 얼마나 감사한 일인지 모른다. 지금까지도 이 교회의 목사님과 교인들은 사나운 불길을 마주한 많은 목회자와 교회에 힘이 되기를 소망하면서 이 책을 통해 나와 함께 사역하고 있다.

불길의

라이프사이클은 관찰 가능하다.

일기의 흐름으로

자연스레 발생한 화재를

예측할 수 있듯이

관계 속에 흐르는 기류를 통해

현재 내가 속한

공동체가 어느 단계의

불길에 휩싸여 있는지 알 수 있다.

01

갈등의
라이프사이클

1단계 : 불꽃이 일다

보라. 얼마나 작은 불이 얼마나 많은 나무를 태우는가.

_야고보서 3장 5절

큰불도 본디 작은 불꽃에서 시작한다. 사람들 사이에는 늘 갈등이 있게 마련이고, 한 번 생긴 불꽃은 제풀에 사그라지는 법이 없다. 대개는 감정의 깊은 기억 장치 속에서 연기를 내며 타오르다가 결국 거대한 불길로 솟구친다. 그러다 알아서 사그라지겠지 생각하면 오산이다. 펜실베이니아 주 피츠버그에 있는 중앙침례교회와 스티브 게이츠 목사가 그 전형적인 예이다.

스티브의 나이는 스물다섯, 이제 신학교를 갓 졸업한 그에게는 돈키호테 같은 열정이 넘쳤다. 졸업하고 2주 만에 중앙침례교회 담임목사 후보가 되었다. 타고난 재능과 몸가짐 덕에 성숙한 목회자로 다듬어지는 과정을 모두 건너뛰고 가장 높은 자리에서 사역을 시작하게 된 것이다. 하지만 그의 야망이나 재능이 훌륭한 멘토 밑에서 훈련을 받으며 성장하는 훈련 과정을 대신할 수는 없었다. 청빙위원회에서는 그 누구도 스티브의 반짝이는 겉모습 이면에 있는 단점과 숨은 동기를 드러낼 만한 적절한 질문을 던지지 못했다. 그것들을 제대로 드러내주는 것은 세월과 역경이기 때문이다. 사실 그때는 스티브 자신도 몰랐을 것이다.

청빙위원회에 적절한 질문을 던지지 못한 것은 스티브도 마찬가지였다. 교회를 개척하고 37년간 240명의 교인을 섬겨온 짐 반스 목사의 후임자로서 그는 과연 성공할 수 있을까? 기존의 복잡한 관계들을 이해할 만큼 그는 성숙한 사람일까? 당시 스티브는 자신이 감당하지 못할 큰 문제는 없다고 자신했다.

청빙위원회 면접이 있고 사흘간 사람들 사이에는 스티브가 하나님이 보내신 목회자라는 여론이 형성되었다. 교회의 리더들은 자신들이 원하는 것은 교회의 성장이고 그 일에 스티브가 적임자가 되어줄 거라고 기대했다. 눈에 띄는 외모와 당당한 말투는 꽤 잘 어울렸다. 게다가 침례교 전통에 정통하기까지 했다. 멋들어진 양복은 다림질도 하지 않은 반스 목사의 낡은 바지와 비교가 돼서인지 그를 더욱 돋보이게 했다. 이런 사람이 목사라면 틀림없이 젊은이들도 호감을 느낄 것이다. 이런 생각들이 교회 어른들의 의심을 봉쇄해버렸다.

매우 중요한 교회와 신학의 문제에서도 스티브는 높은 점수를 받았다. 보수적인 시각 또한 교회와 일치했다. 그런데 아무도 입 밖에 내지는 않았지만, 아주 중요한 문제가 있었다. 바로 문화의 문제였다. 스티브의 옷차림에는 흠잡을 것이 없었지만, 문화에 대한 태도에서는 분명한 차이가 있었다. 음악과 예배, 기도의 방식을 비롯해 수천 가지 보이지 않는 문제들이 수면 아래 가라앉아 있었고, 그 문제들은 언제든 교리적 포악함으로 돌변할 수 있었다. 문화는 교인들이 느끼는 익숙함이나 안정감, 정체성은 물론 교인들의 안녕과도 관련이 있는 문제였다. 교회 운영위원회에 속한 장로들은 스티브가 자신들을 존중하기보다 살살 달래려 한다는 걸 눈치채지 못했다. 스티브 또한 교회가 안고 있는 기존 문화의 중요성을 인지하지 못했다. 대부분의 사람들이 하나님을 내세워 개인적인 취향을 고수하려 한다는 것도 알지 못했다. 어쨌든 사람들은 모두 스티브를 환영했다. 그래서인지 스티브는 채 검증되지 않은 계획들과 뜨거운 열정을 지닌 젊은 목회자로서 자신의 진짜 모습이 드러나도 사람들의 설렘은 계속될 거라고 기대했다. 감히 손 댈 수 없는 문화가 지닌 힘과 보이지 않는 권력 구조를 얕잡아본 것이다.

한 예로 교회에서 직접 사역을 하지는 않았지만 반스 목사와 가까이 지내는 친한 친구 네드 프렌들리가 있었다. 두 사람은 교회의 주요 현안을 놓고 골프를 치며 대화를 나눴다. 따라서 모든 결정에는 어느 정도 네드의 입김이 실렸다. 운영위원회의 일원인 밥 바클리는 고집이 세고 요구 사항이 많은데다 충동적인 30대 남성이었다. 낮에는 세일즈를 하고 퇴근 후에는 스포츠에 심취하는 그는 훌륭한 쿼터백과 대중의 함성이면 모든 문제를 극복할 수 있다고 믿었다. 운영위원회에 속한 마크 멀루니는 대규모 가업을 물려받았지만, 괴팍한 아버지의 그늘에서 벗어나지 못해 여전히 단정한 행실과 순응하는 태도에 집착했다. 재산을 앞세워 거드름을 피우지는 않았다. 그래도 그가 내는 엄청난 십일조가 교회 예산의 부족한 부분을 메우고 있다는 사실을 모르는 사람이 없었다. 운영위원회에는 또한 자기 아내의 대변인 노릇을 하는 짐 벤더라는 인물이 있었다. 짐은 뚜렷한 소신이 없었고 아내는 정반대였다. 그래서 짐의 의견은 아내의 반응에 따라 언제든 바뀔 수 있었고, 이 사실을 모르는 사람은 거의 없었다.

그런데 스티브는 이러한 역학 관계를 파악하지 못했다. 노련한 목회자라면 예의를 갖춰 조심스럽게 기존 문화에 천천히 발을 들여놓았을 텐데 말이다. 그는 돈 많은 사람들을 잘 설득해 자신의 꿈을 이룰 생각에만 집중했다. 사람들은 반스 목사가 스티브의 젊은 육신을 입고 다시 와주길 바랐지만, 스티브는 교인들의 마음을 헤아리지 못했다. 양쪽 모두 만족하려면 일정한 조정 기간이 필요했다. 시간이 그들을 하나로 엮어줄 때까지 서로 존중하고 격려하면서 그 시간을 통과할 수 있는지가 관건이었다.

문화는 종종 조직적 문제를 부르기도 한다. 중앙침례교회도 예외는 아니었다. 권력 남용은 물론이고 심지어는 죄의 문제가 교회 조직 깊숙이 침투해 있었다. 밥 벌리치와 아이반 에릭슨 사이의 해묵은 갈등이 대표적인 예이다. 밥의 아들이 아이반의 딸을 사랑해 둘은 약혼까지 했지만, 결국 밥의 아들은 다른 여자에게 마음을 빼앗겨 아이반의 딸과 파혼했다. 이후 아이반의 딸은 마약을 시작했고 결혼도 안 한 상태에서 임신까지 하고 말았다. 아이반은 모든 책임이 밥의 아들에게 있다고 믿었다. 그래서 자기 아들에게는 아무 잘못이 없는 것처럼 행동하는 밥의 태도에 더 화가 났다.

한편 밥은 남자답게 그 일을 털어버리지 못하는 아이반에게 분노했다. 오래된 상처는 쓴 뿌리가 되었고, 그 후 양가는 교회 현안을 다룰 때마다 사사건건 충돌했다. 밥은 아이반의 의견에 반대함으로써 아픈 상처를 다시 건드려 고통스럽게 했다. 잔인한 짓이란 생각도 들었지만 쾌감을 느끼는 것도 사실이었다. 양가의 친구들 역시 편을 갈랐고 결국 교회에는 파당이 생겼다.

이제 갓 열린 포도송이 같은 스티브는 처음부터 담임목사 자리에 앉는 바람에 제대로 여물지 못해 포도주 틀에 들어갈 기회도 누리지 못했다. 젊디젊은 그는 농익은 지혜가 아닌 설익은 이상주의를 따라갔다. 바울보다는 나폴레옹에 가까웠던 스티브는 은혜를 구하며 묵묵히 기다릴 줄을 몰랐다. 또한 운영위원회가 여러 문제를 이른바 영적인 화장품으로 곱게 치장해서 감추고 있다는 걸 알아채지 못했다. 그래서 그의 눈에는 중앙침례교회가 천국의 예고편 정도로 보였다. 기회의 밧줄을 잡았다고 생각했지만, 결국 그 밧줄은 스티브에게 올가미가 되었다.

담임목사 청빙 건을 마무리할 때가 왔다. 투표가 진행되었고 결과는 합격이었다. 스티브는 중앙침례교회의 담임목사가 되었다. 거대한 불길로 치솟을 사소한 의견 차이라는 작은 불꽃이 이는 시점이었다.

흔히들 말하는 허니문이 시작되었다. 스티브 게이츠 목사와 헤더 사모는 새로운 사역을 앞두고 바짝 긴장했다. 그들에게는 자녀가 둘 있었는데, 세 살배기 마이클과 18개월 된 미셸이었다. 사모의 따뜻하고 순수한 성품과 천진난만한 아이들의 웃음은 교인들이 스티브에게 품었던 약간의 의구심을 몰아내기에 충분했다.

하지만 얼마 지나지 않아 스티브는 반대에 부딪혔다. 교회 성장에 대한 의견 차이 때문이었다. 모두가 성장을 바랐지만 성장을 이루는 방법과 성장이 불러올 변화에 대한 의견은 분분했다.

폭풍 같은 열정으로 일하는 사이 5년이 후딱 지나갔다. 스티브는 이틀에 할 일을 하루에 마치려고 안간힘을 썼다. 교회를 성장시켜야 한다는 분명한 책임 의식이 있었다. 수많은 교회 성장 세미나를 쫓아다닌 덕분에 스티브에게는 아이디어와 비전이 넘쳤다. 교인 수를 늘리려고 여러 가지 사역을 시도했다. 버스 운행, 연예인 초청 콘서트, 유명한 설교자 초청 집회, 개근상 시상 등. 모두 선한 의도로 시작한 일이었다.

스티브가 정면으로 부딪힌 무언의 반대는 변화라는 성가신 단어에서 비롯되었다. 반대에 직면하자 스티브는 방어 자세를 취하고 잃어버린 영혼에 대한 관심이 부족하다고 반대자들을 몰아붙였다. 그러는 동안 일부 교인들에게는 스티브가 지난 37년간 교회를 인도해오신 하나님의 방식에 위협을 가하는 존재라는 인식이 생겨났다. 이전의 안락함이 위협을 받는다고 느낀 대표적인 예는 유명 가수 완다 블론델 초청 콘서트였다. 970만원을 들여 초청했는데 표가 예상만큼 팔리지 않아 결국 교회가 350만원의 적자를 떠안아야 했다. 운영위원들 중 일부는 자신들이 동의하지 않았던 일이라며 화를 냈다. 반면 다른 위원들은 하나님께서 보내신 목회자를 보좌하는 것이 마땅하다고 주장했다.

한편에서는 신나는 콘서트 음악을 계기로 교회에 출석하는 사람들을 못마땅해했고, 다른 한편에서 젊은이들은 이제 오르간 음악은 그만 집어치우고 완다 같은 사람을 매주 불러주길 바랐다. 그리고 그 사이에서 스티브는 자꾸만 자신을 지치게 하는 사람들을 사탄이 심어놓은 건 아닌가 하고 생각했다. 중앙침례교회는 다음과 같은 문제를 고민해본 적이 없었다. "우리는 변화를 맞이할 준비가 되어 있는가, 아니면 순응만을 원하는가?", "양보할 마음이 있는가?", "안락함을 포기할 것인가, 고수할 것인가?" 이런 질문들이 너무나도 갑작스레 교회를 흔들기 시작했다.

결국 교인들에게 불똥이 튀기 시작했다. 나이 지긋한 운영위원들은 스티브에게 마구를 달아 방향을 바로잡고 싶어 했다. 스티브의 눈에는 그들이 자신을 속박하려는 사람들로만 보였다. 반면 젊은 운영위원들은 그를 더욱 부추겼다. 솔로몬의 아들 르호보암처럼, 스티브는 모든 세대를 아우르는 영적 아비가 되기보다 젊은 사람들의 조언에 귀를 기울이기로 마음을 다졌다.

부임 5년이 지날 무렵은 매우 중요한 시기였다. 교인 수가 500명에 육박하자 교회 건물을 확장하지 않으면 더 이상 성장이 불가능한 단계에 이르렀다. 스티브는 꿈을 꾸기 시작했다. 비전은 또 다른 비전을 낳았다. 새로운 예배당은 물론 예배당 좌우에 들어설 교육관과 학교 건물, 양로 시설까지 포함한 넓은 대지를 상상했다. 선교사들이 재충전할 수 있게 돕는 복합 시설도 그려 넣었다. '신학교를 세우는 건 어떨까?' 학교 이름도 지어보았다. 킹덤 신학교. 그러다 불현듯 신학교 설립은 자신의 이름을 후대에 남길 절호의 기회라는 생각이 들었다. 그래서 킹덤 신학교라고 쓴 종이를 찢어버리고 대신 게이츠 신학교라는 이름을 적어 두었다. 담쟁이덩굴로 덮인 아치를 지나 조금만 걸어 올라가면 실물 크기의 자기 동상이 서 있을 걸 생각하니 마음이 뿌듯했다. 자신을 사도로 생각하는 건 어색하지만, 유명세를 타다 보면 있을 법한 일이라는 생각이 들었다.

그 후 찾아온 5년은 새로운 프로젝트에 열광하며 보냈다. 라디오 방송, TV 프로그램, 교회 건축. 양적 성장은 가속이 붙었다. 세미나에서 새로운 아이디어라도 얻을라치면 즉시 실행해보고 싶어 안달이 났다. 불행히도 좋은 밭에 뿌려진 가라지를 아무도 알아보지 못했다.

여느 젊은 목회자들처럼 스티브의 시선은 탁월하다고 칭송받는 유명한 영적 리더에게 쏠려 있었다. 스티브는 자신의 사역을 남의 성공 노하우에 맞추려고 애썼다. 자기에게 맞고 안 맞는 것을 구분하지 않은 채 모든 것을 받아들였다. 그것이 효과적이라고 생각했기 때문이다. 스티브는 멘토가 아니라 모델에 집중했다. 사람에게 집중하지 않고 형식에 집중했다는 말이다. 그가 선택한 모델은 섬기는 리더가 아니라 기업적인 독재를 일삼는 포악한 리더였기에 심각한 부작용을 피할 수 없었다. 그럼에도 교인 수는 1,000명을 향해 내달렸다. 효과가 있으면 그만이라는 실용주의가 이룬 쾌거였다.

갈등이 없는 건 아니었지만 아직은 간간히 떨어지는 불똥만 피하면 되는 초기 단계였다. 호의와 한결같은 배려, 유머, 관용, 그리고 앞으로 나아질 거라는 기대감으로 서로를 바라보는 행복한 시절이었다. 여느 교회들처럼 늘 새로운 문제가 불거졌지만 교회 전체를 위협할 만한 문제는 아직 없었다.

조안과 바바라는 성가대 솔로를 서로 맡으려고 쟁탈전을 벌이며 끊임없이 갈등했다. 교회 청소를 맡은 프레드는 자꾸 교회 잔디밭에 주차하는 어떤 장로 때문에 청소 일을 그만두고 싶다며 으름장을 놓았다. 윤을 내놓은 바닥에 누군가 발자국이라도 낼라치면 과격한 말을 내뱉곤 했는데, 이에 대한 사람들의 불평도 끊이지 않았다.

많은 사람들이 개인적인 문제나 가족 문제로 씨름했고 이런 문제들은 교회에도 영향을 미쳤다. 사라는 권위적인 아버지로부터 정서적 폭행을 당해왔다. 그래서인지 남성과 여성에 대해 왜곡된 견해를 품고 있었다. 그녀는 모든 남성을 권력에 미친 사람으로 치부했다. 따라서 모든 여성은 자신의 권리를 위해 싸워야 한다고 생각했다.

플리머스형제교회에서 단순하고 명료한 예배를 드리며 성장한 데이브와 캐롤 굿맨은 지나치게 전문적이고 화려한 예배 분위기 때문에 중앙침례교회를 떠났다. 그런가 하면 더 체험적이고 강렬한 신앙생활을 하게 해달라고 닦달하는 무리도 있었다. 스티브가 피츠버그 대학의 지성인들을 상대하기에는 지나치게 보수적이라고 여기는 이들도 있었다.

재정이 넉넉해진 것도 좋은 것만은 아니었다. 회의 때면 모든 부서가 자기들에게 더 많은 예산을 할애해달라고 아우성쳤기 때문이다. 이런 문제는 사역자들 간의 팽팽한 긴장과 부서 간의 갈등으로 이어졌다. 헨리에타 블랜더는 음악이 교회 성장의 열쇠라고 주장했다. 드웨인과 실비아 펀든은 음악을 운운하는 건 진부하다며 교회의 미래는 청소년에게 달렸으니 청소년 프로그램에 투자해야 한다고 주장했다. 자신의 부서가 우주의 중심이라는 생각은 각 부서의 공통 분모였다.

일곱 명의 전임 사역자와 세 명의 간사 사이에도 갈등이 찾아왔다. 고용될 당시에야 자신들의 의무에 동의를 했을 테지만, 각자 딴 맘을 먹고 있었다. 세 달이 채 지나지 않아 그들은 자신이 옳다고 생각하는 방법대로 하나님의 일을 해나갔다. 스티브는 사역자들의 마음과 목표를 하나로 모으려고 애를 썼다. 그러던 중 예상치 못한 일이 벌어졌다. 사역자들 중 몇몇이 상당수의 교인을 자기편으로 만들고 있었다. 자신의 뜻을 관철시키는 데 필요한 비장의 무기이자 정치 권력의 배경이 되어줄 충신들을 끌어모았다. 사역자들 사이에 적개심과 불신이 생겼다.

어느 모임에서나 일어날 수 있는 보통 크기의 불꽃이었기에 그나마 통제가 가능했다. 교회는 전진하고 있었다. 해가 바뀔수록 스티브와 중앙침례교회를 칭송하는 소리가 높아졌다. 교단의 책임자들은 성공 사례를 들 때 주저 없이 이들을 가리키곤 했다. 하지만 스티브가 교회를 떠나고 싶어 할 정도로 복잡한 어려움이 있다는 걸 알아채는 사람은 아무도 없었다.

생각지도 못한 일이 서서히 생겨나기 시작했다. 스티브는 사람들의 필요보다 자기 자신의 목표에 더욱 집착했다. 목자의 지팡이를 사람들을 인도하는 고리가 아닌 사람들을 몰아가는 몽둥이로 사용하는 경우가 더 많아졌다. 상처를 입거나 오해를 받은 사람들을 상대하지 않으려 했다. 그런 태도로는 어떤 문제도 해결할 수 없었다. 스티브는 문제를 거론하면 자신의 나약함을 증명하는 거라 생각했다. 그래서 아무도 자신의 약점을 엿보지 못하도록 주위에 단단하게 벽을 둘렀다. 둔감한 사람들 눈에는 그가 강한 사람으로 비쳤을지도 모른다. 그러나 스티브는 기본 진리를 놓치고 있었다. 미래의 고통에서 자신을 보호하려고 마음에 벽을 둘러치는 것은 이미 산적한 문제들을 잠시 가둬놓을 뿐이다. 그는 연약함 가운데 그리스도의 능력이 나타난다는 사도 바울의 가르침을 훌륭하게 설교할 줄은 알았지만, 그 말씀을 자신의 삶에 적용하지는 못했다.

스티브는 모델을 바라보며 전진하기만 했다. 성장은 곧 성공을 뜻했다. 사람들은 늘어나는 부채 때문에 불안해하기 시작했다. 장로들이 예산 절감에 대해 논의하자고 청했을 때 스티브는 그들의 믿음 없음을 꾸짖었다. 계속 재정 문제를 염려하는 사람들에겐 "하나님이 택하신 종을 건드리지 말라"고 경고하기까지 했다. 섬기는 종의 모습은 사라지고 엄격한 주인의 모습만 남았다. 그때까지는 누구도 힘차게 하늘로 날아오르는 이 로켓이 곧 공중에서 폭발하고 말 거라는 걸 알지 못했다. 눈앞의 성공이 앞으로도 거칠 것이 없을 거란 환상을 심어준 탓이었다.

스티브의 잘못을 인지했어야 할 운영위원들 중에도 징후를 발견한 사람이 없었다. 신학교는 할 수 없는 교회만의 역할, 바로 목회자를 성숙케 하는 일을 충실히 감당해야 할 순간이었다. 신학교는 개인적인 성장과 직무에 능숙해지도록 훈련하는 기관일 뿐이다. 지혜와 성숙은 고난의 산물이며 목회 현장에서만 얻을 수 있는 열매이다. 스티브의 잘못된 동기를 알아채고 지적하지 못한 운영위원회가 결국 교회를 실망시킨 셈이다. 따라서 다가올 거대한 불길에 대한 전적인 책임은 운영위원회에 있었다.

부임한 지 10여 년이 지나면서 몇몇 장로들은 스티브가 완전히 돌변했다고 믿는 듯했다. 더 이상 처음 만났을 때의 모습이 아니라는 것이다. 하지만 스티브는 예전 그대로였다. 사람과 환경이 지금의 스티브를 만든 것이 아니라 그의 실상을 드러냈을 뿐이다. 어느 날 장로 찰스 브래들리가 목양실을 찾아갔다. "목사님, 몇몇 사람들이 목사님

께 전혀 관심을 받지 못한다고 불평을 하네요. 심방 좀 해주시면 어떨
까요?" 스티브는 진저리가 난다는 듯 한숨을 내쉬었다. 순간 찰스는
괜한 말을 했구나 싶었다.

"장로님, 제 설교가 마음에 들지 않으시나 봐요?" 스티브의 반응이
었다.

"무슨 말씀을요. 저뿐 아니라 모두 목사님을 훌륭한 설교자로 생각
한답니다."

"그럼 우리 교회의 성장이나 건축 문제에 관해서는요?" 스티브는
법정에 선 변호사처럼 찰스를 몰아붙였다.

"물론 아주 만족합니다, 목사님."

"다행이군요. 그럼 제가 병원으로 양로원으로 집으로 나다니면 이
교회를 제대로 세워가기 힘들다는 것도 잘 아시겠네요?" 스티브는
할 말을 다 했다는 듯 가만히 서 있었다.

찰스는 차갑고 모질기 그지없는 목사에게 호되게 야단맞은 기분으
로 문을 나섰다. 뭐라 설명할 수는 없었지만 자신이 보잘 것 없고 무
능한 사람처럼 느껴졌다. 장로인 자신만큼은 목사와 마음을 터놓고
대화를 나눌 수 있어야 했다. 고통스럽지만 그렇지 못한 현실을 인정
해야 했다. 목사에게 자신은 무가치한 졸개일 뿐 협력자는 아니었다.
스티브를 도우려했던 자신의 의도가 무시당하자 찰스의 마음속에는
불만이 싹트기 시작했다.

찰스와 나눈 대화에서 스티브는 약점을 직시하는 대신 강점을 앞세
워 자신의 진짜 모습을 숨기려 했다. 그는 자신의 이러한 초연함이 사
람들을 충분히 사랑하지 않는 마음에서 비롯되었다는 사실을 전혀 모

르고 있었다. 양로원을 찾아가 나이 든 교인들과 마주 앉아 시간을 보내다니, 숨이 턱턱 막혀왔다. 오로지 다양한 TV 채널을 확보해 더 많은 회중을 상대로 설교할 생각에 마음이 설렜다. 자신이 세운 계획들을 실행시킬 자금을 어떻게 조달할까 하는 문제에 사로잡혀 있었다. 교인들의 심정은 어땠을까? 그들은 자신에게 주어진 목회자를 이해하고 그에게 감사하며 더 이상의 것을 기대하지 않는 것이 숙명이겠거니 했다.

스티브의 이런 단호한 태도에 부딪힌 사람은 찰스만이 아니었다. 상담을 하려고 목양실을 찾은 많은 교인들 역시 자신의 이야기에 별로 귀를 기울이지 않는 목사와 마주해야 했다. 교인들이 담임목사의 도움을 필요로 할 때 그는 설계 도면을 들여다봤고, 또 다른 홍보 계획을 구상하느라 마음이 분주했다. 교인들은 목사의 관심 밖에 있었다.

메리 새들러는 엄마의 권위에 도전하는 아들아이 문제로 스티브와 이야기를 나누었다. 그녀의 이야기를 듣던 스티브가 갑자기 펜을 들어 무언가를 적기 시작했다. 메리는 자신의 문제에 관심을 보이는 목사의 태도에 기뻤다. 그러던 중 스티브는 물을 좀 마셔야겠다며 잠시 자리를 비웠다. 교회 사무실로 간 그는 비서 폴라 하스에게 양로 시설 건축을 위해 하청업자와 약속을 잡아달라고 지시했다. 스티브가 자리를 비운 사이 호기심이 발동한 메리는 어떤 내용이 목사님의 마음을 사로잡았을까 궁금해 메모지로 눈길을 돌렸다. 메모에는 "폴 크래프트에게 최종 설계도 받아둘 것"이라고 적혀 있었다. 실망감이 몰려왔다. 스티브가 돌아왔을 때, 메리는 눈에 띌 만큼 몸을 떨고 있었다. 그녀는 황급히 목양실을 떠났다. 마치 강도를 만나 폭행을 당하고 돈을 빼앗긴 것 같은 기분이었다. 그날 받은 상처에 대해서는 아무에게도 말하지 않았다. 하지만 그 일을 계기로 메리는 불과 같은 시험의 때에 스티브의 지원군이 되지 않기로 마음먹었다.

스티브는 사람들이 마음에 품은 불만을 극복하고 좀 더 큰 그림을 바라봐야 한다고 생각했다. 그러나 하나님의 큰 그림은 바로 그 사람들이었다. 스티브는 이 사실을 간과했다. 예수님의 시각으로 우선순위를 매기는 감각을 잃어버린 것이다. 스티브의 초점은 개인이 아니라 군중을 향해 있었고, 그의 동기는 이름을 날리고 싶은 유혹과 대중문화의 치명적인 질병으로 오염된 상태였다. 진정한 위대함은 오로지 섬김의 수건을 허리에 두르는 데 달렸다는 사실을 잊고 있었다(요 13:13-17).

영적으로 민감한 사람들은 불안해했다. 정확한 진단은 불가능해도 문제가 곧 수면으로 떠오르리라는 것쯤은 감지할 수 있었다. 에드나 닐을 비롯한 몇몇 사람들은 기도의 자리로 자신들을 인도하시는 하나님의 손길을 느꼈다. 하나님의 강권하심에 잠을 못 이루고 기도에 매달렸다. 그러나 사람들의 마음속에 얼마나 많은 소요의 불꽃이 일고 있는지는 하나님만 알고 계셨다.

이 초기 단계에 어떤 일들이 일어났는지 살펴보자. 사나운 불길은 다양한 불씨에서 시작될 수 있다.

- 위협적이지는 않지만 목회자나 운영위원회에 대해 불평하는 사람이 생긴다.
- 행정 절차를 두고 갈등을 겪는 무리가 생긴다.

- 운영위원회가 문제를 불공정하게 처리한다고 느끼는 사람들이 생긴다.
- 교회가 나아가는 방향에 불만을 느끼는 무리가 생긴다.
- 자신이 무시와 모욕을 당한다고 느끼는 사람이 생긴다.
- 목회자가 자신의 지위를 남용한다.

불만을 느끼는 대부분의 사람들에겐 거대한 불길을 뿜어낼 정도로 충분한 영향력, 의지력, 용기가 부족해서 자신의 불만을 다음과 같이 최소한의 에너지를 들여 표현한다.

- 성가대를 그만둔다.
- 헌금을 더 이상 하지 않는다.
- 가족이나 친구들에게 불평을 털어놓는다.
- 운영위원회에 공식적으로 불만을 제기한다.
- 교회를 떠난다.

이렇게 부당함을 느끼는 사람들의 숫자가 충분히 모이면 거대한 불길은 치솟게 돼 있다.

첫 번째 단계에서는 대부분 선한 의도로 문제를 일으킨다. 그들이 바라는 것은 자신의 불만을 토로하고 해결하는 것뿐이다. 그 과정이 끝나면 그들은 곧 원래의 헌신된 마음을 회복할 것이다. 물론 악의를 갖고 그랬다면 그러지 않겠지만. 무엇보다 중요한 것은 그들은 말썽꾼이 아니라는 사실이다.

1단계의 역학 관계

이번 단계에서 사람들 사이에는 이런 일들이 일어난다.

1. 사람들 사이에는 실재적이고 천부적인 차이가 존재한다. 다음이 그 예이다.

목적 : 자신과 가족, 교회를 위해 일어났으면 하는 일을 목격하는 것.

필요 : 자신과 자녀의 성장, 문화적 전통, 종교적 경험에 필요한 것.

견해 : 모든 사람은 각각 다른 경험을 기준으로 문제를 바라보고 다양한 견해를 가지고 문제에 접근한다.

가치 : 옳고 그름에 대한 기준은 성경적 절대주의에서 인간적 상대주의까지 다양한 견해로 결정된다.

방식 : 마땅히 그래야 한다고 믿는 방법, 예를 들어 어떻게 조직하고 이끌어갈지, 어떻게 지위와 역할을 부여할지 등등.

관심 : 예배 형식이나 음악의 종류, 건축 등에 관한 다양한 선호도.

분명히 집고 넘어가야 할 점은 이와 같은 차이점들이 죄나 악이 아닌 하나님의 선물이라는 사실이다. 우리는 이러한 차이를 존중하고 서로 조화를 이루도록 노력해야 한다. (이것이 영적 성장의 기초이다.) 그렇지 않으면 이 차이점들은 거대한 불길로 이어질 불꽃이 되고 만다. 첫 번째 단계에서는 사람들이 이러한 차이들에 다음처럼 반응하도록 인도해야 한다.

용납 (당신을 받아들이겠습니다.)

조정 (당신을 위해 저를 바꾸겠습니다.)

이해 (당신을 이해하도록 하겠습니다.)

이 단계에서 사람들은 서로의 차이 때문에 다투거나 하지 않는다. 오히려 서로 너그러이 대하고 차이를 즐기기까지 한다. 그런데 이런 일상의 교류가 갈등으로 이어질 때, 이제까지는 무해하던 차이점들에 감정의 초점이 쏠리게 된다. 모든 불길이 악한 의도에서 시작되지는 않는다. 서로의 차이를 미숙하게 다루는 데서 비롯되는 경우가 많다. 이때 리더십이 잘 세워지지 않으면 분위기가 협력에서 적대감으로 바뀔 수 있다.

교회의 리더들이 자신의 임무를 다하는 동안 사람의 마음을 빚어가시는 분은 하나님 한 분이시다. 각 사람이 지닌 독특한 특성을 무시하고 사람들을 리더들이 원하는 모양대로 획일화하려 할 때 작은 불꽃이 인다. 바람직한 리더십에 대해 베드로는 다음과 같이 이야기했다. "맡은 자들에게 주장하는 자세를 하지 말고 양 무리의 본이 되라"(벧전 5:3). 사람들의 다양한 견해 때문에 자신이 계획했던 곧은 길을 벗어나 시내와 같이 굽은 길을 가야 하는 순간이 있게 마련이다. 참된 목회자라면 이때에도 사람들 속에서 최선의 것을 끌어내는 리더십을 발휘할 수 있다. 무엇보다 목회자는 자신이 세운 목적에만 몰두하기보다는 교인에게 유익이 되는 편에 자기를 내어줄 줄 알아야 한다.

그렇다고 교회가 서로 자기 소견에 옳은 대로 연관성 없이 운영돼야 한다는 말은 아니다. 이렇게 운영되는 교회는 선수들 각자가 원하는 방향으로만 공을 몰고 가는 축구팀만큼이나 어처구니없는 모양이 아니겠는가. 이런 무작위식 운영이 인간 행동에 적용될 경우 질서가 무너지고 만다. 성경은 리더십을 존중하라고 가르친다(살전 5:12-13). 그런데 하나님께서 주신 리더십의 목적은 사람들을 지배하는 것이 아니라 인도하는 것이다.

리더가 자신의 권위로 지배하려 들 때 교인들은 자기가 고유의 사역을 위해 세움을 받았다기보다는 리더의 사역을 대신한다고 생각하기 쉽다. 결국 이런 인식은 분노나 마음의 동요로 이어진다. 목회자의 역할은 교인들이 목회자의 일을 대신 하도록 그들을 조종하는 것이 아니라, 교인들이 그들 자신의 사역을 감당할 수 있도록 세워주는 것이다(엡 4:11-12). 사역자가 자신의 목적을 성취하기 위해 교인들을 이용하는 대신 그들을 세워줄 때, 교인들은 비로소 주인 의식을 갖게 된다. 그리고 이런 의식은 풍성한 열매를 맺는 동기가 된다.

2. 첫 번째 단계에서 문제가 발생할 경우, 사람들은 대부분 문제에 초점을 맞춘다. 서로를 공격하지 않는다. 공통의 문제를 해결하는 것이 초미의 관심사가 된다.

3. 사람들이 주고받는 말에는 예의와 배려가 담겨 있고 비난이 섞여 있지 않다.

4. 문제를 풀 생각으로 기꺼이 정보와 생각을 공유한다. 자기 자신의 입장을 보호하려 하지 않는다. 아직까지는 서로 의심하지 않는다.

5. 문제를 해결하려는 사람들의 태도는 이성적이다. 비공식적이거나 개인적인 방법, 또는 투표와 같은 공식적인 방법을 통해 문제를 해결한다. 자신의 입장이 관철되지 않는다고 해도 상실감을 크게 느끼

지는 않는다.

6. 주님의 몸 된 교회의 유익을 위해 모두에게 승리감을 안겨줄 해결책에 관심을 집중한다. 각자의 의견이 해결책에 반영되고 모두가 문제 해결에 기여할 수 있도록 최선을 다한다. 누군가의 의견을 받아들이기 어려울 때에는 왜 그런지 최선을 다해 설득한다. 이에 따라 그는 사람들이 자신을 이해하고 인정하며 무시하지 않는다고 느낀다.

1단계에 들어섰다면

▌ 교회가 성장하면서 개개인의 가치를 소홀히 하지 않도록 힘 쓰라. 성도를 제자로 길러 내는 작업은 더 이상 신경 쓰지 않아도 된다 싶을 때까지만 돌보는 것을 의미하지 않는다. 관계는 하나님의 계획에서 핵심 요소를 차지한다. 10-15퍼센트가량의 회중이 목적의 중요한 일부로서 존중받고 인정받는 것이 아니라 목적을 위해 이용되고 있다고 느낀다면 두 번째 단계가 코앞에 닥쳤다고 볼 수 있다.

▌ 한 번은 성도를 위하여, 또 한 번은 전도를 위하여 1년에 두 번씩 특별한 행사를 열어라. 그리스도의 몸을 세우기 위해 하나님께서 주신 은사를 사용하는 일은 매우 중요하다(엡 4:11-16).

▌ 운영이 아닌 영성과 관계를 위하여 정기적인 리더십 수양회를 개최하라.

▌ 운영위원회의 성경적 목적과 역할에 대해 정기적으로 가르

치라. 영적 리더십과 행정 리더십은 서로 다른 역할을 한다.

▪ 사람들의 불평이나 염려에 공평과 공의로 반응하라. 제아무리 작은 공격과 오해라도 제풀에 사라지는 법은 없다.

▪ 교회를 떠나는 사람들을 대상으로 인터뷰를 해보라. 다가오는 거대한 불길에 대한 암시를 얻게 될 수도 있다.

▪ 1년에 한 번 이상 운영위원회와 전 교인 앞에서 교회의 기본 계획을 살피는 시간을 가져라. 그러한 수고가 없어도 모든 이들의 마음이 한데 모일 거라고 생각하지 마라. 사람들이 교회의 계획에 대한 주인 의식을 잃어버리면 그때부터 교회의 계획은 목사 개인의 계획이 되기 때문이다. 리더가 너무 앞서 나갈 때 불신은 자라게 마련이다.

▪ 교역자들이 같은 방향성과 같은 정신을 품게 하라. 교역자들 간에 의제를 숨기는 행동은 크나큰 갈등의 원인이 된다.

2단계 : 불이 붙다

조직의 성패는 관계에 달려 있다.

관계가 불안해질 때 일렁이던 불꽃은 불길로 번져나간다.

부임 15주년을 기념하여 교역자들은 스티브를 위해 파티를 열었다. 스티브의 스타성은 꾸준히 입증되었고, 중앙침례교회는 아주 견고해 보였다. 끝없는 열정으로 가득 차 처음 교회에 발을 들여놓은 것이 어제 일처럼 느껴졌다. 어느새 마이클과 미셸은 10대 후반으로 훌쩍 자랐고, 스티브의 머리카락도 희끗희끗해져 세월의 흐름을 실감할수 있었다. 그간의 노고는 헛되지 않았다. 새로운 예배당을 중심으로양쪽에는 교육관이 뻗어나가 교회 건물은 십자가를 연상시켰다. 교회입구로 이어지는 찻길은 공중으로 물을 뿜는 분수로 장식했다. 분수는 생명수를 상징했고 둥근 모양의 찻길은 교회를 찾는 모든 이들을환영한다는 의미를 담고 있었다.

하지만 성공과 함께 따라온 것이 있었으니, 지난 15년간 해결되지 못한 갈등과 염증이었다. 불꽃은 작은 화재를 여럿 일으켰다. 결국 조직의 성패는 관계에 달려 있는데 중앙침례교회는 그 관계가 굉장히 불안했다. 스티브는 사람들이 자신을 따르길 바랐지만 자신을 알기를 바라지는 않았다. 그리고 그것은 진심에서 우러나오는 관계를 원하셨던 하나님의 의도와 어긋난 것이었다.

시간이 지나면서 스티브의 육체는 갈수록 피곤해지고 영혼은 건조해졌다. 리더의 자리에 앉아 보지 사람은 이해하기 힘든 압력이 사방에서 그를 압박해왔다. 여느 교회처럼 중앙침례교회에도 다양한 파당이 있었고, 그들은 모두 스티브가 자기편을 지지해주길 원했다. 그런가 하면 부목사 빌 콜러는 스티브의 약점을 떠벌리길 좋아했다. 자신과 견해가 다른 사람들에게 적대적인 눈길을 보내는 무리도 있었다. 어떤 이들은 특정한 번역본만 신적 영감을 지닌 성경이라고 굳게 믿었다. 스티브는 여러 파당의 틈바구니에서 줄타기를 해야 했다.

그는 이 끝없는 인기투표에서 우승을 하는 것이 사역의 관건이라고 믿었다. 서양 문화는 노련한 관록보다 미숙한 젊음을 선호한다는 사실도 잊지 않았다. 스티브의 전성기는 끝난 것일까?

바람직하지 않은 기대로 스티브의 어깨에 버거운 짐을 지우는 이들도 있었다. 알렉스와 코라 프레스톤 부부는 스티브의 가족이 성지순례를 다녀올 수 있도록 재정을 지원해줬다. 이 부부에게는 신디라는 딸이 있는데, 동거하던 남자에게서 아이까지 낳고 그 남자와 헤어지고 말았다. 마약으로 인생을 허비하면서 신디에게만 일을 하라고 강요하던 인물이었다. 그 후 신디는 자신의 삶을 돌이켜 그리스도께 헌신했다. 그리고 교회에서 괜찮은 형제를 만났고 결혼을 약속했다. 알렉스와 코라는 교회 예배당에서 결혼식을 올리는 문제를 상의하려고 스티브를 찾아왔다. "죄송합니다. 하지만 이런 경우에는 예배당을 사용할 수 없다는 걸 두 분도 잘 아시잖아요. 다른 남자의 아이를 데리고 이 형제와 결혼을 한다는 걸 모든 사람이 다 알고 있으니 곤란합니다." 스티브는 이렇게 말했다.

"네, 목사님, 잘 알고 있습니다. 하지만 신디는 자신의 죄를 회개했고 주님을 사랑하고 있습니다. 그래서 이제 번듯한 형제와 새 삶을 시작하려는 거고요." 부부가 대답했다.

"무슨 말씀인지 이해합니다. 저도 그렇게 해드리고 싶습니다. 하지만 교회의 방침이 그렇지 않습니까. 젊은이들에게 순결을 장려하고 신중하게 결혼 문제를 결정하게 하려고 세운 방침입니다. 두 분은 제게 아주 소중하지만, 제가 두 분을 위해 이 방침을 어기면 앞으로 교회에 문제가 될 수도 있습니다." 목양실을 나서는 알렉스와 코라는 어쩜 이렇게 배은망덕한 사람이 있을 수 있냐는 생각에 분노가 끓어올랐다. 스티브가 옳다는 것을 알면서도, 자신들을 위해 뜻을 굽히지 않는 스티브에게 서운한 마음이 드는 것은 어쩔 수가 없었다.

문제는 그뿐이 아니었다. 스티브의 마음 깊은 곳에서 올라오는 압박 또한 대단했다. 어릴 적에 그는 아버지에게 칭찬을 받은 적이 한 번도 없었다. 성공은 당연히 해야 하는 것으로 받아들여졌다. 유년 시절과 청소년기에 그는 "너 같은 게 어떻게 큰일을 하겠니. … 집안 망신이나 시키지 마라. … 어째 제대로 하는 게 하나도 없니" 같은 말을 듣고 자랐다. 성공에 대한 스티브의 집착은 하나님을 기쁘시게 하기 위한 것이라기보다 아버지에게 인정을 받기 위한 것이었다.

그는 자신이 자라온 방식 그대로 부정적 에너지를 안고서 다른 사람들을 이끌었고 누구에게도 긍정적인 말을 하지 않았다. 그의 설교에 나타나는 하나님은 모든 사람에게 끝없이 실망하시는 분이었다. 자신의 생각이 잘못됐다는 걸 알면서도 자기 내면을 파헤치길 꺼려했다. 고통스런 결과가 두려웠기 때문이다. 하나님과 육신의 아버지 중 누구에게 자신의 내면을 맡기고 빚어가게 할 건지 결정을 내리지 못했다. 성공을 통해 용납받으려 했던 그는 연달아 절망을 경험했다. 자신의 필요밖에는 보이지 않았고, 그래서 다른 사람에게 민감할 수 없었다.

내면의 갈등은 아내와의 관계에까지 나쁜 영향을 끼쳤다. 헤더는 자신이 남편의 용납을 받으려고 애쓰는 영적 노예라는 느낌을 받곤 했다. 스티브는 칭찬은커녕 비판하기 일쑤였다. "다른 여자와 결혼하지 그랬어요. 당신에게 어울릴 만한 더 나은 여자와 말이에요!" 하지만 헤더는 남편의 사역이 위험에 빠지지 않을까 하는 염려 때문에 자신의 상처 난 마음을 누구와도 나눌 수 없었다. 실망이 커지자 소망은 자취를 감췄다. 스티브는 아버지가 실망할까 두려웠다. 그래서인지 결국 자신이 문제라는 사실을 인정하지 못했다. 사실 그는 아내가 지쳐 자신을 떠나고 그것 때문에 사역을 망칠까 두려웠다. 남편으로서 교회의 목사로서 자신이 실패하고 있다는 사실은 그의 죄의식을 더욱 무겁게 했다.

이러한 문제 너머에는 모든 교인이 부딪히는 보이지 않는 어둠의 세력이 존재했다. 몸과 마음을 무겁게 짓누르는 억압 속에서 설교한다는 게 어떤 건지 스티브는 잘 알고 있었다. 한밤중에 식은땀을 흘리며 잠에서 깨는 횟수가 늘어났다. 영혼이 느끼는 긴장감에 근육이 뭉치는 일도 많았다. 그렇게 피곤한 몸으로 그는 더욱 많은 일을 감당하기 위해 이른 아침부터 일과를 시작하곤 했다.

스티브가 자초한 고립은 문제를 더욱 악화시켰다. 다른 사람들의 도움을 거절한 데는 두 가지 이유가 있었다. 첫째는 그것이 연약함의 증거라고 믿었기 때문이고, 둘째는 누구도 신뢰하지 않았기 때문이다. 중앙침례교회에 나오는 교인 중에는 기독교 심리학 박사인 레이몬드 노블도 있었다. 위의 징후들을 눈치챈 그는 아침을 함께 먹으면서 스티브가 안고 있는 문제에 대해 얘기해보고 싶었다. 하지만 스티브는 즉시 자신의 마음에 철의 장막을 치고는 화제를 바꿔버렸다.

스티브는 자신이 사람들에게 상처를 주었다는 사실을 인정하려 하지 않았다. 이런 태도 탓에 사람들은 그를 신뢰하지 않으려 했다. 깨어진 관계들은 죽은 나뭇가지처럼 숲 속에 쌓여갔다. 불길을 일으키기에 아주 적합한 부싯깃이었다. 스티브는 실수를 인정하는 건 남자답지 못하다는 생각을 떨쳐버릴 수 없었다. 그리고 이것 때문에 강함의 근원인 약함에 도달하지 못했다(고전 1:27; 고후 12:8-10). 스티브는 이 역설의 진리를 믿지 못했다. 약함 속에서 강함을 발견하라는 바울의 권면에 대해 설교는 했지만 실제 삶으로 살아내지 못했다. 그의 사과에는 진정성이 없었다. 상대가 죄의식을 느낄 만한 다른 이야기를 꼭 덧붙였기 때문이다.

중앙침례교회의 예는 매우 중요한 한 가지 사실을 증명한다. 강단에서 회중석까지 전 교회가 여러 가지 장점과 단점, 다양한 배경을 지닌 사람들로 구성된다는 사실이다. 시절이 좋으면 사람들은 함께 성장하길 바라면서 서로 격려한다. 이때는 중앙침례교회 사람들도 자신에겐 부족한 게 아무것도 없는 것처럼 행동하며 사람들과 잘 어울리지 않는 스티브를 두고 농담을 던지기까지 했다. 하지만 점차 날을 세우기 시작했다. 서로 다른 점들을 너그러이 대하는 태도도 사라졌다. 이전에는 친밀하게 느껴졌던 농담들이 이제는 살을 에기 시작했다.

경고성 징후들을 무시한 채 스티브와 장로들은 인생의 모든 과정이 교회를 중심으로 이뤄지는 폐쇄적 공동체를 세우려고 부지런히 전진했다. 이미 학교와 양로 시설은 완공된 상태였다. 여기서 그치지 않고 스티브는 식당과 의료센터, 수입을 창출해줄 여러 사업을 구상했다. 성공에 귀가 먼 스티브에게 "그는 더 이상 목사가 아니야"라는 사람들의 불평은 들어오지 않았다. 다윗과 같이 그도 나단의 음성을 들었다. "여호와께서 왕과 함께 계시니 마음에 있는 모든 것을 행하소서" (삼하 7:3). 하지만 다윗과 달리 그는 이후에 나오는 권면은 들으려 하지 않았다. "이 모든 것을 행하실 분은 왕이 아니십니다."

스티브와 장로들은 성령의 역사보다는 세속적인 홍보 전략을 동원해 교회의 성장을 더욱 몰아붙였다. 라디오와 텔레비전이 성장을 위한 촉진제 역할을 했다. 그러다 보니 제자훈련을 할 시간은 늘 부족했다. 교회에 새로 등록한 사람들은 곧바로 성가대나 다른 봉사를 해야 했다. 하지만 그렇게 늘어가는 회중을 제대로 섬기기에는 역부족이었다. 자신의 즐거움을 위해 교회를 찾은 이들을 붙들어두려면 더 큰 즐거움을 선사해야 했다. 매주 음향 볼륨을 높였고 더 화려한 고음을 연출했으며 전도상에 더욱 공을 들였다. 한 가족이 전도상으로 성지순례 여행권을 받은 주일에는 온 회중이 퀴즈 프로 방청객처럼 환호성을 터트렸다. 영적으로 깨어 있는 몇몇 교인들은 곧 교회에 닥칠 문제를 감지했고 마음이 점점 무거워졌다.

어느 금요일 늦은 오후에 에드나 닐을 비롯한 여자 성도 다섯 명이 제자훈련 없이 급속도로 성장하는 교회의 위험과 이제까지 유지해온 교회의 문화 양식을 위협하는 담임목사의 태도에 대해 논의하려고 스티브를 찾았다. 그들 중에는 나이든 여자 성도들을 위한 주일 성경공부반 '믿음의 여인들'을 가르치는 델마 워싱턴도 있었다. 스티브는 다짜고짜 그들을 나무랐다. 마치 그들이 담임목사를 지지하지 않기 때문에 불평한다고 생각하는 듯했다. 스티브의 이런 반응은 성경공부반과 교회 전체에서 회자되었고 긴장감은 더욱 팽팽해졌다.

사실 중앙침례교회의 문제는 영적으로 건강한 교회라면 별 지장을 받지 않을 법한 사소한 문제였다. 하지만 제자훈련을 소홀히 하면서 이미 교회는 연약해졌고, 이런 상태로는 직면한 문제를 잘 감당할 수 없었다. 이 와중에 스티브는 베이비 붐 세대 전도법에 관한 컨퍼런스에 참석했다. 그곳에서 그는 구도자적 접근이라는 매력적인 방법을 접하게 되었다. 잘 짜인 연극과 현대적 음악, 간결한 설교까지 성공 사례들이 그득했다.

피츠버그로 돌아온 스티브는 급진적인 변화를 요구했다. 그것도 당장! 교회 입장에서는 이것이 기존 문화와의 충돌을 의미했다. 이 새로운 구도자적 접근을 시도한 교회들 중에 성공한 교회는 기존 문화를 무시하지 않은 곳이었다. 교회는 아무것도 없이 시작하지만 곧 독특한 양식, 즉 문화를 형성해간다.

스티브는 교회가 태동할 때부터 존재해온 중앙침례교회의 문화를 존중하겠다던 약속을 스스로 어기고 있었다. 변화를 향한 그의 갈망은 교회 어른들에게 다음과 같은 메시지를 전했다. "받아들이시든 교회를 떠나시든 양단간에 결정을 하세요. 여러분은 교회의 소모품에 불과합니다." 이에 대한 교회의 반응은 조용하지도 애매하지도 않았다. 스티브는 교인들의 저항이 점점 커지는 것을 느낄 수 있었다. 그러나 그를 진정시키려는 장로들의 노력은 아무 소용이 없었다. 자신이 가는 길이 미래의 트렌드라고 확신한 스티브는 젊은 감각을 좇기에만 급급했다.

스티브는 시간을 두고 두 개의 문화를 조화시키거나 두 번의 예배를 통해 한 건물 안에서 두 회중을 만들어내는 방식으로 문화적 갈등을 해결해온 다른 교회들의 예를 무시했다. 그는 교인들이 하룻밤 사이에 자기들의 문화를 포기하길 바랐지만 사실 그건 불가능했다. 스티브의 이런 기대를 용납할 수 없는 사람들은 즉시 교회를 떠났다. 교회의 거대한 프로그램을 책임지고 이끌어가게 하려고 데려온 젊은 부부들보다 떠난 사람들이 더 많았다. 결국 어마어마한 빚을 떠안고 선교 예산을 삭감하기에 이르렀다. 수입이 줄고 지출은 늘어나면서 선교 예산을 반으로 줄이기로 결정했다. 일부 선교사들은 사역을 포기하고 집으로 돌아와야 했다. 사람들은 그럼에도 억대 연봉과 수당을 전혀 양보하지 않는 스티브를 주목하기 시작했다.

몇 주, 아니 몇 달 동안이나 여자 성경공부반은 분노를 삭이지 못했다. 참석자들을 진정시키려고 델마 워싱턴 집사가 애를 썼지만 모두 허사였다. 230명 중 몇몇이 스티브와 장로들에 대해 거친 말을 쏟아내기 시작했다. 이 소란은 스티브의 귀에까지 들어갔다. 그는 성경공부반 전체를 치리하여 이 상황을 마무리하기로 마음먹었다. 운영위원회를 통해 성경공부반의 해체를 선언했다. 이런 과민 반응으로 스티브는 델마를 비롯한 다섯 명의 교인들과 그들의 남편들의 지지를 아예 포기해버렸다.

스티브의 관심이 필요했던 아내 헤더는 소란을 일으킨 성경공부반을 향해 자신의 강경한 입장을 선언함으로써 남편에게 힘이 되기로 결심했다. 그녀는 델마 워싱턴 집사에게 편지를 썼고 한 여자 성도에게 편지를 전해주면서 성경공부반 전체가 모인 자리에서 낭독해달라고 부탁했다.

델마 집사님께

집사님께서 교회의 젊은 자매들에게 보여주시는 모습이 너무나도 실망스럽습니다. 집사님의 혀(약 3장)와 육신으로 짓는 악한 행위(고후 12:20)를 접하게 되다니, 정말 유감입니다. 몇몇 자매들이 염려하는 걸 보면서 집사님이 믿음 안에 있는지(고후 13:5) 스스로 돌아보도록 권면해야 한다고 생각했습니다. 집사님께서 회개하고 하나님의 능력의 손 아래 자신을 낮추시길 기도하겠습니다.

그리스도 안에서 진심을 담아

헤더 드림

성숙한 신앙을 지닌 사람들조차 인내의 한계를 느꼈다. 스티브와 헤더의 마음은 마치 요새처럼 굳게 닫혀 자신들은 그저 악한 계략의 피해자라는 생각에 사로잡혀 있었다. 스티브는 지나치게 방어적인 자세를 취하느라 진실한 충언과 선동을 분별하지 못했다. 설교에는 은혜가 사라지고 모든 반대자를 악한 사람으로 치부했으며 율법만 강조했다.

스티브와 운영위원회는 수년을 함께 하면서도 기도와 친교를 통해 영적 연합을 이루는 데 실패했다. 이들이 서로에 대해 소망을 품지 않고 단절될수록 교인들은 더욱 혼란스러워졌다. 밤늦게까지 이어진 회의도 문제를 해결하지 못했다. 강단은 더 이상 양을 먹이는 곳이 아니었다. 스티브 개인의 목적을 위해 이용되었다. 자기도 모르는 사이에 그는 젊은이의 숭고한 이상을 버리고 미심쩍은 야망을 좇고 있었다. 세상에서 가장 지혜로운 사람으로 시작했으나 가장 어리석은 사람이 되어 생을 마감한 솔로몬의 삶을 교훈으로 삼아야 했는데 그러지 못했다.

스티브가 전과 같지 않다는 건 분명한 사실이었다. 하지만 그 누구도 그가 무엇 때문에 변한 건지 설명하지 못했다. 스티브는 그리스도의 가르침보다 세속적이고 실용적인 성공 비법에 더 귀를 기울였다. "명백하게 옳아 보이는 것이 어떻게 틀릴 수 있단 말인가?" 그는 의아했다. 목적이 수단을 정당화할 수 없다는 사실을 잊은 탓이었다. 운영위원회는 이런 그를 저지하거나 쫓아낼 만큼 깊은 영성도 결단력도 갖고 있지 않았다.

서로 불만을 공유하면서 사람들은 무리를 짓기 시작했다. 모두 같은 걸 염려하는 건 아니었지만 해결되지 못한 불만을 품고 있는 것만은 분명했다. 이런 부적절한 유대감이 임박한 거대한 불길의 기반이 되었다. 장로인 폴 파워스가 이 무리에 합류하면서 위험은 더욱 커졌다. 그는 모든 사람의 의견을 하나로 모아 스티브를 내쫓으려 했다.

상황은 더욱 악화됐다. 목회자는 신뢰를 잃었고 운영위원회는 분열하고 주저하면서 마비되었고 파워스 장로는 불만을 토로하던 여러 무리를 하나로 평정하여 비공식적인 연합을 이룬 상태였다. 운영위원회가 교인들에게 교회를 향한 충정을 당부하자 교인들은 문제를 회피하려 한다며 저항했다. 불신은 깊어졌다. 사람들은 상대의 의도를 모두 파악했다고 확신했다. 장로들의 정책에 찬성하는 무리와 반대하는 무리, 목사에게 찬성하는 무리와 반대하는 무리, 새로운 문화 행사와 선교 예산 감축을 비롯한 끝없는 문제를 두고 찬성하는 무리와 반대하는 무리로 나뉘었다.

남은 자들은 지난해 자신들이 왜 그렇게 수많은 밤, 잠을 못 이루고 기도해야 했는지 이제야 그 이유를 분명히 알게 되었다. 불길은 이미 시작되었다. 그들은 금식과 기도에 더욱 열심을 냈다. 사랑하는 중앙 침례교회와 교회의 풍성한 유산을 구해야 한다는 이야기가 교인들 사이에 오갔다. 결국 이 교회를 세우신 분은 하나님이 아니시던가.

불꽃이 작은 모닥불을 이루고 그 불이 모여 사나운 불길로 이어지는 단계에서 보이는 행동은 다음과 같다.

2단계의 역학 관계

이번 단계에서 사람들 사이에는 이런 일들이 일어난다.

1. 부당하다는 생각과 상처받은 마음 때문에 함께 있는 것을 불편

해한다.

이제 농담은 무례하고 날카로운 비수가 되어 상처를 남긴다.

권력을 행사하려고 자신의 지위와 입지를 이용한다. 자기 주장을 내세우
기 위해 "목사님 말씀에 따르면…"을 덧붙이곤 한다.

2. 다양성을 존중하지 않고 경멸한다. 차이점은 선한 것이 아니라
악한 것으로 간주된다.

의견을 획일화시키려는 열망이 더욱 강해진다.

다양성은 교회를 강화시키는 것이 아니라 교회를 무너뜨리는 약점이라
여기고 두려워한다.

다른 사람이나 다른 집단이 일을 처리하는 방식을 강하게 비판한다.

3. 자신의 입장에 동조해줄 사람들을 찾아 나선다. 그리고 그들과
의 교제를 통해 자신의 염려를 강화하고 촉진시킨다.

4. 앞으로 있을 회의를 위해 전략을 짠다.

5. 문제와 자신을 지나치게 동일시한 나머지 자신의 입장이 관철되
지 않을 경우 상실감에 휩싸인다. 자존심이 걸린 문제라며 철저히 방
어태세를 갖춘다.

6. 말이 추상적으로 변하고 두루뭉술해진다. "저 사람들은 늘 …해
요", "절대로 그들을 신뢰해선 안 돼요", "그들은 …할 수 없어요" 등.

7. 색깔을 규정하고 반대 의견을 존중하지 않는다. 자신의 고통에

는 민감하지만 상대의 고통에는 무디기 때문이다.

8. 상대편이 유리해지는 걸 막기 위해 더 이상 정보를 공유하지 않는다. 대립하는 집단 간에 냉랭하고 초조한 분위기가 흐른다.

9. 연합전선이 형성되기도 한다. 그러나 여전히 사역의 안녕이 가장 중요한 문제이다. 자신의 생각에 동의하는 사람을 찾기 위해 주차장 같은 비공식적인 장소를 택한다. 이런 무리는 아직 공식적인 파당으로 보기 어렵고 정확히 정의하기도 어렵다. 교회의 안녕을 위한 대화라고 합리화한다.

10. 갈등을 해결하려는 의지는 점점 약해지고, 앞으로의 갈등 속에서 자신의 모습이 어떻게 비칠지 혹은 자신이 그 갈등을 어떻게 헤쳐 나가야 할지에 관심을 쏟는다. 타협하면 만만한 사람으로 비칠까 봐 염려하는 등 자신의 이미지에 대해 고심한다.

첫 번째 단계는 꽤 오래 지속되기도 하지만, 두 번째 단계는 새로운 불길이 덮치기까지 3-6개월 정도 비교적 짧은 시간에 걸쳐 진행된다. 갈등이 빠르게 탄력을 받는다.

2단계에 접어들었다면

■ 상황을 두고 보려는 자세는 금물이다. 실패로 이어질 것이 뻔하다. 두 번째 단계의 역학관계는 제풀에 사그라지거나 물러서지 않기 때문이다. 연약한 리더들은 다음과 같이 말할 수 있다. "폭풍이 지나기를 기다리면서 일어나는 일들을 지

켜봅시다." 하지만 이러한 태도는 문제를 더욱 악화시킬 뿐이다.

▌ 문제를 직시하고 금식과 기도를 선포하라.

▌ 중립적인 강사를 초청하여 영성 집회를 열어라. 때로는 이런 집회가 사람들을 다시 성령의 통치하심 아래로 불러 모을 수 있다.

▌ 적합하다면 교회의 치리권을 사용하라. 이 단계에서 치리를 통해 몇 사람을 잃는 것이 다음 단계에서 수많은 교인을 잃는 것보다 훨씬 유익할 것이다.

▌ 소란을 잠재우기 위해 중립적인 중재자를 초청하라. 16장에 몇 가지 조언을 제시했다.

3단계 : 격렬히 타오르다

일단 사나운 불길이 교회를 덮치고 나면
예전으로 회복될 가능성은 거의 없다고 봐야 한다.
크나큰 손실을 피할 수 없다.

장로인 짐 엘리슨이 자필로 쓴 긴 편지를 스티브에게 건넸을 때, 스티브는 자신이 도화선을 쥐고 있다는 사실을 미처 알지 못했다. 물론 짐도 스티브에게 도화선을 쥐어줄 생각은 없었다. 여러 해를 지나며 당혹스러운 일을 수도 없이 겪었지만, 그동안은 스티브의 지위와 고집으로 승리를 손에 쥔 것이 사실이다. 하지만 이번 일은 단순히 당혹스러운 일이 아니라 최후통첩이었다.

짐은 편지에서 두 가지를 걱정했다. 첫째는 문화적 충돌로 말미암아 지속적으로 교인이 감소하는 문제였다. 이 때문에 재정적으로 압박을 받게 되었고, 이미 다른 곳에 쓰기로 정해진 예산을 가져다 써야 하는 두 번째 문제를 야기했다. 물론 스티브는 임의로 빌려온 예산을 다시 원상 복귀시킬 생각이었다. 하지만 교회와 운영위원회의 허락

없이 그렇게 재정을 사용하는 것은 옳지 못한 처사였다. 짐은 돈과 관련해서는 어떠한 악도 침투하지 못하게 막아야 한다고 생각했다.

스티브는 짐에게 답장을 썼다. 편지에는 짐의 영성을 은근히 멸시하는 표현들이 가득했다.

짐은 실속 없는 싸움을 벌일 기분이 아니었다. 그래서 운영위원회에 사표를 제출했다. 다음 주일, 스티브는 짐을 목양실로 불러 불순종하는 장로에게 더 이상 주일학교를 맡길 수 없다고 선언했다. 짐은 많은 교인들에게 존경받는 장로였다. 그런 의미에서 스티브는 큰 실수를 한 셈이다.

그 주 주일에 짐은 사건의 전말을 나누고자 몇몇 장로들과 함께 모였다. 장로 프레드 보처는 더 이상 두고 볼 수 없다는 듯 짙은 눈썹을 추켜세웠다. 제재업을 가업으로 물려받은 그는 회사 직원을 대하는 식으로 교회 문제에 반응하곤 했다. "당장 해고야!" 사람들은 그가 이런 반응을 보일 거라고 예상했다. 그리고 모두의 예상대로 그는 목양실을 가리키며 다음과 같이 말했다. "당장 해고시킵시다!"

이 임시 회의는 아침 예배 시간까지 이어졌다. 우연히 옆을 지나던 장로 레너드 롤링스가 과격한 표현이 난무하는 이 회의에 참석했고 곧 사건의 전말을 파악하게 되었다. 성숙한 사람이었던 그는 장로들에게 마음을 가라앉히고 함께 기도하자고 권면했다. 프레드 보처는 거만하게 투덜거렸다.

이 회의를 시작으로 운영위원들은 그동안 지켜왔던 침묵을 깼다. 스티브가 짐에게서 교사 자격을 박탈한 것은 선전 포고나 다름없었다. 여태껏 이룬 승리와 교인들이 담임목사에게 보이는 신뢰를 과신한 나머지 저지른 일이었다.

그날 오전 예배가 끝날 즈음, 스티브가 짐에게서 교사 자격을 박탈했다는 걸 모르는 사람은 거의 없었다. 장로 프랭크 해그의 말에 메리 매슈스는 울음을 쏟아냈다. "목사님이 우리 교회에 너무 오래 계셨어요. 프레드 보처의 말이 맞습니다. 목사님은 더 이상 시장성이 없어요. 그러니 이제 좀 더 많은 사람들이 매력을 느낄 만한 새로운 목사님을 찾아보는 게 나아요." 프랭크는 제조회사의 CEO였고, 그래서인지 모든 문제를 시장의 개념으로 이해했다. 메리는 스티브의 사역을 통해 예수님을 영접했다. 그녀는 맹목적 충성을 보이는 조용하고 말투가 점잖은 교인이었다. 장로들의 말은 그녀에게 깊은 상처가 되었고, 그녀는 며칠 동안 먹지도 자지도 못했다.

집으로 돌아가는 길에 스티브는 이것 역시 곧 지나갈 돌발 상황에 불과하다고 생각했다. 예배를 구도자적 예배로 바꾸겠다는 결심도 여전했고, 교회 재정을 다루는 방식 역시 바꿀 생각이 없었다. 대신 그는 이번 사건을 자신에게 대항하는 악한 자들의 계략으로 보았다. 헤더는 스티브에게 불안한 마음을 내비치지 않았다. 두 사람의 관계를 더 이상 위험에 빠뜨리고 싶지 않았기 때문이다.

익숙하지 않은 상황에 처한 스티브는 이런 시험의 때를 지혜롭게 보낼 만큼 성숙하지 못했다. 스티브는 자기 보존 본능을 발휘해 법을 강조했다. 장로는 논쟁이 될 만한 문제를 일반 교인들과 나누어서는 안 된다고 명시한 서류에 장로들이 서명했다는 사실을 상기시키는 식이었다. 설교는 더욱 율법적으로 흘렀고 권위에 대한 존중을 요구했다. 하지만 율법으로는 상한 영혼과 성난 마음을 치유할 수 없었다.

스티브를 제거하기 위해 교회 헌법을 연구하는 이들까지 생겼다. '눈에는 눈'이 관용을 대체해버렸다. 반면 "하나님께서 기름 부으신 자를 건드려선 안 된다"고 주장하는 사람들도 있었다.

교역자들 중 몇몇이 이 무질서에 동참했다. 운영위원들이나 일반 교인들처럼 28명의 교역자들 역시 세 무리로 나뉘었다. 먼저 스티브는 무고하며 억울한 일을 당하고 있다고 믿는 맹목적인 충신들이 몇 명 있었다. 과거 스티브와 좋지 않은 경험이 있었던 이들은 이번 사건을 적절한 복수의 기회로 받아들였다. 그 외 나머지 교역자들은 혼란스러워했고 모든 것이 어떻게든 진정되기만을 바랐다.

문제가 터지는 데 일조한 교역자들도 있었다. 청소년부와 드라마팀 사역을 담당하는 드웨인과 실비아 펀든이 그랬다. 두 사람은 담임목사인 스티브를 공공연히 무시해왔다. 사역을 시작하고 얼마 지나지 않아 둘의 숨은 의도가 수면으로 떠올랐다. 보고서도 제출하지 않았고, 약속된 시간만큼 일하지 않았으며, 교역자 회의에도 참석하지 않았다. 스티브가 그들에게 반감을 품는 것은 당연했다. 어쩌다 회의에 참석하면, 자기들만 사역에 대한 참된 통찰을 가지고 있는 양 회의 내내 지루한 표정을 지었다. 불꽃이 일렁이는 긴장의 순간에 그들의 게으름과 불순종이 더해져 어느 주일 스티브는 결국 "바위를 내려쳤다." 둘을 목양실로 불러 들였을 때, 스티브의 마음에는 주체할 수 없는 분노가 일었다. 그들의 거만한 태도는 스티브를 더욱 자극했다. 결국 그는 주먹으로 책상을 내리치며 "더 이상은 참아줄 수 없어!"라고 소리쳤다. 두 사람이 녹음기를 숨기고 있는 걸 까맣게 모르고 있었다. 욕설을 한 것은 아니지만, 이번 실수는 스티브에게 치명적이었다. 다음 한 주간 녹음테이프의 내용이 연락망을 타고 돌아다녔다. 스티브에 대한 반감은 더욱 굳건해졌다. 두 사람의 행동에 의구심을 품는 사람은 아무도 없었고, 스티브는 거의 범죄자나 다름없는 존재가 되어 있었다.

한편 스티브에게 분노를 품은 사역자들 중에는 수긍할 만한 이유가 있는 이들도 있었다. 스티브는 자신에게 반대하는 사역자들에게 과중한 임무를 부여하고, 회개하라고 다그치거나 사임을 종용했다. 그런가 하면 스티브에 대한 반항심으로 교회 안에서 자기편을 더 많이 확보하려고 애쓰는 사역자들도 있었다. 불길이 교회를 덮쳤을 때 이들은 그럴듯한 이유가 없는데도 불구하고 단순히 스티브에게 대항할 목적으로 자기편 사람들을 한데 모아 연합 전선을 만들기도 했다. 중앙침례교회를 거쳐 간 사역자 한 사람은 피츠버그 지역에 머물면서 스티브를 중상 모략하는 악의적인 운동을 펼치기도 했다. 불길이 덮치자 그 사역자가 비공식 대변인으로 다시 출현한 것은 이상한 일이 아니었다.

교회 연간 사업 계획을 위한 회의가 돌아오는 목요일로 잡혔다. 최악의 타이밍이었다. 교회 분위기는 소란스럽기 이를 데 없고 이런 상태로는 그 무엇도 해결할 수 없었다. 따라서 회의를 개최하는 것 자체가 실수였다. 엄숙한 대표 기도에 이어 의제들이 제시되었다. 하지만 의제들은 곧 뒤쪽으로 밀려났다. 진정하라는 의장의 진행을 무시하고 트레버 해스팅은 자리에서 일어나 이렇게 말했다. "목사님께서 교회 재정을 마음대로 사용하신다는 말을 들었습니다. 그 사실을 아는 운영위원회는 그저 뒷짐만 지고 있고요. 거기에 대한 설명을 요구합니다." 사실 트레버는 10년 전 나쁜 행실로 청소년 캠프에서 귀가 조치를 받은 딸아이의 일로 복수를 하고 싶었다. 의장의 회의 진행에 대한 트레버의 용감한 반항은 마치 기상나팔처럼 1,000여 명의 마음속 분노를 깨웠다.

장로인 밥 벌리치가 자리에서 일어났다. "제 생각에는 목사님께서 모든 일을 올바로 처리하신 것 같은데요."

이에 밥의 아들 때문에 딸아이가 겪어야 했던 일 때문에 여전히 뿔이 나 있던 아이반 에릭슨이 자리를 박차고 일어났다. "장로님, 그게 무슨 말입니까? 이건 우리가 운영위원회에서 논의했던 문제 아닙니까? 또 이 문제를 바로잡으려다가 짐 엘리슨 장로가 주일학교 교사직을 박탈당한 사실도 잘 알고 계실 텐데, 어떻게 그렇게 말씀하실 수 있는지 모르겠군요." 온 교회 앞에서 이런 망신을 당하다니 적잖은 충격이었다. 밥은 크게 숨을 들이쉬었고 앞을 똑바로 바라보았다. 아이반은 자신의 말이 밥에게 강렬한 타격을 입혔기를 내심 바랐지만, 그의 심장 역시 방망이질치고 있었다.

문제를 이해하기는커녕 교회에 잘 출석하지도 않는 샘 스트라진스키가 주제와 별 상관없는 문제를 언급하며 끼어들었다. "목사님께서 빌 콜러 목사를 해고하셨다는 이야기를 들었습니다." 샘은 원래 사람들을 두려워하는 유형이었다. 하지만 그 순간만큼은 분위기에 떠밀렸는지, 자신이 모든 문제를 해결하고 하룻밤 새 스타가 될 수 있을 거라는 기대에 부풀어 있었다. 그는 날카로운 고음으로 말을 이었다. "사실 저는 목사님의 꼭두각시 노릇을 하는 장로님들이 제일 못마땅합니다. 도대체 왜 그렇게 남자답지 못한 행동을 하시는지…. 빌 콜러 목사가 안쓰럽지도 않으십니까? 아직까지도 사역지를 찾지 못하고 있다고 하던데요. 사실 저는 그분이 우리 교회 담임 목회자가 되셔야 하는 건 아닐까 하는 생각도 하고 있습니다." 우레와 같은 박수를 기대했지만, 누구도 그의 말에 호응하지 않자 그는 불안한 마음으로 자리에 앉았다. 자신의 대담함에 제풀에 놀랐는지 안경을 고쳐 쓰면서 마음을 진정시키려 했다. 장로들 중 성숙하지 못한 몇 사람은 남자다움을 운운하는 샘의 발언에 심한 모욕감을 느꼈다.

노인 사역을 담당하는 딕 스터길 목사는 대놓고 비난하지 않았을 뿐, 가정을 심방할 때마다 빈정거리는 말로 스티브에게 해를 입혀왔다. 누군가 교회 상황을 물어오면 자신은 모든 것을 알고 있다는 듯 입가에 미소를 띠며 이렇게 대답하곤 했다. "저희가 언급할 수 없는 내용들이 몇 가지 있습니다. 하지만 어떠한 상황에서든 주님께 신실한 것이 저희 모두의 의무겠죠. 그래서 이러면 안 되는 거지만, 이것만 말씀드리겠습니다…." 스터길은 그런 식으로 말하면 사람들의 환심을 살 수 있을 거라고 생각했다.

이번 회의에서도 튀지 않으려던 그의 노력은 제이크 섕크 덕에 허사로 돌아갔다. "스터길 목사님이 며칠 전에 이런 말씀을 하시더군요. … 그러니까 아마도 골프장이었을 거예요. … 담임목사님이 새로 시작하는 구도자 예배를 통해 젊은이들을 모을 수만 있다면 나이든 사람들이 다 교회를 나간대도 별로 개의치 않을 거라는 말씀을 하셨다고요. 하지만 이 교회를 세운 사람들이 누굽니까? 바로 우리 나이든 사람들 아닙니까? 교회의 주인은 우리입니다. 더 이상 가만히 있어서는 안 됩니다." 사실 제이크는 본대로 떠벌리는 사람으로 유명했다. 온 회중이 모인 자리에서 자신의 말이 인용될 거라고는 생각지도 못했던 스터길 목사는 얼굴이 뜨겁게 달아올랐다.

잠시 소강 상태가 이어지다가 회의를 중단시킬 절호의 기회가 찾아왔다. 하지만 성마른 실비아 펀든이 자리를 박차고 일어나 웅변을 시작했다. 부흥회 강사처럼 손가락을 공중으로 높이 들고는 이렇게 말했다. "저는 '믿음의 여인들' 성경공부반 자매들에게 전하고 싶은 말이 있습니다." 스티브의 문화 정책에 반대했던 성경공부반이었다. 모두가 자신의 말에 고개를 숙이고 압도돼야만 한다는 양 강당을 둘러보며 말을 이었다. "저는 절대로 당신들 같이 되고 싶지 않습니다." 이 말을 끝으로 자리에 앉은 그에게서 경멸하는 듯한 마음이 진하게 묻어났다.

사람들의 머리 위로 뜨거운 숯불이 떨어졌다. 따뜻한 마음에서 우러나온 숯불은 아니었다. 실비아의 무례한 태도에 거의 모든 사람이 충격을 받았다. 실비아가 비판한 교인들은 적어도 그보다 나이가 두세 배는 많았고, 수많은 역경을 헤쳐나온 분들이었다. 선한 의도를 품었던 누군가의 아내 혹은 어머니, 혹은 할머니에게 책임을 물음으로써 실비아는 자신이 공의를 위해 큰일을 했다고 생각했지만, 사실은 큰 사고를 친 거였다.

하나님의 사역이 인간의 손으로 곤두박질쳤다. 이제 가장 중요한 문제는 모든 이들이 각자 마음에 품은 분노였다. 문화적 충돌과 재정 관리라는 주요 문제는 작은 불에서 피어오르는 연기에 묻혀 종적을 감춰버린 상태였다. 의장이 분위기를 진정시키려 애썼지만 모두 허사였다. 시간이 지날수록 연기가 자욱해졌고 상황은 더욱 악화되었다.

소리를 치는 사람들도 있고 눈물을 흘리며 회의장을 떠나는 사람들도 있었다. 조용하고 경건한 마사 헨더슨이 일어나 의견을 발표했다. 모든 사람이 존경하는 눈빛으로 귀를 기울였다. "우리는 기도하며 하나님께서 우리에게 부흥을 내려주시길 간구해야 합니다. 이런 식으로 자신을 망치는 행위를 멈추어야 합니다. 목사님과 장로님들께서 실수하신 것이 분명 있을 겁니다. 하지만 우리 중 실수를 하지 않는 사람이 어디에 있습니까. 그분들도 모두 사람입니다. 우리가 그분들을 위해 기도해야 합니다."

장로 폴 파워스가 이야기했다. "물론 모두 맞는 말씀입니다. 하지만 저는 우리가 이 문제를 어른답게 해결해야 한다고 생각합니다." 사람들은 파워스 장로의 의견을 따랐다. 그날 저녁 회의는 불에 그슬려 푸석거리고 공허해져버린 관계만 남기고 끝이 났다. 언론의 자유가 파멸에 이를 때까지 자유롭게 말할 수 있다는 의미로 전락하는 순간이었다.

세 번째 단계에서 어떤 일들이 벌어지는지 한번 살펴보도록 하자. 일단 불길이 덮치고 난 뒤라면 예전의 상태로 회복될 가능성은 거의 없다고 봐야 한다. 경험상 효과적이고 확실하게 대처하는 데 주어진 시간은 30일에서 90일 정도이다. 그 기회를 놓치고 나면 심각한 타격을 피할 수 없다. 불붙은 갈등은 선한 것을 파괴하고 악한 것을 더욱 강팍케 하기 때문이다. 이때 사람들의 눈은 완전히 가려진다. 예수님께서도 가능하면 사람들의 마음이 유순할 때 얼른 문제를 해결하라고 말씀하셨다(마 5:25-26).

바른 마음만 있다면 풀지 못할 문제는 없다. 일반적으로 첫 번째와

두 번째 단계에서는 바른 마음을 유도하는 것이 가능하다. 하지만 세 번째 단계에서는 바른 마음을 지켜낼 확률이 점점 낮아진다.

불길이 치솟을 때 이성, 절충, 관용, 사랑, 용서는 거의 한 순간에 무너지고 만다. 파당들은 "우리는 옳고 그들은 우리의 원수다"라는 마음으로 무장한다. 그 결과 이런 행동들이 따라온다.

- 감정이 이성을 지배한다.
- 문제 해결을 위한 유일한 방법은 행동이라고 생각한다.
- 율법이 은혜를 대체한다. 토론하는 사람들은 변호사를 방불케 한다.
- 사람이 세운 규칙이 성경의 명령과 영적 민감성보다 앞선다.
- 엄격함이 지배한다. 다른 사람의 실수를 용납하지 않는다.

리더들이 모든 일에 바른 마음으로 행동하지 않으면, 다시 말해 성경의 명령에 따라 사람들을 인도하려고 애쓰지 않거나 그러한 노력에 실패하면, 교회는 곧 거대한 불길에 휩싸이고 만다. 그런데 이러한 영적인 태도와 행위 역시 상대방의 편을 들려는 편법으로 오해될 수 있다. 첫 번째와 두 번째 단계에서는 적용되었던 영적 해결책이 일단 불길이 휩쓸어버린 후에는 효력을 잃는 것도 이 때문이다. 인간의 가장 저급한 본성이 전혀 구속되지 못한 상태로 터져 나오기 시작한다.

- 분노가 폭발한다.
- 토의는 비난의 파괴적인 수단으로 전락한다.

- 공정함보다는 승리가 우선시된다.
- 판단이 정의를 대체한다.
- 복수가 긍휼을 덮어버린다.
- 겸손히 섬기는 그리스도의 성품은 그저 연약함으로 평가 절하된다.
- 인간의 존엄에 대한 존중을 내팽개친다.
- 나의 입장과 다른 것에 대한 정죄는 무엇이든 정당화된다.

비인격화된 상대는 원수에 불과하다. 따라서 상대방의 잘못을 용납할 여유가 없다. 실수는 벌어진 상처와 같아서 율법적 피라냐들을 불러 모으는데, 그들은 사람의 내장을 모두 먹어치울 때까지 절대로 만족하는 법이 없다.

사람의 분노는 너무나 뜨거워서 다음과 같이 중요한 질문들을 모두 태워버린다.

- 하나님께 영광을 돌리고 있는가?
- 성경적인 정신과 방식을 유지하고 있는가?
- 그리스도를 위한 최선인가?
- 자녀들이 이 상황을 목격하기 원하는가?
- 전도의 사역을 하고 있는가?
- 그리스도를 알지 못하는 영혼들이 이러한 행동을 목격한다면 어떨 것 같은가?
- 금식과 기도가 이 문제를 바로잡는 데 도움을 줄 것인가?

■ 예수님이라면 이 문제를 어떻게 해결하실까?

자기가 다른 사람에게 해를 입히고 있다는 사실을 인정하는 사람도 죄책감을 느끼는 사람도 없지만, 심각한 피해는 분명히 존재한다. 사람들은 자신이 거룩한 전쟁을 하고 있다고 믿지만, 사실 종교적인 동기를 지닌 악한 영혼보다 위험한 것은 없다.

첫 번째 단계는 숲 속에 불똥이 튀는 모습과 흡사하고 이러한 과정은 시간의 제한 없이 계속 이어질 수 있다. 두 번째 단계는 스스로는 꺼지지 않을 작은 불들이 점화되는 모습에 비교할 수 있다. 그 불을 멈출 수 있는 시간은 3개월에서 6개월 정도이다. 세 번째 단계에서 이 작은 불들은 더욱 거세지고 서로 합쳐지면서 거대한 불길을 이룬다. 불길을 잡고 교회를 구할 수 있는 시간은 이제 3개월밖에 남지 않았다.

3단계의 역학 관계

이번 단계에서 사람들 사이에는 이런 일들이 일어난다.

1. 평화로운 시절에는 교양이 넘치고 예수님처럼 행동하던 사람들이 이제는 전혀 다른 태도로 서로를 대한다. 다른 사람이나 상대편에 대해 이야기할 때는 중상모략이 오가도 허용한다.

2. 사람들은 자신의 명예가 달려 있다고 믿고 강경한 입장을 취한다. 강경함을 고수하지 않으면 같은 편에게 좋지 않은 인상을 줄 수 있

다. 친구나 가족 간의 유대 관계는 특정한 입장을 계속 고수하게끔 부추긴다. 관용이 개인의 인간관계에까지 타격을 줄 수 있기 때문이다.

3. 일상적으로 일어날 수 있는 의견 불일치가 날카로운 분열로 돌변한다. 양쪽 편에서 리더와 대변인이 등장한다.

4. 문제는 양자택일이라는 최후통첩과 함께 제시된다. 중립은 용납되지 않는다.

5. 조직의 구조는 상대를 무너뜨리는 무기로 사용된다. 사람들은 상대가 틀리다는 사실을 증명하기 위해 헌법과 조례, 규칙들을 이용한다.

6. 인식을 실재로 받아들인다. 더 이상 진실을 중요한 문제로 생각하지 않는다. 각각의 무리가 진실이라고 인식하는 바가 사실로 굳어진다.

7. 거룩한 이유를 내세우고 양쪽 모두 자신이 절대적으로 옳다고 믿는다.

> 사과는 금물이다. 연약해 보일 뿐만 아니라 같은 편에 대한 배반으로 비칠 수 있기 때문이다.
>
> 더 이상 은혜가 지배하지 않는 까닭에 사과를 하면 패배할 수 있다. 사람들은 분쟁이 해소되는 걸 원치 않는다. 승리를 갈망할 뿐이다.

8. 힘이 없는 반대자들은 평판이 좋은 사람들에게 합류하여 그들에게 과분할 정도로 신뢰감을 표한다. 징계나 징벌을 전혀 두려워하지 않고 이 사람 저 사람에게 독을 내뿜고 다닌다.

9. 이기는 것을 너무 중요하게 여기는 나머지 섬김과 사랑과 희생의 가치를 무시한다.

10. 다들 자신은 상대방의 그릇된 동기와 전략을 모두 알고 있다고 확신한다.

11. 목회자는 곤란한 입장에 처하게 되고 혼자서는 교회를 위기에서 구해낼 수 없게 된다. 사나운 불길이 치솟은 원인이 목회자에게 있지 않아도, 목회자라는 직책상 중간에 끼여 양쪽으로부터 비난을 받게 돼 있다. 대립하는 양측은 목회자가 자기편을 지지해주길 바란다. 갈등 해결 컨설턴트 에드워드 퍼스 박사는 이 단계에서 상처 입은 목회자의 절반이 다시는 사역지로 돌아오지 않는다고 이야기했다.

3단계에 들어섰다면

■ 늦었지만, 지금이라도 당장 위기 관리 전문가에게 도움을 청하라.

■ 거대한 불길의 중심에 죄악이 끼어들진 않았는지 기도하는 가운데 파악하고 교회의 치리를 집행하라.

■ 설교할 때는 물론이고 사람들을 대할 때, 은혜와 정의 사이의 견고한 균형을 유지하라. 정의가 없는 은혜는 연약하고 우유부단하며 사람들을 조종하는 것으로 비칠 수 있다. 반면 은혜가 없는 정의는 저항을 부른다.

■ 문제를 해결하는 과정에서 불필요한 법정 싸움이 불거지지 않도록 그리스도인 변호사의 조언을 구하라.

■ 문제에 대해 우유부단한 태도를 취하지 마라. 리더들이 일의 진행을 지켜보며 기다리는 동안, 사나운 불길이 로마를 집어삼키고 말 것이다. 납득할 만한 이유를 들은 사람들은 의사결정 과정에서 생기는 사소한 실수들은 용납해도 우유부단함만큼은 용납하지 않을 것이다.

FIRESTORM

4단계 : 바람이 불다

3단계는 짧고 강렬하며 파괴적이다.

불길의 뜨거운 열기는 강한 바람을 일으키고, 그 손해는 막심하다.

거대한 불길은 상승 기류를 타고 점점 더 사납게 치솟는다. 교회 전체 회의가 있고 난 다음 날 아침도 그랬다. 우울한 침묵이 교회 사무실을 뒤덮었다. 누구도 이 무거운 긴장을 풀고 멸망의 기운을 털어낼 만한 말을 찾지 못했다. 지난밤 일어난 일을 제대로 이해하지도 못했다. 몇 년간 해결되지 않은 갈등들을 간과해왔던 이들은 지난밤 일어난 갑작스럽고도 강한 폭발이 그저 어리둥절하기만 했다. 누구도 교회가 영적, 도덕적, 재정적, 수적인 면에서 파괴돼가는 걸 눈치채지 못했다.

지난밤의 기운은 점점 더 짙어졌다. 전화기에 불이 나고 격한 감정은 또 다른 감정을 불러왔다. 사람들은 누군가 자신의 입장을 들어주고 마음을 보듬어주길 원했다. 이성은 열정에 사로잡혔고 열정은 사실을 간과했다. 많은 사람이 교회를 떠나는 것으로 자신의 입장을 표명했다. 지난 주일에는 3,800명이 출석했는데 이번 주에는 2,547명이 출석했다. 그 후 매주 출석 인원이 줄어들었다. 누가 상상이나 했겠는가. 한 주 사이에 교인의 3분의 1을 잃게 되자 헌금으로는 교회 운영비를 감당할 수 없게 되었다. 그리고 3개월이 채 지나지 않아 교인의 3분의 2가 떠나버렸다. 이제 교회를 지키고 있는 인원은 1,200명 정도에 불과했다. 공중에 나타난 손가락이 벽에 '절망'이라 쓸 정도로 상황이 악화되자 사역자들은 줄줄이 사표를 냈다. 반대자들은 절망이 아니라 '슬프도다'라는 탄식이라고 주장했다. 긴축 재정 체제에 들어서자 나머지 사역자들은 해고되었다. 그렇게 6개월이 지났다. 이제 남은 사역자는 고작 네 명뿐이었다.

거대한 불길은 급작스럽게 찾아왔지만 쉬 물러나지 않았다. 목사가 불륜에 빠졌다는 소문이 퍼지면서 소용돌이치던 불길은 더 사납게 타올랐다. 물론 사실이 아니었지만 소문은 의구심을 남겼고, 의심이 생각을 빚어 새로운 실재를 창조했다. 곧 거짓이 사실로 둔갑해 퍼져나갔다. 장로들은 내연녀의 이름을 추궁했지만 밝혀낼 수 없었다. 증거도 없었다. 매주 새로운 소문이 교회를 흔들었다. 이 소용돌이는 사나운 불길에 광기를 더했다.

초반 몇 달간은 교회를 떠난 사람들이 남은 교인들에게 자주 전화를 걸어왔다. 멋진 교회를 만났다는 소식과 함께 이제 그만 중앙침례교회를 떠나라는 권면이 대부분이었다. 전화 건 사람들의 끝없는 분노는 선교 사역과 교회의 채무 이행, 그리고 무엇보다 복음 전파 사역이 실패할 때까지 그들의 눈을 가렸다.

교회 사무실에는 기이한 비난과 협박으로 가득한 익명의 편지가 빗발쳤다. 어떤 이들은 반 이상이 사임한 운영위원회를 흠잡았다. 운영위원회는 계속해서 다른 문제에 직면해야 했다. 네드 프렌들리와 예레미야 커틀러는 스티브의 사임을 촉구하는 청원서를 돌렸다. 얼마 후 각각 다른 불만을 품고 있던 일곱 개의 그룹이 한데 모여 청원서 작성을 도왔다. 타오르는 불에 기름을 끼얹은 일이었다. 다른 목재들에까지 불이 옮겨 붙었다. 서로 충돌하던 다른 입장들이 공통점을 찾아갈 때마다 파괴적인 힘은 더욱 강렬해졌다.

교회가 입은 피해는 분명했다. 출석 인원과 교회의 수입이 감소한 뒤에도 이번 위기를 극복하고 무너진 교회를 다시 일으키기를 바라던 신실한 사람들의 사기가 떨어졌다. 교회에 대한 좋지 않은 소문 때문에 앞으로 몇 년간은 교회 성장도 쉽지 않을 것이다. 교인들이 얼마나 열심히 기도하고 노력하느냐와 상관없이 피해는 갈수록 심각해졌다. 기적이 일어나지 않는 한, 곧 교회 건물을 처분해야 하는 상황이 닥쳐올 터였다.

무겁고 우울한 분위기가 기도 모임을 지배했다. 누구도 하나님의 뜻을 분별해낼 수 없었다. 답이 없는 질문들만 늘어났다. 지금 이 교회의 문을 닫는 것이 하나님의 뜻일까? 지나치게 큰 건물과 엄청난 빚에도 불구하고, 우리는 남아 이 교회를 지켜야 하는 걸까? 떠나는 것은 불순종일까? 하나님께서는 과연 거대한 부흥을 일으키시고 우리가 잃어버린 것들을 다시 회복시켜주실까? 우리 중에 혹시 이러한 회복을 방해하는 야간이 있는 건 아닐까?

이윽고 갈등은 목회자의 설교를 집어삼켰다. 교회의 관심이 구원에서 생존으로 옮겨감에 따라 사나운 불길로 가장 큰 피해를 입은 것은 다름 아닌 예수 그리스도의 복음이었다. 복음을 받아들여 구원에 이른 영혼이 하나도 없었고 침례탕의 물도 마른 지 오래였다. 그리스도를 증거하는 사람은 물론이고 교회로 사람들을 초청하는 교인도 하나 없었다.

에드나 닐은 스티브에게 마크 부벡 박사가 쓴 《대적*The Adversary*》와 《대적을 정복하라*Overcoming the Adversary*》를 건넸다. 스티브는 이전에는 생각지도 못했던 사탄의 실재를 발견했다. 사실 지금 교회에서 일어나는 많은 문제가 책에서 묘사하는 사탄의 역사와 너무나 잘 맞아떨어졌다. 사탄은 더 이상 추상적인 존재가 아니었다. 스티브에게는 사탄이 실제로 살아 있는 대적이었다.

하지만 스티브의 이런 반응은 좀 지나친 면이 있었다. 사탄에게 모든 책임을 묻고 그를 희생양으로 삼은 셈이니 말이다. 그리고 이것은 세 가지 면에서 실수였다. 첫째, 분명 이번 문제와 사탄은 관련이 있었지만 스티브가 간과한 것이 있었다. 바로 사람들이 실패하여 생긴 기회를 사탄이 놓치지 않고 이용했다는 사실이다. 둘째, 그럼으로써 스티브는 자신의 잘못을 돌아볼 기회를 스스로 포기해버렸다. 셋째, 자신에게 반대하는 모든 사람을 사탄이라고 간주하는 건 너무 단순한 처사가 아닌가. 그럼에도 이번 위기 곳곳에 사탄의 손길이 닿아 있는 것만은 무시할 수 없는 사실이다.

이번 단계에서 우리는 무엇을 보는가. 격렬한 불길이 치솟는 단계는 비교적 짧고 강렬하며 파괴적이었다. 반면 때맞춰 불어온 바람은 불길을 더욱 강력하게 하고 문제를 더 심각하게 만들어 더욱 큰 피해를 남긴다. 이때 사람들의 마음은 돌처럼 단단해진다. 정식으로 조직된 무리들은 전략을 세운다. 서로 다른 주장을 내세우던 사람들이 공동의 적을 무찌르기 위해 연합을 꾀하기도 한다. 파괴적인 방식이 정당화된다. 사람들은 자신이 그리스도의 몸을 해치고 있다는 사실을 간과하고 만다.

바람은 새로운 부싯깃들을 끌어 모으기도 한다. 사람들은 매번 새로운 소문에 이목을 집중한다. 새로운 문제가 터져 나올 때마다 교회에 남은 사람들의 마음은 지쳐간다.

어둠의 권세는 계속해서 인간의 비극을 심화시킨다. 따라서 이 시점에서 피해를 최소화하는 건 거의 불가능하다. 이번 단계에 접어들면 교회에는 소수의 사람들만 남을 것이고 그들은 생존을 위해 투쟁할 것이다. 아니면 아예 교회 자체가 살아남지 못할 수도 있다. 불길이 시작되었을 때 제대로 처리를 하지 못하고 지나가면 그 중심에 있는 악은 더 강력한 모습을 띠게 된다.

4단계의 역학 관계

이번 단계에서 사람들 사이에는 이런 일들이 일어난다.

1. 일단 리더의 10퍼센트, 회중의 20퍼센트까지 갈등이 확대되면, 갈등을 심화시키는 강한 바람을 타고 사나운 불길은 본격적으로 치솟는다.

2. 논쟁이 지극히 감정적으로 흐르는 탓에 사실 관계를 파악하기가 어렵다. 사실이 자신의 입장을 약화시킬 수 있다는 두려움이 생긴다.

3. 객관적이거나 중용적인 태도는 사람들의 의심을 산다.

망상이 시작된다.

점잖고 부드럽게 이야기하는 사람은 연약한 사람으로 치부된다.

영성은 무능한 것이 된다.

4. 다들 상대가 변하지 않을 거라 확신한다. 따라서 유일한 해결책은 투쟁밖에 없다고 믿는다.

5. 교회는 영구적인 피해를 입는다.

싸움을 지켜보고 싶지 않은 사람들은 교회를 떠난다.

반대 의지를 표명하고자 교회를 떠나는 사람들도 있다.

그 밖의 사람들은 가족이나 친구들로부터 이제 그만 교회를 떠나라는 압력을 받는다.

6. 교회 전체보다 작은 무리의 권력이나 이익을 중요하게 여긴다.

7. 눈에 보이는 피해가 늘어날수록 교회의 상처는 회복하기 어려워진다. 지역 사회에서 교회의 평판이 안 좋아진다.

8. 무관심과 소통의 부족으로 상대방의 고통에 대한 인식이 이전 단계보다 더 떨어진다. 상대는 더 이상 '인간'으로 비쳐지지 않고 타도할 대상으로만 인지된다.

9. 개인의 생각이나 선입관, 의견이 교리의 수준으로까지 부상하면서 구체적인 문제가 모호한 원리와 이념으로 돌변한다. 교회 문제 전문가들은 교회 갈등 중 교리 문제는 고작 2퍼센트에 불과하다고 말한다. 나머지는 모두 개인적인 문제라는 뜻이다. 개인의 취향이 교리와 맞먹는 입지를 갖게 될 때, 개인의 입장에 대한 공격은 하나님을 대적하는 것과 동일시된다. 이때는 모든 것이 무기가 될 수 있다.

기도 : 회중 기도를 통해 상대의 잘못을 바로잡으려 한다.

말씀 : 자신의 생각을 입증하려고 문맥에 상관없이 말씀을 인용한다.

주변 사람들 : 존경받는 지도자들을 자기편으로 만들려고 전화 통화를 시도한다.

10. 사탄의 역사와 인간의 행동을 분별하는 것이 쉽지 않기에 영적 전투를 정의하기가 어려워진다.

11. 부흥이 필요하다고 말하는 사람들도 있지만, 하나님을 아는 지식이 얕은 탓에 하나님께서 쉽고 빠른 해결책을 가지고 오셔서 상대방이 자신의 잘못을 어서 빨리 깨닫기를 바랄 뿐이다.

12. 운영위원회가 과민 반응을 보이면서 교회의 치리를 오용하는 경우도 있다.

13. 하나님께서 부정한 사람들을 쫓아내시고 교회를 깨끗케 하시는 중이라고 믿는 교인들은 떠난 사람들을 연약한 행악자로 치부한다. 교회를 떠난 사람들 중에 문제를 일으킨 이들이 더러 있기도 하지만, 교회를 떠난 대부분의 사람들에 대한 책임은 제때 올바른 대처를

하지 못한 지도자 그룹에게 있다고 봐야 한다. 많은 사람이 교회를 떠난 것이 교회를 정결케 하시는 하나님의 역사라고 이야기하는 것은 리더십의 실패를 은폐하려는 처사이다.

4단계에 접어들었다면

▪ 컨설턴트와 가까이에서 협력하라. 그에게 주어진 권위가 클수록 그가 교회를 건져낼 확률 또한 커질 것이다.

▪ 어둠의 세력에 대항하는 영적 전투에 대해 견고하고 성경적인 진리를 가르치라. 이론으로가 아니라 실제 상황을 통해 드러날 때 이 같은 진리가 더욱 분명해진다.

▪ 상황에 대한 모든 책임을 사탄에게 떠넘기지 않도록 하라. 사탄은 사람들의 그릇된 태도와 행동 덕에 생긴 기회를 놓치지 않고 붙들었을 뿐이다.

▪ 영적 전투에 대한 컨퍼런스를 열고 유명 강사를 초청하여 이에 대한 성경적인 메시지를 전하라.

▪ 성경의 절대적인 진리가 훼손되지 않는 한 파당들이 성경을 무기로 사용하지 않도록 주의하라.

▪ 아직 논쟁에 휘말리지 않은 교인들에겐 지속적인 사역이 필요하다. 그들이 방치되어 불안해하지 않도록 주의하라.

▪ 강단의 주제가 갈등이 되지 않도록 하라.

▪ 교인들을 금식과 기도로 초청하라. 민감한 정보들이 새어나가지 않도록 주의하면서 교회가 한데 모여 하나님의 도우심

을 구하는 것이 중요하다.

- 목회자를 포함해 모든 리더들은 교회에 남는 것과 떠나는 것 중 어느 것이 최선일지를 결정해야 한다. 떠나는 것이 양쪽 모두에게 최선인 경우도 있다.

5단계 : 잔불이 남다

갈등은 소송으로 이어질 수도 있다.

세상이 교회의 일을 대신하게 하는 건 부끄러운 일이다.

절망적인 상황에서 사람들은 극단적인 행동을 하곤 한다. 하지만 절망적인 상황이 불순종을 정당화할 수는 없다. 좀 더 정확히 말하자면 절망 속에서 사람의 진짜 인격이 드러난다고 할 수 있다. 사람들의 분노로 상황이 더 악화되자 중앙침례교회 교인들 사이에는 잘못을 바로잡기 위해서는 성경을 거슬러도 좋다는 인식이 싹트기 시작했다.

거대한 불길이 교회를 휘감은 지 8개월이 지나자 재정 문제로 정리해고된 교회 직원 리즈가 교회를 고소했다. 남편은 트럭을 운전하는 사람이었다. 두 사람에게는 아이가 셋 있었는데 모두 교회에서 운영하는 사립학교에 다녔다. 리즈가 교회 직원이어서 가능한 일이었다. 교회 직원들에겐 등록금을 50퍼센트 할인해주는 혜택이 있었다. 사실 리즈는 유능한 비서가 아니었다. 그럼에도 그 자리를 지켜온 건 순전히 아침 덕분이었다. 리즈는 담임목사가 들을 만한 거리에서 이렇게 말하곤 했다. "이렇게 훌륭한 리더를 주신 하나님을 찬양해요. 우리는 모든 사람이 부러워할 만큼 훌륭한 목사님을 모시고 있어요." 교회에서 해고당한 리즈는 바로 다른 직장을 구할 능력이 없었다. 직원 혜택이 사라지고 아이들의 등록금이 원래대로 인상되자 리즈는 본성을 드러내기 시작했다. 리즈는 학부모들과 교사들을 찾아다니며 학교가 문을 닫게 될 경우를 대비해서 교회를 상대로 집단 소송을 준비해야 한다고 설득했다. 소송의 근거는 교회가 팸플릿에 약속한 대로 지속적인 교육을 제공하지 못했다는 것이었다. 비서로 일하는 동안에는 한 번도 볼 수 없었던 그녀의 창의력에 모든 사람이 혀를 내둘렀다.

장로들과 교육위원회는 소송 때문에 활력을 잃어갔다. 종교 기관이 법적인 문제에 휘말릴 수도 있다니! 순진한 생각이 산산 조각나는 순간이었다. 하지만 곧 학교가 문을 닫아야 할 지경에 이르렀다. 재정이 바닥난 것이다. 밀린 교사 월급만 해도 상당했다. 불안은 분노를 불러왔다. 월급 지급을 보장하라는 교사들도 생겨났다. 또 다른 소송에 걸릴 수도 있는 상황이었다.

양로 시설 역시 문제였다. 시설과 교회 위원회 사이에 긴장감이 높아졌다. 거친 말이 오갔다. 시설 거주자들은 자신들이 평생 모은 재산을 잃을 수도 있다는 생각에 거의 공황 상태였다. 교회 문제 때문에 시설이 없어지지나 않을까 우려하는 사람들은 시설을 교회로부터 분리해야 한다고 주장했지만, 시설에도 부채가 있어서 재정 독립은 불가능했다. 투자금을 전부 회수하려는 사람들이 교회를 상대로 소송을 걸었다. 자신의 보물은 하늘에 있다고 말하던 사람들이 해적처럼 서로 치고받았다. 자기 돈을 건질 수만 있다면 누가 죽든 상관하지 않을 기세였다. 몇몇 사람들에게 스티브는 사기꾼이나 다름없는 존재였다. 많은 이들이 중앙침례교회를 떠나 다른 교회를 찾아 나섰다. 결국 시설은 독립했고 사업을 유지하려던 투자자들의 소망대로 영리 법인으로 전환했다.

학교가 문을 닫고 양로 시설이 독립해 나가면서 중앙침례교회가 이제껏 집중했던 '요람에서 무덤까지'라는 꿈도 사라져버렸다. 교회와 양로 시설 사이에 회랑을 지으려 했던 계획도 무산되었다. 돈이 굳었다는 생각에 안도하는 사람이 있는가 하면, 교회에 반감을 품게 된 이들도 많았다. 유순한 몇몇 사람들은 예배에 귀를 기울였다. 그러나 신실하기 때문이 아니라 그저 편의상 예배를 드린 것에 불과했다.

교회는 더 이상 텔레비전과 라디오에 설교 방송을 내보낼 여력이 없었고, 그것은 곧 성장을 향한 동력이 끊겼다는 의미였다. 연체된 고지서가 쌓여갔다. 지독한 빚 독촉은 사역자들의 사기를 떨어뜨렸다.

교회는 흔들렸고 덩달아 원망이 난무했다. 거대한 화염의 불씨가 아직 남아 있었던 것이다. 스티브를 추종하던 이들은 분열했고 약해졌으며 애초에 말썽꾼들을 제대로 다루지 못한 운영위원회를 원망했다. 비판하기 좋아하는 사람들은 하나님의 진노가 교회에 임한 거라고 주장했다. 냉소적인 사람들은 교회가 허물어지는 광경을 비웃기만 했다. 장로들은 담임목사에게, 그리고 서로에게 책임을 묻느라 정신이 없었다. 그리고 이런 손가락질은 문제 해결에 걸림돌이 되었다.

교회 건물을 담보로 빌린 돈이 상당해서 매달 갚아야 할 대출금이 4,200만 원 정도였다. 은행은 대출금을 갚으라고 압박했고 운영위원회는 이 문제를 어떻게 해결할지 장시간 논의했다. 교회의 운영과 선교비로는 매달 각각 2,700만 원과 1,200만 원이 필요했다. 건물 보수에도 2억 7,000만 원가량이 필요했는데, 지금 당장 보수를 하지 않으면 상태가 더 나빠져 나중에는 훨씬 더 많은 돈이 들어갈 판이었다. 교인 수가 줄어 이제 한 달 평균 헌금은 5,900만 원에 불과했고 교회는 파산을 향해 달리고 있었다. 이 와중에 교회 재정 운용에 관한 세미나에 다녀온 이들은 하나님께서 애초에 교회가 빚을 지는 것을 기뻐하지 않으셨기 때문에 이런 진노를 내리신 거라고 소문을 퍼뜨려 상황을 더욱 악화시켰다. 세미나의 논지에 어긋나는 결론이었지만, 그들은 자기들이 이해한 바에 만족했으며 이를 토대로 더 이상 헌금을 내지 않겠다는 결심을 정당화했다.

남은 불은 스티브의 사생활까지 집어삼켰다. 스티브의 자녀들은 먼 객지에서 대학을 다니고 있었는데, 친구들이 전화와 편지로 교회에서 일어나는 이야기를 시시콜콜 전하는 통에 학업에 집중하기 어려웠고 결국 성적이 떨어지기 시작했다. 나쁜 의도를 가지고 한 행동은 아니었지만, 결과적으로 아이들을 불안하게 만들었다.

헤더는 스트레스로 실어증에 걸렸고 신경안정제와 수면제를 복용해야 했다. 스티브를 범죄자 취급하는 사람들에게 화가 치밀어 참기 어려웠다. 남편이 어쩌다 이 지경에 이르렀는지 그 내막을 잘 알고 있었지만, 그가 훌륭한 뜻을 품은 선한 사람이라는 사실도 잘 알기 때문이었다. 스티브를 망치려는 사람들의 아우성이 헤더의 몸과 마음을 황폐케 했다.

운영위원회가 가장 두려워하던 악몽도 결국 현실이 되었다. 교회는 은행에 대출금을 상환하고 파산해야 했다. 법정에서 중재인을 붙여주었다. 소망과 생명의 상징을 공중으로 내뿜던 분수는 작동을 멈췄고 밤마다 첨탑을 비추던 조명은 빛을 잃었다. 교회 행사를 홍보하던 광고판에는 불길한 기운의 붉은 글씨로 '매매'라고 적혀 있었다.

스티브로서는 남아 있는 성도들과 작은 건물에서 처음부터 새로 시작해야 한다는 사실을 받아들이기가 어려웠다. 그래서 몇 달 전에 청빙을 제안했던 교회의 서류철을 꺼내 들었다. 그 교회가 청빙 문제를 다시 한 번 생각해주기를 고대하면서 말이다. 미국 대륙을 절반이나 가로질러야 할 만큼 멀리 떨어진 곳에 있는 교회였다. 스티브는 그쪽 청빙위원회에 자신이 다른 교회로 떠날 수도 있다는 사실이 교인들의 마음을 어지럽힐 수 있으니 어떠한 이유로든 중앙침례교회와 연락하지 말아달라고 부탁했다. 그리고 여태껏 교회를 성장시키고 건축을 추진했던 이력을 화려하게 꾸며 프로필을 작성했다. 모든 실적을 최고치로 기록하는 것도 잊지 않았다. 교회를 휘감은 불길과 몰락에 대해서는 일절 언급하지 않았다. 스티브의 요구를 존중하여 그쪽 교회에서는 모든 목회자 후보들을 철저히 조사할 의무를 성실히 이행하지 못했다.

스티브는 중앙침례교회에 남아야 할지 떠나야 할지 하나님으로부터 어떠한 확신도 얻을 수 없었다. 그저 아버지의 희미한 그림자만이 잠재의식 속에서 자신을 조롱하는 듯했다. 남자답지 못하다고 한 아버지의 불길한 예언이 이번에 맞닥뜨린 사나운 불길을 통해 실현되었다고나 할까. 하지만 그것은 어디까지나 잠재의식일 뿐이었다. 스티브는 자기보존 본능을 발휘해 모든 책임을 다른 사람에게 전가시켰다. 솔직히 2년 전에 중앙침례교회를 떠나지 못한 것을 후회했다. 그랬다면 교회를 살렸거나 적어도 조직적인 문제를 들추어낼 수는 있었을 것이다. 하지만 여전히 그는 이 교회에 있고 지금 잔불을 딛고 서 있다.

스티브는 사우스 힐에 올라 벤치에 홀로 앉았다. 세 개의 강줄기가 합류하는 지점이 내려다보였다. 사우스 힐 근처에는 스리 리버스 경기장이 있다. 피츠버그 스틸러스의 시합이 있기 전에 스티브는 그곳에서 예배를 인도하기도 했었다. 흐르는 강물이 햇빛을 받아 춤을 추듯 눈부시게 반짝였다. 늦은 오후, 자동차들이 포트 피트 다리를 바삐 오갔다. 동쪽 하늘에선 어둠이 해를 삼키고 있었다. 스티브는 에너지로 고무되었던 피츠버그에서의 젊은 시절을 회상했다. 이제 이 도시는 냉담하고 소음만 가득한 공간으로 다가왔다. 교회의 몰락이 과연 누구의 책임인지, 마음을 정리할 수 없었다. 나? 장로들? 불평꾼들? 회중? 이 질문은 마음을 괴롭힐 뿐 시원한 답을 내놓지 않았다. 이제 그는 아무것도 변화시킬 수 없는 무력한 사람이 돼 있었다. 자기가 있든 없든 잘 굴러갈 것 같은 도시를 내려다보며 스티브는 사직서를 썼다.

해소되지 못하고 맴돌던 긴장감이 갈등으로 폭발하기까지 15년이 걸렸다. 초기 불꽃이 일렁인 기간은 고작 몇 달이었지만, 그 후 사나운 불길은 1년 가까이 이어졌다. 그리고 몇 달에 걸쳐 잔불이 그 뒤를 따랐다. 교회에 남아 힘들어하는 교인들에게 스티브는 사임 의사를 밝혔다. 그 외에는 다른 방법이 없다는 걸 아는 일부 교인들은 안도하는 눈치였다. 기적적인 구원을 열심히 간구하던 다른 교인들은 울음을 참지 못했다.

스티브는 곧장 교회를 떠났다. 상처 입은 교회는 홀로 남아 파산이라는 모진 시련을 견뎌야 했다. 모든 부동산을 처분했지만, 교회가 해결할 수 있는 부채는 고작 30퍼센트뿐이었다. 600명으로 줄어든 교인들은 예배드릴 처소를 찾아야 했다. 중앙침례교회의 불명예가 씻기 어려운 얼룩을 십자가에 남긴 듯했다.

5단계의 역학 관계

이번 단계에서 사람들 사이에는 이런 일들이 일어난다.

1. 갈등은 소송으로 이어질 수도 있다. 세상이 교회의 일을 대신하게 하는 건 부끄러운 일이다. 변호사들은 감정이나 영성을 세심하게 다루도록 훈련받은 사람들이 아니다. 따라서 가능한 한 소송은 피하는 것이 좋다. 돈을 지불하는 사람의 편을 드는 것이 변호사들의 직업이다. "나는 옳고 상대는 틀렸다"라는 생각을 더욱 부추길 것이며, 결국 갈등을 더욱 심화시키고 만다. 변호사들은 구원이 아니라 대립을 위해 훈련받은 사람들이다. 그리스도 안에서 한 형제자매가 된 이들이 교회 문제를 법정에서 해결한다는 것 역시 성경적이지 않다. 교회가 연루된 소송은 누구에게도 득이 안 된다.

2. 사람들은 이제 상대방의 명예를 훼손하고 짓밟는 것을 목표로 삼는다. 이기는 것만으로는 충분하지 않다고 느끼는 사람들은 원수를 소멸하는 일에 집중한다.

심각한 폭력 사태가 벌어질 수 있다.

소송이나 육체적인 피해와 같은 위험한 협박이 찾아올 수 있다.

3. 갈등이 깊어질수록 해결을 위한 노력은 더욱 형식적이 된다. 교회는 이제 조정의 단계에서 관련된 사람들을 대신해 제3자가 문제를 해결하는 중재의 단계로 넘어간다. 마태복음 18장 15-17절이 절차를 설명하는 하나의 예를 보여준다. 먼저는 두 사람이 문제 해결을 시도하고, 그 다음 더 많은 사람들이 문제 해결 과정에 참여한다. 이런 노력이 실패하면, 교회가 그들을 대신해 결정을 내리게 되고, 그러면서 문제 해결의 과정은 더욱 형식적이 되는 동시에 관계적인 부분에서 결함을 드러낸다. 그것마저 실패하면, 교회는 회개를 거부하는 교인을 제명하는 다음 단계로 넘어간다.

4. 외부인에 의해 조직의 해체 작업이 이뤄진다. 법정이나 교단의 대표 혹은 컨설턴트가 개입할 수 있다.

5. 갈등이 이 단계까지 진행되면 양쪽 모두 문제를 명확히 알게 되고 자신들의 입장에 대한 확신 역시 확고해진다.

5단계에 접어들었다면

■ 산소 공급을 차단해 더 이상 불길이 번지지 못하게 하라. "나는 옳고 상대는 틀렸다"라는 단순한 생각에서 벗어나 복잡한 상황을 꿰뚫어볼 수 있어야 한다. 어떻게 그럴 수 있을까? 양쪽의 불만이 무엇인지 파악하는 위원회를 구성해보라. 보기

와는 달리 한 가지 문제의 이면에는 여러 다른 문제가 거미줄처럼 얽혀 있을 것이다. 사람들이 문제의 복잡한 성격을 인식하고 거기에 대해 논의하지 않으면 문제를 해결할 수 없다.

- 진실을 밝히고 모두에게 공의를 보장하려면 중립적인 컨설턴트를 고용하라. 각 사람의 이야기에 충분히 귀를 기울여라. 사람들이 누군가 자신의 이야기에 정중한 태도로 귀를 기울인다고 느끼지 못하면, 상황은 절대 호전되지 않는다. 누군가 자신의 이야기에 귀를 기울이고 자신을 이해한다고 느낄 때, 위기라는 감정적 에너지는 해소될 수 있다. 그때 관용이 다시 싹튼다.

- 성경을 믿는 모든 이들이 복종할 만한 성경적 지침을 세우고, 양쪽 모두에게 말씀과 기도를 제시하라.

- 사람들이 자신도 충분히 실수할 수 있는 불완전한 인간이라는 사실을 인정하게 도와라.

- 적절한 유머가 긴장감을 해소하기도 한다. 하지만 어느 한쪽 편을 드는 유머는 금물이다. 벽을 허무는 데는 시간이 걸리는 법이다.

- 원수로 여기는 상대를 파괴하는 일에 관심을 꺼라. 승리에서 문제 해결로 목표가 바뀔 수 있게 도와야 한다.

- 맡은 사역을 제대로 감당하지 못하는 사역자를 해고하는 일과 불필요한 교회 재산을 처분하는 일을 망설이지 마라. 미래를 위해 잠재적 재산을 보존하는 것은 꼭 필요하다. 그렇지 않으면 나중에 모든 것을 잃을 수도 있다.

6단계 : 잿더미에서 일어서다

이제는 "우리 편이 이겼는가?"를 생각할 때가 아닙니다.

어떻게 하면 우리의 모든 행위로 하나님께 최선의 영광을 돌릴 수 있을지를

고민해야 합니다.

　교회 건물을 팔고 맞은 첫 번째 주일, 등유 냄새가 코를 찌르는 낡은 체육관에 사람들이 모였다. 익숙한 집기들은 더 이상 없었다. 아름다운 교회 건물은 투자자들에게 팔렸다. 투자자들은 교육관을 커피콩에서부터 수공예에 이르기까지 온갖 물건을 취급하는 신식 백화점으로 개조하기로 했다. '대지와 당신'이라는 코너에서는 뉴에이지 용품을 판매한다고 했다. 예배당이 영화 상영과 라이브 공연을 하는 극장으로 다시 태어난다는 이야기도 들려왔다. 건축 양식에 스며 있는 분위기를 살려 백화점 이름은 창조적 영감을 뜻하는 '인스피레이션 몰'로 짓겠다고 했다.

　몇몇 장로들은 화려한 건물을 짓자는 데 한 표를 던져놓고는 불길이 거세지자 모든 것을 버리고 떠난 수백 명의 교인들에게 서운한 마

음이 들었다. 심지어 그렇게 떠난 사람들 중에는 교회의 파산을 비웃는 이들도 있었다. 하지만 그것은 자발적으로 모여 구성된 조직이 감당해야만 하는 위험이었다. 사람들은 함께 지기로 한 짐을 다른 사람의 어깨에 떠 얹고는 언제든 약속을 저버리고 떠날 참이었다. 엄청난 빚을 진 것보다 공동의 목적을 헌신짝처럼 내다버린 것이 죄였다. 많은 사람들이 이 교회의 사역을 통해 주님을 영접하지 않았던가. 뜻밖에 교회가 붕괴한 것은 변하기 쉬운 인간의 마음 때문이었다. 약속이 유효할 때는 이 사실을 간과했던 것이다.

불길은 이제 다 꺼진 듯했다. 노아처럼 중앙침례교회는 새로운 세상에 발을 딛게 되었다. 하지만 교회는 햇빛 찬란한 새날을 마주하지 못했다. 리더들은 유능한 목회자를 청빙할 수 없다는 사실을 깨달았다. 동일한 조건에서 더 나은 사례비를 보장할 다른 교회들과 경쟁을 할 수 없었기 때문이다. 게다가 아직 해결되지 않은 소송과 떠난 교인들이 퍼뜨리는 나쁜 소문들도 문제였다. 피츠버그에서 사업을 하는 사람들 중에는 교회의 파산으로 피해를 입은 사람이 많았다. 사무기기를 취급하는 상점 주인은 교회 때문에 5,200만 원의 손해를 입었다. 그는 다른 상점 주인들에게 교회와는 현금으로만 거래를 하라고 당부했다.

하지만 주님의 이름이 회복되려면 이런 모욕도 견뎌야 한다는 생각이 남은 교인들의 마음을 강하게 붙들었다. 운영위원회와 교인들은 장로 짐 엘리슨의 제안에 따라 교회의 부채를 모두 갚기로 결정했다. 파산을 선언한 이상 그럴 의무는 없었는데도 말이다. 방송국에서 날아온 청구서와 전화세를 모두 포함하여 10억이 넘는 빚을 떠안기로 했

다. 부채를 떠안는 것이 회복을 더디게 할 수도 있지만, 교회는 10년
에 걸친 부채 상환 계획을 모든 채권자에게 제시했다. 감명을 받은 채
권자들은 이자를 제외한 원금만 받겠다고 자청했다.

교회가 회복하는 동안, 헤럴드 포드 목사가 임시로 교회를 맡아주
기로 했다. 지난 42년간 두 교회에서 목회를 하고 은퇴한 목사였다.
체력은 부족했지만 사람을 대하는 노련함과 지식과 지혜는 부족한 체
력을 메우고도 남았다. 성령의 능력 안에서 사는 법을 아는 사람에게
는 육체적인 한계가 오히려 유익이 될 수 있다는 증거를 보여준 것이
다. 헤럴드는 교회를 재건하기 위해 이제까지 자신이 가장 잘 해왔던
일, 즉 그리스도를 섬기는 것에 집중하기 시작했다. 성령의 능력 안에
서 진리와 사랑으로 섬기는 것에 비길 만한 다른 기술은 없었다. 헤럴
드는 자기 자신을 교회에 쏟아부었고 기회가 있을 때마다 교인들을
훈련하고 격려했다. 목사의 기본 의무를 다하는 것 외에도 교인들의
집을 심방하고, 점심시간에는 일대일로 만나 식사를 했으며, 장로들
을 위한 특별 수양회를 갖기도 했다. 헤럴드는 교인들을 견고한 관계
로 이끌어줄 건강한 영혼의 기초를 놓았다. 그것만이 유일한 해결책
이었다.

하지만 쉬운 일이 아니었다. 처음 강단에 올라선 헤럴드는 주일 예
배가 아니라 장례를 인도하고 있다는 느낌을 받을 정도였다. 집단적
분노와 슬픔, 원망, 불안이라는 소용돌이가 눈앞에서 일고 있었다. 커
다란 충격으로부터 개인을 끌어내는 것도 어려운데, 하물며 한 무리
일까. 예민한 사람들은 과거를 붙들고 슬퍼하는 반면, 공격적인 사람
들은 마치 아무 일도 없었다는 듯 모든 것을 잊고 전진하고 싶어 했

다. 헤럴드는 영혼에 실제적으로 필요한 목록을 교회에 제시했다.

교회를 분열케 했던 문제들과 스티브에 대한 교인들의 견해 차이는 절대 좁혀지지 않을 것이다. 생각이 한번 굳어지면 그 틀이 바뀌는 경우는 거의 없기 때문이다. 헤럴드는 다음과 같은 격언을 기억했다. "상대의 생각을 바꾸어놓았다고 자신하지 마라. 그는 여전히 같은 생각을 하고 있을 테니." 대신 헤럴드는 더 높은 헌신으로 교인들을 이끌기로 결심했다. 정성을 다해 준비한 설교에서 이런 이야기를 했다. "과거에 일어난 사건에 대해 여러분이 아직까지도 격정을 느낀다는 사실을 잘 알고 있습니다. 하지만 그리스도 안에서 이미 죽은 우리들은 우리의 과거 또한 심판하시는 주님의 발 앞에 내려놓을 수 있어야 합니다. 과거 하나님께서 하신 일과 그 일을 위해 사용하신 사람들을 모두 존중해야 합니다. 이제부터 우리는 그리스도를 높이는 일에 집중합시다. 이제는 '누가 이겼는가?'를 물을 때가 아닙니다. 어떻게 하면 우리의 모든 행위로 하나님께 최선의 영광을 돌릴 수 있는지 고민해야 합니다. 하나님께 드리는 우리의 예배는 서로를 향한 사랑과 용서, 존중만큼만 가치가 있는 것입니다."

헤럴드는 먼저 설교를 통해 하나님 앞에서의 정결을 촉구했다. 갈등의 면밀한 내용을 들춰내야 할 때는 이미 지난 셈이었다. 지금은 사랑의 이불로 문제를 덮고, 교인들의 마음을 회개와 용서와 은혜로 정결케 해야 할 때였다. 그는 말로 시시비비를 가리기보다는 문제를 덮어주는 것이 현명할 때가 있다는 사실을 교인들이 깨닫도록 애썼다.

헤럴드는 중앙침례교회의 역사를 인정했고, 스티브에 대해 좋게 이야기했으며, 부채를 갚기로 한 교회의 결정을 칭찬했다. 이 세 가지 문제를 뭉뚱그린 것은 의도적이었다. 교회는 지난 역사를 통해 하나님의 나라를 위해 많은 열매를 맺어왔다. 사나운 불길이 스티브를 포함해 모든 사람의 실패를 부각시킨 건 사실이지만, 이들 모두는 하나님의 자녀로서 존중받을 가치가 있었다. 잿더미 속에서도 교회는 희생을 감수하고 교회의 부채를 갚기로 할 만큼 정직했다. 교인들이 과거로부터 선한 것들을 발견하면서 비통함은 천천히 사라졌다. 장로 찰스 브래들리는 이렇게 말했다. "우리는 더 이상 우리 자신을 무가치하고 쓸모없는 사람들로 생각하지 않습니다."

헤럴드는 회개와 보상, 화해를 주요 주제로 삼았다. 모든 상황에 만족할 만한 해결책을 제시할 수 없다는 사실을 이미 잘 알고 있었지만, 적어도 노력은 해야 했다. 그는 교인들이 개인적인 차이를 극복하고, 교회를 버리고 떠나 자신을 분노케 했던 사람들을 용서하도록 권면했다. 또한 교회의 위기를 자처한 운영위원회의 결정에 핵심 역할을 했던 사람들을 비공개적으로나마 치리하도록 인도했다. 진리에 도달하는 것이 목적이었다. 긍휼 어린 공의는 치리를 받는 사람들의 존엄을 해치지 않으려는 노력의 일환이었다. 교회의 치리에 복종하는 사람들도 있었다. 반면 치리에 대항하며 운영위원회를 악당으로 몰아붙이는 사람들도 있었다. 모두에게 어렵고 피곤한 과정이었다. 이들을 무시하고 앞길을 모색하는 것이 어떻겠냐는 질문에 헤럴드는 대답했다. "공의는 사랑만큼이나 중요한 교회의 임무입니다. 그 둘은 서로 분리될 수가 없어요. 우리가 지금 그분의 일을 잘 감당하지 않는다면, 하나님은 우리의 미래를 축복하지 않으실 겁니다."

영적 갈등의 실재와 대처법을 가르치는 것이 또 다른 초점이 되었다. 이전에는 알지 못했던 어둠의 세력을 경험한 교인들은 대부분 호의적인 반응을 보였다. 익숙하지 않은 주제에 위협이나 불편을 느끼는 사람들도 더러 있었다. 영적인 것에 눈을 뜬 사람들은 하나님의 말씀 안에서 진리를 발견했고, 장년 성경공부반을 통해 다음 단계의 훈련을 받기도 했다. 사람들이 회개와 기도, 권세로써 영적인 대적에 맞서는 법을 배워가자 무겁던 압박은 서서히 힘을 잃기 시작했다.

다음으로는 교인들의 에너지를 다시 대위임령에 모으기 위해 노력했다. 교회는 생존의 정신을 벗고 잃어버린 영혼을 구원하는 원래의 소명으로 돌아가야 했다. 헤럴드는 구원으로 나아오는 사람들을 다시 목격하는 것이 교인들에게 큰 격려가 될 거라고 확신했다. 천천히 그러한 일들이 일어나기 시작했다. 새신자들은 치유의 향기를 몰고 왔다. 교인들은 하나님께서 여전히 자신들을 사용하실 수 있다는 사실에 고무되었다.

헤럴드는 교회가 과거를 이해하려는 노력을 멈추고 주님께서 판단하시도록 과거를 내려놓아야 한다고 목소리를 높였다. 하나님의 축복을 보기 위해서는 교인들 자신이 교회처럼 행동해야 한다고, 다시 말해 서로를 섬겨야 한다고 강조했다. 그리고 교인들에게 모범을 보임으로써 섬김을 가르치려고 최선을 다했다(엡 4:11-12). "저는 여러분을 향한 하나님의 뜻을 여러분을 대신해 해석하기 위해 이 자리에 있는 것이 아닙니다. 여러분이 직접 그것을 발견하고 행할 수 있도록 돕기 위해 있는 것입니다. 여러분들 역시 저의 사역을 돕기 위해 이곳에 계신 것이 아니에요. 오히려 그 반대입니다. 여러분들의 마음에 심긴 하나님의 소원을 하나님께서 끄집어내시길 원합니다. 그리고 저는 그 일을 위해 최선을 다해 지원하고 격려할 것입니다."

그러나 사람들을 섬김의 자리로 불러내는 것은 쉽지 않았다. 전체 결과의 80퍼센트가 전체 원인의 20퍼센트에서 일어난다는 이른바 80/20 법칙이 중앙침례교회에도 적용되었기 때문이다. 예를 들면 토요일 밤 의자를 정리하는 일에 대부분의 회중이 참여하기로 했지만 한두 번하고 그치는 사람이 부지기수였다. 그러다보니 열심히 하는 몇몇 사람들은 늘 일손이 부족하다고 불평할 수밖에 없었다. 또한 개인사가 바쁜 장로들은 병원과 가정 심방 일정을 소화하는 것을 부담스러워했다. 의도는 나쁘지 않았지만 성격과 고집이 남달리 강한 장로 둘 사이에 권력 싸움이 생겼다. 두 사람은 교회를 재건하는 일에 자기 생각이 더 유익하다며 신경전을 벌였다. 그리 위험한 갈등은 아니었다. 두 사람은 모두 헤럴드의 리더십을 인정했고, 헤럴드는 둘의 생각을 하나로 잘 융화시켰다.

헤럴드는 교인들에게 어떤 자리에서 섬기고 싶은지 의향을 묻는 양식을 돌리기로 했다. 사나운 불길이 휩쓸고 간 후 자신의 가치를 의심해온 교인들 대부분은 참여하기를 꺼려했다. 그러나 헤럴드는 고난을 허락하시는 분은 하나님이고, 하나님께서는 고난을 통해 자신의 백성을 성장하게 하신다며 교인들을 격려했다. 교인들은 자신감을 회복하기 시작했다. 결국 교인들 대부분이 양식을 작성했다. 물론 모두가 양식에 기입한 내용대로 완수하지는 못했다. 그럼에도 교회의 사역은 가파른 상승세를 타기 시작했다.

헤럴드는 고난과 슬픔이 교회 전체는 물론 성도의 삶에서 갖는 목적에 대해 설교했다. 교회는 한 겨울 딱딱하게 얼었던 땅을 뚫고 올라오는 봄꽃처럼 피어나기 시작했다. 문제가 일어난 것은 교회를 정결케 하시려고 하나님께서 훈계의 손을 쓰신 것일지도 모른다는 사실을 강조했다. 아울러 고난의 목적은 오직 하나님만이 아시기에 우리가 모두 헤아릴 수 없다고 일러주었다. 헤럴드는 교회가 하나님을 높이고 그분을 기쁘시게 한다면, 분명 구원하시는 하나님의 긍휼하신 손을 보게 될 거라고 확신했다. 그러한 확신의 기초는 예레미야애가 3장 32절이었다. "그가 비록 근심하게 하시나 그의 풍부한 인자하심에 따라 긍휼히 여기실 것임이라."

3개월이 채 안 되어 교인들은 다시 웃을 수 있었다. 더 이상 과거에 대한 우울한 이야기를 주고받지 않았다. 어두웠던 억압에서 교회가 벗어나는 것을 모두가 볼 수 있었다. 이전에 지도자 자리에 있던 사람들에게 깊은 혼란과 배신을 경험했던 교인들이 헤럴드를 완전히 신뢰하기까지는 1년이 걸렸다. 출석 인원은 524명에서 안정세를 찾았고 교회의 수입과 지출도 어느 정도 균형을 맞춰가기 시작했다. 매달 부채 상환을 위해 약 900만 원 정도를 지출했다. 교회에 큰 부담을 주는 금액이었지만, 지역 사회 사람들의 마음에 남은 교회에 대한 얼룩을 지우는 데 큰 역할을 했다. 중앙침례교회를 욕하고 조롱하던 사람들도 약속을 지킬 줄 아는 믿을 만한 교회라며 칭찬을 아끼지 않았다. 교회는 이제 부채는 물론이고 교직원 월급과 교회 운영비, 선교비에 필요한 1,800만 원의 지출을 감당할 수 있게 되었다. 아직 구제 사역을 하는 데는 무리가 있었지만, 교인들은 앞으로 10년이 지나 교회가 좋은 평판을 회복하고 부채를 모두 갚게 될 때 어떤 사역을 할 수 있을지 기대에 부풀었다.

3년 반의 사역을 뒤로 하고 헤럴드는 제레미 스미스에게 바통을 넘겼다. 제레미 스미스는 서른일곱 살로 IBM 경영진이었다가 목회자의 길에 들어선 사람이었다. 목자의 마음을 가진 그는 교인들의 영적 성장과 안녕에 큰 관심을 보였다.

새로운 교회를 시작하려다 실패한 무리를 제외하고 중앙침례교회를 떠난 성도들은 대부분 여전히 피츠버그 지역에 있는 교회에 다니고 있었다. 교회를 아예 다니지 않는 사람들도 있었다. 그리고 약 30명은 중앙침례교회로 발길을 돌렸다.

피츠버그에서 가장 전도유망했던 교회를 한번에 무너뜨린 재앙을 파헤치려고 고군분투하는 이들도 있었지만, 불가능한 일이었다. 그러나 성숙한 태도로 일관했더라면 모든 문제를 쉽게 극복했을 거란 사실에는 모두 고개를 끄덕였다. 교회가 이전의 영광으로 한 순간에 회복되는 것을 볼 수 있다면 얼마나 좋을까 생각하던 때도 있었다. 하지만 나중에는 잿더미에서 조금씩 회복되면서 영적으로 성장해온 것이 더 유익했다는 데 모두가 동의했다.

6단계의 역학 관계

이번 단계에서 사람들 사이에는 이런 일들이 일어난다.

1. 새로운 교회를 시작하는 사람들도 있고 다른 교회로 흩어지는 사람들도 있다.
2. 교회 갈등에 연루된 가정의 청소년 자녀들은 비통한 마음 때문

에 믿음을 아예 잃어버리기도 한다.

3. 서로 다른 성격의 사람들이 문제 해결 과정에서 교회를 구하려고 노력하면서 다툼이 생기기도 한다.

4. 교회의 건물과 사역을 지키려고 남은 신실한 사람들은 수년 동안 최소한의 사역을 감당하며 살아남기 위해 분투한다. 교인들은 좋았던 시절을 떠올린다. 한 세대 안에 교회에 대한 나쁜 평판을 극복하지 못할지도 모른다. 재정의 어려움도 있다.

5. 남은 사람들과 떠난 사람들 사이에 분한 마음이 남아 있다.

6. 적절한 리더를 만나고 시간이 흐르면 다시 일어설 수 있다.

6단계에 접어들었다면

- 목회자가 사임을 할 경우, 임시 목사를 청빙하는 것이 무척 중요하다. 그렇지 않으면 사나운 불길이 처음부터 다시 일 수도 있기 때문이다. 이 시점에는 임시 목사를 구하는 게 최선이다. 임시 목사는 다음에 올 전임 목회자가 완전히 새로 시작할 수 있도록 길을 닦는 역할을 한다. 길이 잘 닦이지 않은 상태에서 다음 목회자가 부임하면, 갈등의 잔불과 연기가 새 목회자의 수명을 짧게 하고 사역을 무용지물로 만들고 만다. 요즘은 임시 목회 사역을 전문적으로 하는 목회자의 수가 증가하는 추세이다.

- 남은 교인들의 치유를 돕는 모임을 열고 강사를 초청하라. 조건 없는 사랑과 용서, 연합 같은 주제가 좋을 것이다.

갈등의

원인과 역학은 다양하다.

불길을 예견하고

활동을 잠재우려면

주요 원인을 이해하는 것이

매우 중요하다.

목회자가 문제가 될 때도 있고

심리적이고 사회적인 욕구가

맞물려 갈등을 일으키기도 한다.

02

갈등의 원인

목회자가 갖춰야 할 네 가지

목회자에게 정당한 불만이 쌓일 때는 대부분 진리, 관계, 온전함, 소명이라는
네 가지 영역 중 하나가 문제가 된다.

스티브 게이츠와 중앙침례교회 이야기를 하는 건 독자들이 자신의
교회가 어느 단계의 불길에 휩싸여 있는지 가늠해보도록 돕기 위함이
다. 이제 2부에서는 교회가 불길에 휩싸이는 원인에 대해 이야기하려
한다. 목회자와 운영위원회, 회중, 주변 문화 속에서 발견된 원인을
차례로 살펴볼 생각이다. 갈등의 원인은 하나 이상일 수 있다. 먼저
갈등의 원인이 되지 않으려면 목회자들이 어떻게 해야 할지부터 살펴
보도록 하자.

이제껏 만나본 목회자들은 모두 무난한 사역보다는 강력한 사역을
갈망했다. 하지만 사역에 직접적인 영향을 끼치는 자신의 강점과 약
점을 진단할 객관적인 잣대를 가진 목회자는 만나기 어려웠다. 그래
서인지 어떤 이들은 스스로 갈등의 원인이 되기도 했고, 영문도 모른

채 불길에 휩싸여 어리둥절해하는 목회자들도 있었다.

여러분은 어떤가? 대부분의 목회자들처럼 하나님이 부르셨으니 성공은 보장됐다고 기대하면서 사역에 뛰어들지는 않았는가. 애굽에서 거룩한 땅 가나안에 이르는 길은 에어컨을 갖춘 휴게소가 줄지어 있는 잘 닦인 고속도로가 아니었다. 신학교에서 잘못된 지도를 집어온 건 아닐까 고개를 갸웃거렸을 수도 있다. 전에 이 길을 걸었던 선배들의 발자국도 거센 바람에 자취를 감췄다. 불타는 떨기나무에서 부르심을 경험하고 함께 시작한 여정이 순식간에 뜨겁고 메마른 사막 길로 돌변했다.

혼란이 찾아온다. 훌륭한 동기를 품은 여러분을 사람들은 왜 신뢰하지 않는 걸까? 어쩌면 여러분은 교인들이 조용히 흠모할 만한 성격이 못되는지도 모른다. 설교를 통해 교인들을 잔잔한 행복 속으로 이끌지 못하는 건 아닐까? 기도 생활은 애처로울 정도로 연약하고, 특히 바로가 당장 홀로 이곳을 떠나라고 단언할 때면 더 무기력해진다. 여러분은 문제를 해결할 수가 없다. 점점 자신감이 떨어진다. 하나님께서 나를 부르셨으니, 모든 문제는 남의 탓이라 자신한다. 물론 그것이 사실일 수도 있다. 하지만 "주님, 접니까?"라고 물었던 제자들의 본을 따르지 못하는 것이 치명적인 실수가 될 수도 있다. 목회자가 교회 갈등의 원인일지도 모르기 때문이다.

자신을 점검하라

"주님, 접니까?"라는 대담한 질문을 던질 준비가 됐는가? 그렇다면 사역의 균형을 위해 비교적 같은 높이로 세워야 할 목회자의 네 가지 기둥을 살펴보도록 하자. TRIM이라는 약자를 떠올리면 기억하기 쉬울 것이다.

- Truth(진리) : 말씀과 연합으로 그리스도를 나타내는 것, 우리가 무엇을 믿고 누구를 믿는지 가르치는 것.
- Relationship(관계) : 교제를 통해 그리스도를 나타내는 것, 신뢰를 쌓아가는 것.
- Integrity(온전함) : 인격과 행동을 통해 그리스도를 나타내는 것, 실천적 거룩함.
- Mission(사명) : 승리함으로써 그리스도를 나타내는 것, 비전과 목적.

여러분의 사역을 살펴볼 때, 위의 네 기둥은 비슷한 높이를 유지하고 있는가? 아니면 한두 개가 나머지보다 높이 솟아 있는가? 이 기둥들이 무조건 성공을 보장하는 것은 아니다. 따라서 이 네 기둥을 모두 가지고 있는데도 지금 불길에 휩싸인 목회자가 있다면 절대로 실망하지 말라고 말하고 싶다. 이사야, 예레미야, 바울 같은 사람도 갈등을 경험했고, 갈등의 원인은 분명 그들에게 있지 않았다. 그들의 사역이 얼마나 경이로운 것이었는지가 드러나기까지는 시간이 필요했다. 따라서 문제가 생겼다는 건 여러분이 하나님의 뜻을 성취하고 있다는 증거일 수 있다. 네 기둥이 불길을 완벽히 차단해줄 순 없을 것이다. 하지만 목회자가 스스로 불씨를 일으키지는 않았는지 가늠하는 평가

기준은 될 수 있다.

여러분의 사역지가 엽서에 등장할 법한 시골 마을로 교인 수가 75명에 불과하든, 끊임없이 팽창하는 대도시라 교인 수가 7,500명에 달하든, 그런 건 중요하지 않다. 어떠한 경우든 사방이 적군으로 가득한 전장에서 싸우고 있다고 보면 된다. 첫 번째 적은 사람이다. 여러분은 모세처럼 적국으로부터 목이 곧은 민족을 이끌어내는 중이다. 이것은 거대한 싸움이다. 둘째로는 사탄의 압력도 있다. 어디에서 날아드는지도 모르게 뜨거운 불화살이 당신을 정확히 겨냥하고 달려든다(엡 6:10-18). 그러나 최악의 상대가 남았으니 아직 안심하지 마라. 마지막으로 당신은 자기모순과 씨름해야 한다(롬 7장).

이렇게 사방에서 몰려오는 대적을 상대할 때 꼭 필요한 것은 두 가지이다. 먼저는 무엇을 해야 할지 아는 것이고, 둘째는 당신이 그 일을 얼마나 잘 감당하는지 평가하는 것이다. TRIM을 사용하여 운영위원들이 어떻게 당신을 돕고 평가해야 할지 가르쳐라. 운영위원들은 대부분 목회자를 제대로 평가하는 방법을 전혀 모른다. 따라서 자신만의 기준을 정하게 마련이고, 그 기준들이 문제를 더욱 복잡하게 만들곤 한다. 그리고 이것은 갈등의 원인이 될 수 있다. 이제 TRIM을 좀 더 깊이 살펴보도록 하자.

진리 : 말씀과 연합으로 그리스도를 나타내는 것

설교자는 진리의 개념을 전달함으로써 교인들이 "나는 성경을 안다"라고 말할 수 있게 해야 한다. 또한 기도를 통해 그리스도와의 연합을 전함으로써 교인들이 "나는 주님을 안다"라고 말할 수 있게 해야 한다. 두 가지 다 온전한 사역을 위해 꼭 필요하다. 신학의 토대가 군건하지 않으면 교인들은 그리스도와 온전한 관계를 맺을 수 없다. 관계가 없는 지식 역시 무의미하다. 따라서 사역을 통해 교인들의 머리에는 진리의 말씀을, 가슴에는 진리의 인격을 세워야 한다.

바울은 이러한 균형을 잘 잡고 있었다. 그는 에베소서에서 어마어마한 신학을 가르쳤지만 결코 지적인 수준에서 멈추지 않았다. 그 지식이 가슴에 스며들기를 소망했다. "우리 주 예수 그리스도의 하나님 영광의 아버지께서 지혜와 계시의 영을 너희에게 주사 하나님을 알게 하시고"(엡 1:17). 바울은 주님에 대해 가르치는 동시에 그들이 주님을 알 수 있도록 기도했다.

목회자의 사역도 마찬가지이다. 우리는 진리를 가르치기 위해 준비하고 진리를 전달하기 위해 기도한다. 거룩한 능력을 덧입은 장인과 같이 우리는 그리스도의 진리를 교인들의 머릿속에 넣어주고, 그리스도의 형상을 그들의 가슴속에 새기는 역할을 한다.

그러나 이것이 끝이 아니다. 성경이 어떻게 모든 지식의 기초가 되는지도 가르쳐야 한다. 따라서 목회자는 성경의 진리와 창조 속에 드러난 진리를 잇기 위해 방대한 양의 공부를 해야 한다. 그래야만 교인들이 추상적이고 불필요한 화성이 아닌 웅장한 교향곡의 주요 선율을 따라 그리스도를 보게 될 것이다(히 1장).

진리의 기둥은 성도들의 머리와 가슴의 안녕을 위해 꼭 필요한 부분이다. 이 부분에서 연약함은 교회 갈등이라는 사나운 불길의 잠재적 원인이 될 수 있다.

관계 : 교제를 통해 그리스도를 나타내는 것

창조가 옷감이라면 관계는 옷감에 수를 놓는 실이다. 관계는 존재의 본질이다. 관계는 있으면 좋은 것이 아니라 꼭 필요한 것이다. 관계에 대한 갈망은 하나님뿐 아니라 인간의 마음에도 배어 있다. 만일 성경에 다른 이름을 붙인다면 그것은 아마도 '관계의 책'이 아닐까? 성경은 종교에 대한 책이 아니라 하나님과 이웃과 우리 자신과의 관계에 대한 책이다.

그리스도께서는 요한복음 17장에 나타난 기도를 통해, 그리고 자신의 죽으심과 부활하심을 통해 교회를 세우시고 하나가 되게 하셨다. 성전의 휘장이 찢어지고 그리스도가 우리를 대신해 자신의 피를 들고 지성소로 들어가셨을 때, 우리는 하나님과 연합할 수 있게 되었다(마 27:51; 히 9장 참조). 또한 그리스도는 유대인과 이방인을 갈랐던 벽을 무너뜨리셨고 그로 말미암아 우리는 서로 연합할 수 있게 되었다(엡 2:14-18 참조).

가장 위대한 계명 두 가지가 관계의 기초가 된다. "예수께서 이르시되 네 마음을 다하고 목숨을 다하고 뜻을 다하여 주 너의 하나님을 사랑하라 하셨으니 이것이 크고 첫째 되는 계명이요. 둘째도 그와 같으니 네 이웃을 네 자신 같이 사랑하라 하셨으니 이 두 계명이 온 율법과 선지자의 강령이니라"(마 22:37-40). 따라서 모든 인간을 향한 하나님의 계획 중심에는 관계가 있다고 할 수 있다.

우리가 이 두 계명을 존중하거나 무시할 때 어떤 일들이 일어나는지 설명하는 책이 구약이라면, 신약은 이 계명을 지키며 사는 방법을 가르쳐준다. 성도 간에 올바른 관계를 맺는 것은 선택하고 말고의 문제가 아니다. 그것은 명령이다(요 13:34; 엡 4:1-3 참조). 제자가 된 표이며(요 13:35 참조) 세상을 믿음으로 이끄는 견인차이다(요 17:21 참조). 출신과 기질, 문화, 기호, 은사와 상관없이 그리스도 안에서 사람들을 하나 되게 이끄는 것은 말할 수 없이 기나긴 과정이다. 하지만 하나님께서는 목회자들에게 이것을 요구하신다.

하나님과의 관계는 물론이고 이웃과의 관계도 교회의 안녕을 위해 없어서는 안 될 중요한 기둥이다. 관계가 견고한 곳에서 사람들은 쉽게 관용을 베풀지만, 관계가 약한 곳에서는 쉽게 옹졸해지고 갈등의 불씨를 품게 된다.

온전함 : 인격과 행동을 통해 그리스도를 나타내는 것

그리스도께서 보이지 않는 하나님의 형상이 되셨듯이, 우리는 부활하신 그리스도의 형상이 되어야 한다. 이것은 이제까지의 기둥들 중 가장 개인적이고 어려운 기둥이라 할 수 있다. 세상 사람들은 품위 없는 공예가 밑으로 들어가 배울 수 있다. 그들은 공예가의 재주만을 원할 뿐 그를 닮고자 하는 바람이 전혀 없기 때문이다. 하지만 사역 현장에서 당신은 바울과 같이 말할 수 있어야 한다. "내가 그리스도를 본받는 자가 된 것 같이 너희는 나를 본받는 자가 되라"(고전 11:1).

여러분의 삶은 다이아몬드와 같아서 참된 빛이신 그리스도의 인격과 행동을 셀 수 없을 만큼 다양한 모습으로 반사한다. 여러분의 모든 삶은 강단에서 전하는 말씀만큼 중요하다. 어떻게 편지를 쓰고, 약속을 지키고, 헌신과 책임을 다하고, 대적을 상대하고, 가족을 부양하고, 인간의 존엄을 인정하고, 자신감을 갖고, 실수를 인정하고, 실패에 직면하고, 아첨을 멀리하는지 등등. 즉, 당신이 자신에 대해 얼마나 죽어 있는지가 중요하다는 말이다. 온전함은 규칙을 엄격히 지키는 것으로 완성되는 것이 아니다. 이것은 본능적인 순종이다. 그리스도의 생명이 여러분을 통해 흘러나오게 될 때 온전함이 열매를 맺는다.

사명 : 승리함으로써 그리스도를 나타내는 것

여러분의 첫 번째 소명은 새로운 건물 건축이나 교회 홍보나 프로그램 개발이 아니다. 그것은 그런 다양한 사역으로 부름을 받은 성령 충만한 성도들의 몫이다. 여러분의 소명은 복음이다. 그 이상도 그 이하도 아니다. 여러분의 사역은 잃어버린 사람들을 부르는 것과 구원받은 자들을 제자로 양육하는 것이다. 그 외에 다른 모든 것은 교인들의 몫이다. 그렇지 않다면 여러분의 사역은 금방 무너져버릴 허울에 불과하다.

목회자가 자신의 소명을 완수할 때, 교인들 역시 새로운 건물을 건축하는 일이나 지역 사회의 복음화, 선교사 파송과 같은 자신들의 소명을 충분히 완수할 수 있게 된다. 교인들의 소명은 다면적이고 광범위한 반면, 목회자의 소명, 즉 교인들 안에서 복음이 더욱 깊어지도록 하라는 부르심은 비교적 좁다고 할 수 있다. 목회자들에게 이러한 소명을 주신 분은 예수 그리스도이시다. "내 양을 먹이라. … 내 양을 이끌라." 목회자들이 이 같은 소명을 완수하지 못할 때 갈등의 불길이 일어날 수 있다.

기둥을 취사선택하는 목회자

목회자의 성공 여부는 이 네 기둥의 균형을 얼마나 잘 유지하느냐에 달려 있다. 물론 이 네 기둥을 단순히 성격적인 특성으로 치부하고 다음과 같은 평계를 들어 단점을 보완하길 꺼리는 사람들도 있다.

진리 : 원래가 총명하고 조용히 앉아 공부하는 것을 좋아하는 사람들이 설교를 잘 하지.

관계 : 자동차를 파는 사람들처럼 성격이 좀 활달한 사람들이 잘 하지.

온전함 : 여느 사람들보다 유난히 엄격한 사람들이 있어.

사명 : 조직이나 건물에 대한 비전이 확고한 전형적인 리더들의 특징 아닌가?

이 기둥들은 성격적인 특성을 설명하는 것이 아니다. 비교적 고른 균형을 유지해야 하는 의무이다.

이것은 내 성격에 맞지만 저것은 맞지 않는다는 평계로 이 기둥들 중 어떤 것만을 선택하고 있지는 않은가? 자신이 선호하지 않는 것에 대하여, 그것은 나의 은사가 아니라고 주장하는 것은 쉽다. 하지만 어설픈 변명일 뿐이다. 하나님께서 여러분을 부르신 영역은 여러분 스스로 은사라고 생각하는 부분(따라서 여러분이 좋아하는 사역)만이 아니다. 하나님의 백성들의 모든 필요를 채우기 위하여 부족한 부분을 연마하는 것 역시 부르심의 영역에 포함된다. 자신이 선호하고, 따라서 자연스럽게 열매를 맺게 되는 부분에만 집중한 나머지 다른 부분들을 간과하고 있다면, 여러분은 자신의 강점만을 내세우고 있는 것이다. 그리고 그러한 선택이 나중에는 여러분을 무너뜨리는 주범이될 수 있다.

강점을 약점으로 바꾸는 방법

대부분의 목회자들은 자신의 강점 뒤로 몸을 숨기면서부터 스스로갈등을 불러온다. 이런 사실은 유명한 비행사 찰스 린드버그의 삶에서도 엿볼 수 있다. 유명세에도 불구하고 왜 정치로 뛰어들지 않았냐는 질문에 그의 아내는 이렇게 설명했다. 지나치게 이타적이던 그는자신의 견해에 대한 사람들의 비판과 논쟁을 받아들이지 못했다고 한다. 그러곤 통찰력 있는 말을 덧붙였다. "그의 강점이 그의 약점이 된것이지요."

강점 뒤로 자신을 숨겨 자신의 약점을 회피하는 것도 마찬가지이다. 예를 들어보자. 지금은 월요일 아침, 여러분은 녹초가 되어 있다. 어제 설교가 자꾸만 떠오른다. 찰스 스탠리와 척 스윈돌을 합친 듯한분위기에 빌리 그레이엄의 맛깔스러움을 더한 설교였다고 스스로 평가한다. 최악의 설교는 아니었다 치더라도 최선이라 할 수도 없다. 신학교와 신학대학원 시절, 여러분은 헬라어를 공부하고 인식론을 확립하고 성경 해석의 원리들을 연구하고 어려운 단어들의 철자를 외느라밤낮을 잊고 살았다. 하지만 지금은 그냥 평범한 사람이 되어 사회로돌아가고 싶은 마음뿐이다. 그냥 좀 편안하게 살고 싶다.

비서가 당신을 부른다. "목사님, 네드 집사님께서 전화를 해오셨는데요. 오늘 목사님을 좀 뵙고 싶다고 하시네요. 약속을 잡을까요?"

"물론이죠. 7시로 잡아주세요." 주일 이후 남아 있던 마지막 열정한 방울마저 바닥난 기분이다.

하루 종일 복부가 당겨온다. 네드가 무슨 말을 할지는 불 보듯 뻔하다. 또 다시 "영적인 양식이 충분치 않다"며 불평을 늘어놓겠지. 당신의 사역에 소망이 없다고 생각하는 그는 몇몇 교인들에게 그 생각에 동의를 구하기도 한다. 당신을 정말 괴롭게 하는 것은 네드가 설교에 재능이 있다는 사실이다. 순회 집회 설교자였던 할아버지에게서 보고 배운 것이 아닌가 싶다.

시간이 지나면서 당신의 분노는 더욱 깊어져간다. 내 일에는 관심을 끄고 당신의 일이나 신경 쓰라고 말하고 싶은 마음이 굴뚝같다. 네드에 대한 증오의 그림자가 더욱 짙어져서, 아내를 때리고 개를 학대하는 미치광이로 그의 모습을 그려볼 때도 있다. 그러나 정작 그가 목양실로 들어설 때는 목사 특유의 환한 미소로 그를 맞이한다.

네드만이 아니었다. 귀에 거슬리는 명쾌함으로 이런저런 이야기를 하는 한 여 집사님의 자세가 얼마나 꼿꼿한지, 당신은 속으로 이런 생각을 한다. '휘지 않는 나무는 부러지기 마련입니다.' 또 다른 사람은 새신자였는데, 목사의 잘못을 지적하는 자리에 부름 받은 사실에 감격하는 눈치였다. 네드가 이야기를 시작했다. "아, 그러니까, 목사님. 많은 교인들이 강단에서 선포되는 말씀이 충분한 양식이 되지 않는다고 말합니다." 쿵! 한 방을 얻어맞은 당신은 당신의 강점이 되는 기둥을 방패 삼아 그 뒤로 몸을 숨기고 은혜를 끼쳤던 일들을 장전하여 총을 쏘기 시작한다.

"네, 네드 집사님, 저도 제가 명설교가라고는 생각하지 않습니다. 어제 설교가 성공적이지 않았다는 사실도 압니다. 하지만 지난번 휴가 이후로 제가 가족들과 함께 시간을 보내야 했다는 걸 잘 아시잖아요. 아이들 할아버지가 건강이 안 좋으셔서요." 네드와 그의 추종자들은 당신의 상황을 안타깝게 여기지 않는 눈치다. 전혀 먹히지 않을 변명이다. 지난 6개월 동안, 이들이 당신을 찾은 것이 벌써 네 번째가 아닌가. 사실 그들의 말이 옳다. 사람들과의 교제를 통해 내면의 힘을 얻는 당신은 요즈음 말씀 연구를 게을리해왔다. 관계라는 기둥 뒤로 몸을 숨겨보았지만, 그들이 이야기하고 있는 것은 진리의 기둥이었다.

당신의 약점에 실망하는 교인들의 수가 늘어간다고 할 때, 강한 기둥 뒤로 몸을 숨기는 것은 결코 안전한 해결책이 될 수 없다. 약점을 회피하면 문제는 더욱 악화될 수 있다.

교인들의 네 가지 영적 필요

목회자의 네 가지 기둥은 교인들의 네 가지 기본적인 필요와 일치한다. 하나님께서는 여러분을 통해 교인들의 그런 필요들을 만족시키기 바라신다. 대부분의 경우, 교인들이 자신의 필요를 정확히 정의하지는 못한다 해도, 그들이 필요를 느끼는 건 분명한 사실이다. 그리고 이 네 가지 영역 중 충족되지 못한 부분은 고약한 반응, 심지어는 갈등의 불길을 일으키기도 한다.

목회자의 기둥이 성도의 필요와 어떻게 일치하는지를 살펴보기에 앞서 왜 그러한 필요가 존재하는지를 먼저 이해해야 한다. 그래야만 네 가지 영역이 성도의 만족에 중요한 역할을 하는 이유를 알 수 있기 때문이다.

성도의 필요는 아담이 죄를 지으면서부터 시작되었다. 아담의 자손들이 사탄의 거짓말이라는 속박 속으로 던져졌기 때문이다. 사탄의 첫 번째 거짓말은 하나님의 말씀의 절대성에 대한 의심이었다. "하나님이 참으로 너희에게… 하시더냐"(창 3:1). 이 질문은 인간의 생각이 최고이며 하나님의 말씀은 우리가 참고해야 할 충고에 불과하다는 의미를 담고 있다. 자기 자신이 새로운 권위자가 되는 것이다. 두 번째 거짓말은 우리에게 영생을 약속한다. "너희가 결코 죽지 아니하리라"(창 3:4). 아담이 타락한 순간부터 이제까지 사람들은 이 거짓을 진실로 알고 살아왔다. 대가를 치르지 않고도 자신이 원하는 대로 살 수 있다고 믿었다. 세 번째 거짓말은 우리가 신이 될 수 있다는 것이다. "너희가… 하나님과 같이 되어 선악을" 알게 될 것이다(창 3:5). 지식이 확장되어 온 것은 사실이지만 그것은 성장이 아닌 타락이었다. 타락 이전, 아담과 하와는 가슴으로 선을 알았고 머리로 악을 알았다. 하지만 타락은 그것을 뒤집어 놓았다. 이제 사람들은 가슴으로 악을 알고 머리로 선을 안다. 모든 창조물 중 가장 높았던 존재가 창조주와 상관이 없는 원수가 된 것이다(롬 5:10; 빌 3:18; 골 1:21 참조).

사탄의 거짓말을 따르는 삶은 갈등의 온상이 된다. 이 사실에는 목회자로서 여러분이 감당해야 하는 가장 큰 임무가 숨어 있다. 모세가 하나님의 백성을 애굽에서 약속의 땅으로 이끌었듯, 여러분도 거짓이라는 어둠의 권세에서 진리 되신 하나님의 아들의 나라로 성도들을 이끌어야 한다(골 1:13-14).

교인들 속에 있는 거짓을 제거하려면, 먼저 여러분 안에 있는 거짓을 제거해야만 한다. 이것은 오랜 시간이 걸리는 과정이다. 이렇게 생각해볼 수 있다. 모세에게서 애굽이 제거되기까지, 다시 말해 모세가 그의 백성들을 애굽으로부터 이끌어낼 수 있도록 준비되기까지 40년이 걸렸다. 여러분도 마찬가지이다. 하나님의 백성들을 애굽에서 끌어내는 일은 길고 어려운 여정의 첫걸음일 뿐이다. 이제 여러분의 교인들이 애굽이라는 거짓을 벗고 약속의 땅이라는 진리를 입도록 돕는 일이 남아 있다. 이것이 바로 여러분의 구체적 임무이다. 한 가지 유리한 점이 있다면, 여러분의 교인들 안에는 반드시 충족되어야만 하는 갈망을 주시는 진리의 영이 거하신다는 사실이다.

목회자의 네 가지 강점들과 일치하는 교인들의 네 가지 필요는 다음과 같다.

진리 : 말씀을 배우고 그리스도와 연합함

아담의 타락은 당신의 교인들을 사탄의 거짓이라는 악어의 입속으로 던져 넣었다. 속임수라는 악어의 이빨은 성도들의 뼈를 으스러뜨렸다. 예수님은 의심하고 비난하는 자들을 향해 이렇게 말씀하셨다. "너희는 너희 아비 마귀에게서 났으니 너희 아비의 욕심대로 너희도 행하고자 하느니라"(요 8:44). 사탄이 더 이상 성도를 지배하지 못하도록 하는 것이 회심이다. 회심을 통해 성도는 새로운 본질을 입고(요 3:1-16) 진리라는 자유 속에서 걸을 수 있게 된다(요 8:32). 이것은 (이해를 통한) 머리와 (연합을 통한) 가슴, 두 가지 수준에서 경험할 수 있다. 진리에 대한 추구는 지적 호기심이 활동하는 현상이 아니라 성도의 가장 중요한 필요이다.

하나님의 말씀을 얼마나 정확히 해석하느냐는 중요하지 않다. 당신과 하나님과의 개인적인 연합이 깊지 못한 걸 성도들이 눈치챘다면, 그들 속에서 불협화음이 울려나올 것이다. 마찬가지로 당신이 주님과 연합해 있긴 하지만 개념적 진리를 가르치지 못할 때도 아름다운 노래를 만들 수 없다. 교인들이 비판적이어서가 아니다. 그들에게는 머리와 가슴 모두를 통해 만족되어야 할, 하나님께서 주신 필요가 있는 것뿐이다.

관계 : 하나님과의 사귐, 사람들과의 교제

에덴동산에서 영원히 살 거라던 사탄의 간교한 약속은 이루어지지 않았다. 죽음이 찾아왔다. 대부분의 사람들은 자신이 "살아도 죽은 자"라는 사실을 인지하지 못하지만, 살아 있는 모든 사람이 죽음의 영향력을 경험한다. 죽음은 중지가 아니라 분리이다. 사람들은 다섯 가지 영역을 통해 죽음의 실재를 끊임없이 경험한다. 하나님에 대한, 자기 자신에 대한, 이웃에 대한, 환경에 대한, 자기 육신에 대한 죽음이다. 하나씩 살펴보도록 하자.

먼저, 죽음은 신학의 목을 죄었고 하나님에 대한 혼돈을 불러왔다. 둘째, 죽음은 우리에게서 올바른 자기 이해를 앗아갔고 심리적 불안이라는 판도라의 상자를 열어 보였다. 셋째, 죽음은 결혼을 파괴하고, 사회를 어지럽게 하고 나라들 간의 전쟁을 일으키는 등 사람들 간의 소중한 관계들을 망가뜨렸다. 넷째, 죽음은 에덴동산의 문을 닫았고, 사람들은 이제 자신을 위협하는 환경 속에서 땀 흘려 일해야 했다. 마지막으로 죽음은 굶주린 무덤이 되어 사람들의 육신을 집어삼켰다.

이 다섯 가지의 죽음을 하나님과의 연합, 자신에 대한 올바른 이해, 이웃들과의 회복된 관계, 새 하늘과 새 땅에 대한 약속, 그리고 육체의 부활을 통한 생명으로 바꾸어주는 것이 바로 복음이다. 죽음이 분리를 의미했다면, 생명은 연합, 하나 됨, 소속을 의미한다. 그리고 이 모든 것은 인간의 가장 큰 필요 중 하나인 관계로 축약할 수 있다. 이것이 채워지지 못할 때 두려움과 고립이 찾아온다. 죽음이 재현된다. 그 결과는 무엇일까? 불타오르는 교회 갈등이다!

온전함 : 인격과 행동의 성숙함

사탄의 거짓에 대한 굴복은 건물 철거에 사용하는 쇠공과 같이 인간의 영혼을 때려 하나님의 형상이 담겨 있던 스테인드글라스를 산산조각내었다. 온전함은 망가졌다. 그 때문에 교인들이 구속과 온전함의 회복을 갈망하며 부르짖는 것이다.

웹스터 사전은 온전함이라는 단어가 갖고 있는 풍성한 뉘앙스를 잘 보여준다.

1. 온전한 특성이나 상태, 깨어지지 않은 상태, 충만함, 완전함
2. 손상되지 않은 특성이나 상태, 완벽한 상태, 건강
3. 도덕적 원칙을 철저히 지키려는 특성이나 상태, 올곧음, 정직, 진실[1]

바울이 오로지 그리스도에게서만 나온다고 했던 내면의 온전함은

다음과 같다. "그 안에는 신성의 모든 충만이 육체로 거하시고 너희도 그 안에서 충만하여졌으니"(골 2:9-10).

자기 신성화에는 근본적인 결함이 있다. 이것이 사람을 거짓의 말로, 바로 죽음으로 인도하기 때문이다! 인생은 매순간 이렇게 외친다. "당신은 하나님이 아니야. 당신의 주인은 당신 자신이 될 수 없다고." 하지만 사람들은 조각난 유리로 스스로의 살을 베면서까지 자기 신성화의 노력을 멈추지 않는다. 그들은 상했다. 그들에게 필요한 것은 치유이다. 그리고 누가 그것을 위해 부름 받았는가? 여러분이다! 여러분은 먼저 그리스도로 말미암은 온전함의 본을 보여야 하고, 그 다음에는 온전함을 향해 한 걸음씩 나아가고 있는 사람들의 발걸음을 도와야 한다. 이것이 구속이고, 인격의 재건이다. 이 일의 결과로 행동의 변화가 온다.

이것은 자조 프로그램이 아니다. 성도가 그리스도 안에서 자신이 어떤 존재인지를 알고, 믿고, 그 존재의 형상을 따라 행할 수 있는 능력을 의지하도록 가르치는 일이다. 이러한 싸움은 바울의 편지에 잘 나타난다. "내가 원하는 바 선은 행하지 아니하고 도리어 원하지 아니하는 바 악을 행하는도다"(롬 7:19). 그러나 그는 소망 없는 싸움으로 이야기를 끝맺지 않고, 매일같이 우리를 승리케 하시는 그리스도를 소개한다. "오호라 나는 곤고한 사람이로다. 이 사망의 몸에서 누가 나를 건져내랴. 우리 주 예수 그리스도로 말미암아 하나님께 감사하리로다"(롬 7:24-25).

사명 : 인생의 목적과 정체성

교인들에겐 삶의 목적과 사명이 필요하다. 한편으로 교인들이 얼마나 효과적으로 그 일을 완수하느냐는 문제는 그들을 향한 여러분의 소명, 다시 말해 여러분이 그들의 삶에 얼마나 세심하게 복음을 적용시키고 있느냐에 달려 있다.

아담과 하와가 동산에서 쫓겨났을 때 그들의 마음속에는 거대한 질문들이 자리하고 있었다. 나는 누구지? 나는 어디에서 온 걸까? 나는 어디로 가고 있는 거지? 나는 왜 여기에 있는 걸까? 내가 여기에 있는 동안 나는 무엇을 해야 하지? 이 많은 질문들에 대한 유일한 답은 복음이다.

전도서 3장 11절을 기록하던 솔로몬 역시 같은 문제를 생각했다. "하나님이 사람들에게는 영원을 사모하는 마음을 주셨느니라." 모든 사람의 마음에는 영원을 향한 갈망이 있다.

사람들은 본능적으로 자신이 영원한 존재라는 사실을 인지한다. 그들은 다른 모든 창조물보다 뛰어난 고귀한 존재이다. 하지만 그들은 이 사실이 무엇을 의미하는지, 그래서 무엇을 해야 할지 아는 바가 없이 태어난다. 자기 신성화로 비롯된 왜곡 때문에 사람들은 자신을 위하여 자신의 위대함을 사용하고, 그동안 주어진 생명을 낭비하게 된다. 여러분의 소명은 그들 안에 그리스도의 형상을 빚어가는 것이다. 그리고 여러분이 이 소명을 감당할 때, 그들은 또 다른 사람들 안에서 그리스도의 형상을 빚어갈 것이다. 이것이 교회의 근본적인 소명, 즉 제자를 삼는 일이다.

균형을 위한 지침

어떻게 목회자의 네 가지 기둥이 성도의 네 가지 필요와 일치하는지 이해하겠는가? 왜 한 개의 기둥만 낮은 불균형 상태로 그냥 방치하면 사역이 위험에 빠지는지도 이해했는가? 그렇다면 강점들이 균형을 이루는 데 필요한 네 가지 단계를 계속 살펴보도록 하자.

첫째, 낮은 기둥 하나가 사역의 균형을 깨뜨리고, 교인들의 필요를 자극하고 있다면, 그에 대해 솔직한 태도를 취하라. 둘째, 연약한 기둥을 보수함으로써 네 기둥 간의 균형을 잡아가라. 셋째, TRIM을 운영위원들에게 소개하여 그들이 적절한 기준을 가지고 당신의 사역을 평가하게 하라. 넷째, 예수님께서 열두 제자에게 집중하셨듯이 당신 또한 당신의 강점을 가지고 교회 리더들에게 집중하겠다고 선언하라. 여러분의 목적은 여러분과 더불어 교인들이 교회, 더 나아가 세상에 영향력을 끼치게 하는 것이다.

당신이 TRIM을 모두 충족시키고 있는데도 불구하고 여전히 불같은 갈등이 덮쳐온다면? 여기에 대해서는 뒤에서 더 자세히 살펴보도록 하자. TRIM의 주요 역할은 두 가지이다. 먼저는 갈등을 예방하는 것이고 또 하나는 갈등의 주범이 목회자 자신이 되지 않도록 하는 것이다.

자, 이제 어디로 가야 할까? TRIM을 살펴본 후, 여러분의 사역이 건강하다고 결론지었을 수도 있다. 네 가지 기준을 운영위원회에 건넸고, 그들 역시 여러분의 사역이 건강하다는 사실을 확인해주었다. 그러나 운영위원회나 회중이 여러분의 사역을 건강하다고 평가했다고 해서 영원히 문제가 발생하지 않는 건 아니다. 그렇다면 이제 우리의 눈을 어디로 돌려야 할까?

목회자를 비롯하여 운영위원회와 회중에 이르기까지 모든 사람들의 내면에 숨은 동기를 살펴보아야 할 시간이다. 무엇이 사람들로 하여금 그렇게 행동하도록 할까? 심리학의 영역에서 지적한 행동 결정 요인의 일부를 살펴보자.

갈등을 좋아하는 사람들

우리는 모두 건강한 성장에 해를 입히는 것들로부터 상처를 입어왔다. 심각한 상처를 입고 적절한 치유를 받지 않은 채 사역 현장으로 뛰어드는 사람들이 있다. 사역과 섬김을 통해 치유할 수 있기를 소망하면서 말이다.

_로이 존스턴

불을 지르는 것에 푹 빠진 사람들, 불을 봐야 직성이 풀리는 사람들을 우리는 방화광이라고 부른다. 비슷한 맥락으로 '갈등광'이 있다. 그들은 관계를 세우기보다 무너뜨리기를 좋아하는데, 교회에도 이런 사람들이 꼭 있기 마련이다. 때로는 목회자가 갈등광인 경우도 있다. 그들은 자기가 지른 불에 자기가 화상을 입기도 한다. 일반 성도 중에 성격이 강한 사람이 갈등광인 경우도 있다. 이들은 교회의 리더일 확률이 높다. 사람을 대하는 기술이 뛰어난 갈등광이 가장 위험하다. 그들은 먼저 신뢰를 쌓고 지위를 얻은 후 그 모든 것을 한 순간에 먼지로 만들기 때문이다. 갈등광의 예는 다음과 같다.

▮ 신앙에 필수적이지 않은 교리를 두고 싸움을 벌인다.

- 이성과 부적절한 관계를 갖는다.
- 통제를 굉장히 좋아하고 모든 것이 자신의 방식대로 처리되기를 기대한다.
- 자신의 성공이나 실패, 심지어는 감정 상태에 대해서까지, 다른 사람들의 책임을 물으려고 한다.
- 타인의 연약함이나 실패, 무능을 경멸한다.
- 자신을 높이는 목표를 성취하려고 다른 사람들을 조종한다.
- 갈등 속에서 가장 활발히 움직이고, 문제를 조장한다.

이런 사람들은 자기 방어가 뛰어난 까닭에 도와주기가 힘들다. 그들은 자신의 강한 성격이나 지위를 내세워 불안과 두려움을 숨긴다. 게다가 자신을 가해자가 아닌 피해자로 보이게 하는 재주가 뛰어나다. 하지만 그에 따른 부작용도 만만치 않다. 그래서 스스로 무너지든지 아니면 아랫사람의 저항을 받게 마련이다.

무엇이 사람을 이렇게 파괴적 존재로 만드는 것일까? 이 질문에 대한 답은 인생 배경과 관계가 있다. 우리 모두는 과거에서 두 가지 요소를 들고 교회에 발을 들여놓는다. 그리스도에게 영향받기보다는 이 요소들에 좌지우지되는 사람들이 있다. 이 두 가지 요소는 가족 간의 갈등과 사회심리적 욕구이다. 사람의 인격은 이 요소들을 통해 형성된다. 게다가 대부분의 사람들이 그리스도께 나오는 계기는 구원이지 변화가 아니기에 예수를 믿은 이후에도 이 두 영역의 문제가 해결되지 못한 상태로 남아 있을 수 있는 것이다. 그러면 나중에 갈등광이 되기 십상이다.

이 두 가지 영역 중 어떤 부분이 적절하게 성장하지 못해 형성된 역기능을 스스로 지지하고자 파괴적인 수단을 사용하는 사람을 일컬어 갈등광이라 한다. 자신은 그런 행동이 옳다고 생각하기 때문에 그런 파괴적 행동을 죄라고 생각하지 않는다.

모든 사람들이 가족 갈등과 사회심리적 결핍을 경험한다. 좋은 것일 수도 있고 나쁜 것일 수도 있지만, 사람들이 큰 갈등을 일으키는 원인을 이해하고자 하는 원래 목적을 고려하여, 우리는 나쁜 경험만을 살펴볼 것이다. 과거의 문제들을 해결하지 못한 사람들은 위기가 있어야만 자신의 가치를 깨닫는다. 그들에게 평화로움은 성공보다는 실패로 느껴지는 까닭에 문제를 일으킬 수밖에 없다. 사랑과 친절, 용납과 같은 생경한 감정에 위협을 느낀 나머지 혼란을 조장한다. 평화보다는 고통에 익숙한 사람들이다.

파괴적인 가정환경

여러분이 결손 가정이나 역기능 가정 출신이라면, 잠재의식 속에서 여러분이 느꼈던 결핍을 교인들은 경험하지 않도록 돕고 싶어 할 수 있다. 의도는 훌륭하다. 하지만 문제는 여러분의 과거가 여러분의 현재에 독을 주입하고 있다는 사실이다. 여러분은 이미 형성된 사고방식, 남보다 못하고 부족하다는 느낌, 사나운 감정, 두려움, 분노를 떨쳐낼 수가 없다. 하나님의 영이 여러분을 지배하길 바라지만, 이전의 상처를 들쑤시는 상황이 자꾸만 벌어진다. 결국 과민 반응을 보이고 관계를 파괴한다. 과거의 부정적인 경험을 그대로 되풀이하거나 그것을 혐오한다. 모두 파괴적인 반응이다.

과거의 가족이 현재의 관계에 어떻게 파괴적인 영향을 미칠 수 있는지 구체적인 사례들을 살펴보도록 하자. 로이 존스턴 박사는 미국에서는 물론 여러 다른 나라들에서 수많은 기독교 리더들과 선교사들의 사역을 도와온 심리학자이다. 이제 우리는 그가 꼽은 목록을 살펴볼 것이다. 또한 이 목록은 일리노이즈 주 트리니티 신학대학원에서 목회 상담과 심리학을 가르쳤던 심리학 박사 윌리엄 세코어의 감수와 인정을 받기도 했다.

위압적 아버지 성격이 강하고 권위적인 아버지를 둔 자녀들은 인간으로서 자신의 가치를 개발하는 데 어려움을 겪는다. 이런 자녀들은 자신의 가치를 증명하고자 즉, 자신이 정말 성인이 됐으며 하나의 인격체라는 사실을 증명하고자 갖은 애를 다 쓴다. 성인이 되는 것과 자신을 성인으로 느끼는 것은 서로 다른 것이다.

이런 배경에서 자란 자녀들은 자신이 무시당한다고 느낄 때 폭발하거나 부루퉁하거나 우울해하거나 어린아이처럼 위축된다. 갈등이 찾아올 때, 그들은 공격성을 띄거나 불안해한다. "다시는 이렇게 무시당하지 않을 거야"라고 말하는 것은 상처 난 자존심에 대한 분노다. 그가 목회자라면 독선적인 목회자가 되거나 한 교회를 오래 섬기지 못할 가능성이 크다. 운영위원이라면 없는 갈등도 일부러 일으킬 확률이 높다.

여러분은 두려움과 함께 상당한 분노를 경험하게 될 것이다. 여러분의 가치가 위험에 빠졌다 느낄 때에는 분노를, 여러분의 성숙한 인격이 무시되었다고 느낄 때에는 두려움을 경험한다. 이러한 내면의 갈등은 피곤을 몰고 온다. 그리고 과민 반응은 관계를 깨뜨린다.

통제적 어머니 통제적인 어머니를 둔 자녀들은 여성으로부터 필요 이상의 인정을 받으려 하거나 여성에 대해 강한 반감을 느낄 수 있다. 강한 여성에 대해서는 "그들을 본연의 자리로 돌려놓아야 한다"며 분노하거나 두려워하며 피하기도 한다.

통제적인 어머니들이 자녀를 다루는 방식은 두 가지이다. 첫째는 두려움을 조장하는 것이고, 둘째는 맹목적이고 압도적인 사랑을 베풀어 조종하는 것이다. 두 경우 모두 자녀들은 속박받는 느낌을 받는다. 성인이 되어 이러한 통제로부터 벗어나려 노력해보지만, 어린 시절 경험한 속박감은 여전히 그들의 여성상에 부정적인 영향을 미치고, 상담 사역이나 사람들과의 교류에서 필요한 판단력에 손상을 입힌다.

깨어진 가정 가정을 깨뜨리는 것은 죽음이나 이혼, 별거 등이다. 이들 모두는 심각한 장애가 될 수 있다. 자녀들은 엄청난 상실과 깊은 불안을 경험한다. 인생이 다 끝난 것 같고, 안정감은 어디에서도 찾을 수 없으며, 아무것도 하지 않는 하나님이 야속하기만 할 뿐이다. 유년 시절, 가장 소중히 여겼던 가정을 구하기 위해 당신이 할 수 있는 일은 아무것도 없었다. 지금까지도 무력감을 느끼거나 아무도 당신을 지지하지 않는 듯이 느껴질 때면, 그때의 극심한 공포가 되살아난다. 버림받지 않을 거란 확신을 찾아 헤맨다.

알코올 중독자 부모 알코올 중독자를 부모로 둔 자녀들 대부분은 어린 시절 불안한 밤을 보내왔다. 그들에게 사람을 신뢰하는 것은 매우 어려운 일이다. 부모로부터 배신감을 경험한 이들이 두려워하는 것은 또 다른 이들로부터 배신을 당하는 것이다. 태어나 처음 만났던 보호자가 정신이 온전치 못하고 무책임한 사람이었는데, 다른 보호자는 그렇지 않을 거라 누가 장담할 수 있겠는가?

폭력 유년 시절의 언어, 감정, 신체, 성적 폭력은 스스로를 부족한 존재로 느끼게 한다. 자신이 당한 잔인한 폭력이 당연한 것이라 믿게 되면서 왜곡된 자기 이해를 갖게 된다. 분노감으로 가득 차 자신에게 일어난 일에 대한 공정한 대가를 요구할 수도 있다. 성경은 당신이 사랑받는 존재라고 말하지만, 그것은 믿기 어려운 이야기이다. 용납의 결핍이 당신을 불구로 만들었다. 비판은 파괴적이다. 자신에게 붙어 있는 꼬리표를 떼어내기 위해 끝없이 노력하다가 당신은 지치고 만다. 모든 사람이 당신을 못나고 모자라고 매력 없는 사람으로 생각한다고 확신한다.

거절 당신은 거절의 고통에 대한 대처법을 마음속에 익히고 있다. 용납받는다는 느낌은 어색하고, 심지어는 두렵기까지 하다. 그러다보니 그토록 원하던 용납을 스스로 파괴하는 경우도 있다. 아니면 부적절한 행동을 보여 일부러 거절을 불러오기도 한다. 용납받고 있다는 느낌이 들 때, 용납받지 못했던 자신의 가족을 배신이라도 한 듯한 죄책감을 느끼기도 한다.

응집 가족 간의 친밀감은 좋은 것이지만 무엇이든 지나친 것은 좋을 게 없다. 응집과 친밀감에는 차이가 있다. 가족 구성원들이 자신의 정체성을 잃어버리면서 마치 스파게티 면처럼 서로 뒤엉켜 있는 것이 바로 응집이다. 이들에게는 가족 간의 유대가 가족 구성원들의 정체성이다. 성인이 되어서도 엄마나 아빠의 허락이 없이는 어떤 일도 할 수 없는 경우가 여기에 속한다.

이 경우는 대부분 부모가 통제를 좋아하는 사람이든지 자녀의 인생을 통해 성취감을 느끼려 하기 때문이다. 자녀가 부모의 소원을 이뤄내야 한다는 구속에 빠져들게 되는 것이다. 이러한 경우 당신에겐 당신의 배우자나 하나님, 부모를 제외한 다른 사람들을 섬길 자유가 없다.

개별화된 가족 응집으로 숨 쉴 틈 없는 가족과는 정반대로 모든 구성원들이 각자의 삶을 꾸려나가는 개별화된 가족도 있다. 오래된 분노 때문에 서로 거의 혹은 전혀 대화를 나누지 않을 수도 있다. 서로를 긍정하고 부족한 점을 채워주려는 태도도 부족하다. 자기 주변에 벽을 쌓아 다른 사람들이 당신에 대해 안정감을 느끼지 못하게 한다.

율법적 가정 당신은 인간으로서 당신의 가치보다 규칙이 더 중요하다는 이야기를 귀에 못이 박히도록 들어왔다. 당신은 용납 체계 속에서 자라왔다. 올바른 행동은 사랑을 약속하지만 그릇된 행동은 사랑을 앗아간다. 올바른 행동으로만 용납을 얻을 수 있는 것이다. 그러나 아무리 노력해도 실제로 용납되었다는 느낌을 받지 못하는 현실을 실감한다. 부모는 자녀들의 잘못을 지적함으로써 자녀들에게 동기를 부여하고 그들을 개선할 수 있다고 생각한다. 따라서 체벌이나 거절, 혹은 모욕감을 사용하기도 한다. 그에 대한 자녀들의 반응은 규칙에 대한 지나친 관대함이나 지독한 엄격함으로 나타난다. 사랑과 율법의 균형을 잡는 것이 힘들어지는 것이다.

자유주의 가정 율법적 접근에 대한 가장 치명적인 대안이라면, 바로 법이 없는 가정이다. 이러한 가정의 자녀들은 옳고 그름에 대한 절대적인 기준을 배우지 못한다. 옳고 그름은 철저히 당신이 어떻게 느끼느냐의 문제인 것이다. 이러한 가정에서 자란 자녀들은 다른 사람들에게 건강한 방향을 제시해줄 수 없다. 또한 자신의 약속을 충실히 이행할 수도 없다.

이제까지 제시된 역기능적 배경에 공감하는 리더라면 그는 갈등의 불길을 타오르게 하고도 남을 사람이다.

한 가지 짚고 넘어가야 할 것은 잠재적으로는 교회 안의 모든 이들이 위의 상황들에 공감할 거라는 사실이다. 사람들이 문제를 해결하지 못한 채 교회로 들어오는 이상 교회 역시 역기능화될 수 있다. 개인의 갈등을 잘 다루지 못하는 사람이 교회의 갈등을 잘 다룰 리가 없기 때문이다. 사람들은 육신의 가족과 관계를 맺는 방식 그대로 영적 가족과도 관계를 맺는다. 자신이 갈등의 원인인지도 모른 채 문제를 일으킬 수 있다. 그들이야 자신들이 고통과 혼란에 대처해온 방식 그대로 반응하는 것일 테지만 말이다.

이런 고통을 극복해가는 과정은 고도의 집중을 요한다. 이것은 심신을 지치게 하고 관계를 세워갈 만한 여력을 앗아가는 일이다. 이러한 문제를 초월하고자 온갖 것들을 시도해볼 수 있다. 교육, 결혼, 일, 물질주의, 심지어는 사역까지도. 하지만 다음과 같은 부르심으로 제자도를 설명하신 그리스도의 말씀에서 발견하는 해결책보다 깊이 있는 것은 없다고 본다. "무릇 내게 오는 자가 자기 부모와 처자와 형제와 자매와 더욱이 자기 목숨까지 미워하지 아니하면 능히 내 제자가 되지 못하고"(눅 14:26).

이러한 최후통첩은 하나님과 가족 중에서 당신의 마음을 다스릴 자가 누구인지 선택하도록 종용한다. 가족의 바람이나 의견이나 필요가 당신을 조종하도록 내버려둔다면 그리스도의 명령을 따를 수 없는 존재로 자처하는 셈이다. 이것은 당신 가족을 하나님으로 삼는 우상숭배다! 제자로서의 자격은 박탈된다. 당신의 마음이 하늘의 관계가 아니라 땅의 관계에 묶여 조종을 받는 까닭이다. "나로 먼저 가서 내 아버지를 장사하게 허락하옵소서"(눅 9:59) 하는 말씀처럼 말이다. 지배적인 부모나 참견이 많은 형제, 요구 사항이 많은 배우자에게 지나치게 영향을 받거나, 스스로 과거에 매여 있는 이상, 당신은 희생의 십자가를 질 수가 없다.

그리스도만이 우리를 조정하게 할 때 우리의 문제는 해답을 얻을 수 있다. 그리스도의 제자가 된다는 것은 과거를 부인하거나 무시하는 게 아니다. 더 이상 과거가 나를 조종하지 못하도록 과거에 대하여 죽는 것을 의미한다. 날마다 그리스도에 대해 전적으로 헌신함으로써 과거의 통제에 대하여 죽을 때, 당신은 과거의 사람들을 더욱 완전히 사랑할 수 있게 된다.

사회심리적 결핍

이제 사회심리적 결핍이라는 두 번째 영역을 살펴보자. 이 욕구는 단순한 바람이 아니다. 하나님께서 주신 욕구이며 절대 스스로 사그라지는 법이 없다. 따라서 이 욕구는 적절히 충족되든지 결핍되든지 둘 중에 하나다. 이러한 욕구가 적절히 충족되지 않는다면 자신의 안녕을 내적으로 확신할 수 없다.

이 다섯 가지 욕구를 부인하거나 부적절한 방법으로 충족시킬 때

역기능적 관계가 나타날 수 있다. 하나님의 방식으로 이들을 충족시키는 것만이 건강한 삶과 사역을 가능케 하고, 잠재적 갈등의 참된 탈출구가 된다. 이러한 필요들을 충족시키려는 노력은 다양한 시기에 여러 방식으로 나타날 수 있다. 어쨌거나 중요한 것은 지금도 당신의 삶에서 이러한 노력이 지속되고 있다는 것이다.

이 강력한 욕구가 무엇인지 그리고 무엇이 이것들을 충족시키기에 적절한 방법인지 살펴보도록 하자.

1. 용납. 어떤 무리의 소중한 일원으로 받아들여지는 것은 완전함, 즉 내적 온전함을 이루는 데 매우 중요한 역할을 한다. 18세기의 위대한 복음전도자 조지 휫필드가 수도원을 방문했을 때의 일이다. 그가 수도사에게 사람이 홀로 있는 것에 대하여 어떻게 생각하는지를 물었다. 수도사는 폭풍이 올 때, 숲 속에 있는 나무들은 홀로 서 있는 나무보다 덜 고통받는다는 말로 자신의 대답을 대신했다. 무리에게 용납되고 싶은 마음은 하나님께서 주신 욕구이다.

이 욕구가 충족되지 못할 경우, 사람들은 관심과 용납을 얻고자, 아니면 용납받지 못한 것을 복수하기 위해 문제를 일으킬 수 있다. 거절감이라는 부자연스런 감정으로 고통받으면서도 사회적으로 적응된 모습을 얼마든지 보일 수 있다.

2. 개인적 성취. 단순히 먹고 자고 멍하니 하늘만 바라보는 인생을 살고 싶어 하는 사람은 아무도 없다. 사람들에게는 가치 있는 일을 하고 싶은 욕구가 있다.

개인적인 성취감이 따라오기만 한다면, 여러분은 어려운 환경도 아랑곳하지 않고 기꺼이 사역을 감당하려 할 것이다. 성취감을 통해 자신이 가치 있는 존재라고 느낄 수만 있다면, 작은 교회를 목회하더라도 아무런 문제가 없다. 하지만 성취감이 부족할 경우, 여러분은 스스로 성냥을 그어 갈등에 불을 지필 수 있다.

3. 자신의 가치에 대한 타인의 인정. 사람들이 당신의 존재와 노력을 소중히 여기고 인정해주기 원하는 욕구이다. 어떠한 목적이나 사역에 시간과 돈을 들이는 것은 이러한 목적 때문일 수 있다.

4. 안전. 버림받지 않기 위해서는 자신을 끊임없이 증명해 보여야 한다고 느끼는 한, 누구든 자신의 역할을 제대로 수행할 수 없다. 사람은 안전하고 보호받는 분위기 속에서만 자유로이 자신의 역할을 수행할 수 있기 때문이다.

5. 목표. 인생에서 "나는 어딘가를 향하고 있다. … 나는 이 목표를 성취할 것이다. … 나는 문제 해결에 다가가고 있다"와 같은 진전의 느낌은 꼭 필요하다.

여기까지가 인간의 사회심리적 욕구이다. 한 가지 혹은 그 이상의 욕구가 충족되지 못할 때 위험 수위가 높아진다. 사람이나 지위로 당신의 필요를 채울 수 있을 거라고 기대하지 마라. 사람 때문에 실망하고 사회적 지위에 만족하지 못할 때, 당신은 자신도 놀랄 만한 파괴적인 행동을 보일 수 있다.

교회 안의 사람들이 이러한 욕구를 충족시켜줄 거라는 기대가 잠재의식 속에라도 존재한다면, 당신은 쉽게 파괴될 수 있다. 사람들이 당신을 실망시킬 때, 당신은 부정적이고 비생산적인 사람이 된다. 결국에는 상처 입고 낙담하게 될 것이다.

로이 존스턴을 인터뷰할 때 그는 다음과 같은 언급을 했다. "저는 이제까지 중도에 사역을 포기한 150-200명의 사람들을 만나 보았습니다. 그들은 하나같이 자신이 원하는 대로 다른 사람들을 좌지우지할 수 없다는 이유로 좌절했습니다. 그들의 다섯 가지 사회심리적 욕구가 충족되지 못했던 겁니다."

목회자에게 이러한 내적인 결핍이 있을 때 교인들을 나무라기만 하는 그의 설교는 어둡고 무거우며, 세계관은 부정적이고, 관계는 적대와 분노로 가득할 가능성이 크다. 만일 운영위원이라면 그는 목회자와 다른 운영위원들이 하고자 하는 모든 것에 대해 불만을 품고, 자신의 리더십을 스스로 손상시킬 가능성이 크다. 이들은 자신의 행동에 책임지는 걸 두려워하여 다른 사람들에게 책임을 전가한다.

영적 리더의 해결책

사람들이 당신의 사회심리적 욕구를 충족해줄 거라 기대해서는 안 된다. 그리스도께서 이런 욕구들을 충족시켜주시도록 해야 한다. 사도 바울이 그랬다. 그렇지 않았다면 그는 투옥되고 배반당하고 유기된 가운데 자신의 필요를 방치하여 적절히 대처하지 못했을 것이다.

바울은 빌립보 교회에 이렇게 편지했다. "내가 궁핍하므로 말하는 것이 아니니라. 어떠한 형편에든지 나는 자족하기를 배웠노니 나는 비천에 처할 줄도 알고 풍부에 처할 줄도 알아 모든 일 곧 배부름과 배고픔과 풍부와 궁핍에도 처할 줄 아는 일체의 비결을 배웠노라. 내게 능력 주시는 자 안에서 내가 모든 것을 할 수 있느니라"(빌 4:11-13). 바울은 이것을 배웠다고 말한다. 바울도 한때는 자신의 사회심리적 욕구에 끌려다닌 적이 있었다는 뜻이다. 그리스도인들을 감옥에 가두고 그들을 처형하는 일에 앞장섰던 사람으로서 쉽지 않은 변화였을 것이다. 그러나 그는 오직 그리스도 안에만 있는 성취를 발견했다.

그렇다고 바울이 다른 사람들을 필요로 하지 않았다거나 그들의 영향을 전혀 받지 않았다는 말이 아니다. 그는 사람들과 헤어질 때마다 많은 포옹과 눈물로 자신의 감정을 표현했다. 사람들에게 보고 싶다고 편지를 쓰기도 했다. 하지만 이들이 그의 안녕을 책임진 것은 아니었다. 그의 안녕을 책임지시는 분은 그리스도였다.

마찬가지로 당신 역시 가족이나 사역이 아닌 오직 그리스도 안에서 만족하는 법을 배워야 한다. 가족과 사역은 커다란 축복이지만 당신에게 꼭 필요한 것들은 아니다. 많은 이들이 강권적 경험을 통해 알게 되었듯, 당신은 그것들 없이도 살 수 있다. 만일 이것이 사실이 아니라면 바울과 같은 이들은 자신의 역할을 결코 수행할 수 없었을 것이다. 사람들과 적절한 관계를 맺는 것은 중요하지만, 사람들을 사용해 안녕을 얻으려 해선 안 된다. 우리에게 안녕을 주시는 분은 오로지 주님이시기 때문이다.

이번 장에서 우리는 교회 갈등의 불길을 일으킬 수 있는 잠재적 부싯깃으로서, 가정환경과 사회심리적 결핍을 살펴보았다. 이제 교회 갈등을 일으킬 수 있는 일반적 원인들로는 무엇이 있는지 이어서 살펴보도록 하자.

갈등의 일반적인 원인

교회 갈등을 피하고 싶다면 운영위원회는 교회를 엄습하는 문제들에 대해

각각의 성경적인 경계를 정하고, 목회자는 교인들에게

그러한 경계를 가르쳐야 한다.

권위에 대한 도전을 장려하는 문화

여러분은 섬기기 위해 교회의 리더가 되었다. 그런데도 여러분에게 반감을 품는 사람들은 있게 마련이다. 왜 그럴까? 그것은 여러분이 이 시대가 배척하는 단어, 즉 권위를 대표하기 때문이다. 교인들을 지배하는 것이 성령이 아니라 이 시대의 정신인 경우가 허다하다. 사람들은 권위를 불신하고 경멸한다.

권위에 대한 자신의 반감이 어디서 비롯됐는지 아는 사람은 거의 없다. 그저 느낌을 인식할 뿐이다. 모든 권위가 사람들을 조정하고 사람들에게 폭력과 억압을 행사한다고, 권위는 자기 잇속만을 챙기기 바쁘다고 믿는 것이다. 그럴듯한 근거도 없이 말이다. 새로운 '권위'

는 개인주의라 할 수 있다. 이 시대의 정신은 자기 자신의 의견만이 중요하고도 유일한 권위라고 가르친다.

내가 아는 한 목사가 주일 저녁 예배를 인도하러 강단에 올랐다. 자신에게 불만을 품은 몇몇 장로들이 의자를 돌려 벽을 마주하고 앉아 있는 모습이 보였다. 마치 총알이 자신의 뱃속을 뚫고 들어온 것 같은 느낌이었다. 중고등부 학생들을 포함해 전 교인이 이 광경을 목격했다. 이런 상황을 통해 어떤 메시지가 전달되었겠는가? 권위자가 싫거나 그의 의견이 마땅치 않을 때 이렇게 무례해도 괜찮다고 생각하지는 않았을까? 이 목사와 장로들 사이의 문제가 무엇이었는지는 중요하지 않다. 비난받기에 마땅한 장로들의 행동은 이 시대의 분위기를 잘 대변해준다.

이러한 대담함은 어디에서 온 것일까? 모든 사람이 자기에게 스스로 권위를 부여할 수 있다는 생각, 권위를 축소시키고 그것에서 신화적 요소를 제거할 때 자신의 참된 가치를 발견할 수 있다는 생각에서 온 것이다.

1960년대에 유행하던 "권위를 의심하라"는 표어가 적힌 자동차 범퍼는 지금도 심심치 않게 발견된다. 최근에는 "권위를 의심하라. 무리에 동참하라"로 개선되기까지 했다. "그들은 자기들의 힘을 자기들의 신으로 삼는 자들이라"(합 1:11)는 말씀은 문제의 원인이 무엇인지 정확히 지적해낸다. 이사야는 이렇게 말한다. "악을 선하다 하며 선을 악하다 하며 흑암으로 광명을 삼으며 광명으로 흑암을… 삼는 자들은 화 있을진저"(사 5:20). 이러한 정신이 우리 시대에만 있었던 건 아니지만, 1960년대 이후 심상치 않은 부흥을 맞은 것만은 분명한 사실이다.

빌리 그레이엄이 1996년 의회 명예 훈장을 수상했을 때, 그는 미국이 자기 파괴라는 절벽에 매달려 있다고 지적했다. 그는 우리가 허용을 자유로 착각했다고 이야기했다.

우리 문화는 갈등에 휘말리기에 최적의 조건을 만들어왔다. 시대정신은 사람들의 그릇된 행동을 장려해왔고, 교회가 갈등에 휘말렸을 때 문화는 아무런 도움을 주지 않았다. 또 다른 권위가 무너졌다는 것은 좋은 소식이기 때문이다. 세상이 갈등으로 인한 대화제를 맞이할 만반의 준비를 갖춘 마른 숲과 같다면 그 가운데 세워진 교회는 덤불에 둘러싸인 통나무집이나 다름없다.

급속한 교회 성장

교회가 지나치게 빨리 성장할 때 반권위적 시대정신이 표면 위로 떠오를 수 있다. 사실 모두가 꿈꾸는 급속한 교회 성장이 가장 끔찍한 악몽으로 돌변하는 경우가 있다. 커져가는 성가대와 빈자리를 점점 채워가는 교인들과 증가하는 헌금에 매혹된 나머지 냉정하고 껄끄러운 질문을 하지 못할 수 있다.

- 이것은 건강한 성장일까, 혹시라도 파괴의 씨앗이 교회에 심겨지는 건 아닐까?
- 제자 양육 속도가 성장 속도를 따라가고 있는가?
- 이 성장은 사람이 만든 것인가, 아니면 하나님께서 주신 것

인가?

당신은 성장이 하나님의 축복을 의미한다는 속임수를 믿고 있는지도 모른다. 급성장하는 교회의 목회자들을 초청해 마치 그들이 더 나은 자리에 있는 양, 앞 다퉈 컨퍼런스를 여는 분위기가 이런 견해를 갖도록 부추긴다. 하지만 양적 성장이 하나님을 감동시켰던 경우는 한 번도 없었다. 기드온의 군대가 그 예다. 심도 있는 제자훈련을 배제한 급속한 성장은 사탄의 손에 들린 트로이 목마일 수 있다. 반권위적 정신으로 불타는 사람들이 빠르게 교회로 밀려들어올 때 문제가 시작된다.

초대교회는 급속한 성장을 경험했다. 성경은 그 성장의 근원을 정확히 밝히고 있다. "주께서 구원받는 사람을 날마다 더하게 하시니라"(행 2:47). 초대교회는 금식과 기도, 말씀 사역, 그리고 회심한 자들이 그리스도의 모습을 닮아 가도록 하는 제자훈련에 심취해 있었다. 급속한 성장 자체는 문제가 아니다. 초대교회와는 사뭇 다른 우리의 방법 때문에 세상의 태도와 사상이 교회 속에서 들끓는다는 게 문제이다.

1970년대와 1980년대에 교회가 급속히 성장한 것은 일반적인 현상이었다. 몇 안 되는 성도들로 시작한 교회들이 기록적인 시간 안에 수백 수천으로까지 급성장을 이루었다. 그들의 성장은 버스 사역이나 광고, 성공적인 프로그램을 배우는 것에서 시작했다. 이러한 방법론을 아예 반대하는 것은 아니다. 세상이 차나 햄버거를 팔기 위해 이런 방식들을 사용한다고, 하나님나라를 위해서는 그러지 말란 법은 없다. 악한 것은 기술이 아니라 믿음의 변질이다. 빠르게 성장하는 교회들은 금식이나 기도, 제자훈련에 집중하지 않는다. "우리 성도들은 아직 준비가 덜 돼서요", "그러면 누가 교회를 찾겠어요?"라는 핑계로 지나치게 영적인 것들을 꺼리는 것이 사실이다. 큰 집회를 열어 유명인을 초청하고 인기 가수의 열창을 들려주는 것이 사람들을 교회로 이끄는 수단이 돼버렸다. 부지중에 우리는 시장의 수요를 일으켰다. 이 수요가 충족되지 못하면 역효과가 일어날 것이다. 그리고 이 수요는 실제로 교회 안에서 갈등을 불타오르게 했다!

목회자가 이제 그만 쇼를 멈추고 사람들을 하나님의 보좌로 인도해 가기로 마음을 먹을지라도 교회 갈등은 찾아올 수 있다. 이때 목회자는 영적인 사고가 무엇인지도 모르는 미성숙한 사람들에게 둘러싸인 걸 뒤늦게 깨닫는다. 영적인 것으로의 전환에 대한 반발은 마치 슈퍼볼 경기 도중 불현듯 나타나 "곧이어 성경 공부와 기도와 묵상을 진행하겠습니다"라고 제안하는 방해꾼을 향한 마음과 같으리라. 사람들은 소리를 치면서 그를 경기장에서 내쫓으려 할 것이다. 육적인 교회의 프로그램을 중단시키려는 목회자들은 누구나 이러한 반발을 경험할 수 있다.

예수님 마케팅

많은 목회자들이 예수님을 마케팅했던 것에 대해 지독한 대가를 지불해야 했다. 목회자들의 태도는 고스란히 교인들에게 전해져 성도들 역시 자신의 목회자를 마케팅하려 했기 때문이다. 예를 들어보자. 어느 교회의 조찬 모임, 교회에 닥친 갈등으로 많은 교인들이 교회를 떠나는데 이 문제를 어떻게 해결해야 할지 교회 대표들이 서로 의견을 나누고 있었다. 한 기업의 대표가 자랑스럽게 말을 꺼냈다. "이 문제를 해결하는 아주 간단한 방법을 알고 있습니다." 독자들은 그가 금식과 기도, 회개와 회복을 제안했을 거라 기대할 것이다. 하지만 그가 제안한 것은 전형적인 이 시대의 '해결책'이었다. "문제는 우리 목사님이 사람들에게 더 이상 먹히지가 않는다는 겁니다. 그러니 목사님을 사임시키고, 마케팅에 유리한 새 목회자를 찾아야 합니다." 이 사람의 영적 무지를 비난하기 전, 그 교회의 목회자가 이제까지 예수님을 상업적으로 마케팅했던 모습을 그가 봐왔다는 사실을 고려해야 한다.

마케팅적 사고방식은 이런 질문을 던진다. 이 목회자는 우리가 교회로 끌어들이고자 하는 사람들의 인구 통계적 특징과 잘 맞아떨어지는가? 젊은 부부들에게 먹힐 것인가? 나이 든 사람들도 좋아할 것인가?

사업적 사고방식은 다음과 같이 묻는다. 교회를 운영하는 데 필요한 모든 예산을 거두어들일 만큼 사람들을 흥분시킬 수 있는가? 교회 건축을 진행할 만한 역량이 있는가?

스포츠적 사고방식은 이렇게 묻는다. 승리를 가져다줄 만한 감독인가? 교회가 성장하는 데 필요한 열정을 끌어낼 수 있는 사람인가?

하지만 하나님은 약삭빠른 기업인이나 사기 진작에 능한 감독을 선택하지 않으신다. 세상 사람들의 눈에는 보잘 것 없는 사람들을 택하셔서 있는 것을 폐하시겠다고 말씀하셨다(고전 1:27-29 참조). 교회가 이런 사실을 깨닫고 하나님의 능력을 구하는 대신 목회자의 인기에 연연한다면, 그 교회는 절대 안전할 수 없다.

자유와 형식의 충돌

1960년대, 세상은 진리를 찾는 수단으로 이성을 버리고 경험을 선택했다. 약물이 사람의 지각을 확장시키고 인생의 어려운 질문들에 답해주는 '종교적' 경험으로서 지지를 얻기 시작했다.

기독교 역시 비슷한 변화를 겪었다. 1960년대 이전, 교리에 관한 토론은 대부분 개념에 관한 것이었다. 그러나 오늘날은 경험에 관한 것들이 대다수를 차지한다. 그리고 이것은 조직과 자유, 절대적 진리와 상대적 경험, 권위와 자기표현 사이의 심각한 긴장으로까지 이어졌다.

이러한 문제들에 대한 나의 개인적 소견을 나눌 생각은 없다. 다만 문제가 생기기 전에 교회 리더들이 서로 의견을 나누고 그것을 통해 경계를 정하라 권면하고 싶다. 그렇지 않으면, 당신의 교회는 일순간에 분열될 수 있기 때문이다. 다음은 한 오순절 교회에서 실제로 있었던 일이다.

교인들과 인사를 나누던 목사에게 한 자매가 다가와 말했다. "목사님, 제게는 성령 안에서 춤을 추는 은사가 있습니다." 그녀는 교회에서 '자신의 은사를 나눌 수 있기를' 바랐다. 그녀가 이전에 출석했던 교회는 성령께서 인도하시는 대로 거침없이 자신을 표현하는 것을 장려했다. 그녀는 이 교회가 '성령'을 제한하지 않는다는 사실을 확인하고 싶어 했다.

자신이 성령의 인도를 받는다고 주장하는 사람들에게 신중한 태도로 일관하던 이 목사는 이렇게 대답했다. "솔직히 말하면 저는 자매님이 생각하시는 은사에 동의하지 않습니다. 그러니 교회 안에서는 자제해 주셨으면 합니다."

그녀는 교인들의 행동과 은사 사용에 대한 통제권이 목사에게 있다는 사실을 파악했다. 목사의 권위를 존중하겠다고 동의까지 했다. 다음 주일이 채 지나기도 전에 깨질 약속이었지만 말이다.

그녀는 예배당 앞쪽에 앉아 있었다. 예배 음악이 흐르고 '성령'께서 그녀를 움직이셨다. 물론 그녀에게는 목사에게 복종하는 것보다 '성령'께 복종하는 게 더욱 중요했다. 목사가 얼마나 거룩하고 지혜롭든, 하나님께서 그에게 어떠한 권위를 주셨든, 그의 성경적 입장이 얼마나 올바르든 괘념치 않았다.

그녀가 예배당 앞쪽을 발끝으로 가로지르기 시작하자마자 교인들의 의견이 둘로 갈렸다. 그녀가 어리벙벙한 모습으로 자신을 쳐다보는 관객들 앞에서 우아하게 회전하고 미끄러지듯 움직이고 뜀박질하는 동안, 하나님을 향하던 사람들의 관심은 이제 그녀에게로 집중되었다. 예배가 공연으로 탈바꿈한 것이다. 그녀의 재능은 훌륭했고 나쁘지 않았다. 다만 때와 장소에 맞지 않게 자신의 재능을 선보인 것이 문제였다. 하나님을 예배하는 것과 재능을 펼치는 것은 서로 다른 것이 아닌가. 교인들은 자신의 목자가 양떼를 지켜낼 것인지, 아니면 춤추는 음유시인에게 넘겨줄 것인지 숨죽여 지켜보았다. 조심스럽게 그녀가 보이는 '성령 안에서의 자유'를 칭송하는 사람들도 있는 반면, 권위에 대한 그녀의 도전에 질겁한 사람들도 있었다.

목사는 일어나서 마이크 앞으로 다가갔다. 사슴과 같은 뜀박질로 공중에 높이 떠 있던 그녀에게 목사는 큰소리로 이야기했다. "이제 그만하시고 자리에 앉아주세요." 그녀의 얼굴은 저주받은 사람처럼 공포로 차올랐다. 목사가 '성령'을 막아서다니, 그녀는 분노했다. 그녀는 자리에 앉았다. 창피했다. 하지만 성령 안에서의 참된 자유를 여전히 이해하지 못한 상태였다.

그 자매의 행동은 곧바로 교회의 분열을 가져왔다. 적은 수였지만 한 무리는 목사가 너무 통제적이라는 이유로 교회를 떠났다. 그들에게 성령 안에서의 자유는 시간과 장소를 가리지 않고 무엇이든 할 수 있는 것을 의미했다. 그것을 치리하는 것은 성령을 제한하는 행위였다. 1960년대의 비극적 잔재, "자신이 하고 싶은 대로 하라"라는 구호의 종교적 반영이었다.

하지만 대부분의 성도들은 목사가 올바르게 대처했다며 그를 칭찬했다. 그들이 알고 있는 성령님은 하나님께서 정하신, 천국에서의 행동을 반영하는 법과 질서와 양식이라는 구조 안에서 행동하시는 분이셨기 때문이다. 문제는 춤이라는 예술적 형태가 교회 안에서 갖는 위치에 대한 것이 아니었다. 권위에 대한 복종의 부재였다. 우리 세대가 경건한 태도를 상실했다는 사실을 잘 보여주는 사건이다.

이 목사는 40여 명의 성도를 잃는 것으로 이번 위기를 쉽게 넘길 수 있었다. 그 자매는 의기양양해서 다른 교회로 떠났지만, 교회는 그녀의 행동으로 인한 소란을 피할 수 없었다. 불행히도 자신이 원하는, 그녀의 표현대로라면 '성령의 인도를 따라' 시간과 장소에 상관이 없이 춤을 출 수 있는 '자유'는 교회 안에 갈등이라는 불을 붙이는 내적 요인의 한 예로 남았다. 자신의 충동을 성령의 음성과 같은 것으로 치부한 사건이다.

춤추는 자매나 혹은 이와 비슷한 또 다른 사람이 여러분의 교회를 찾기 전에 먼저 준비가 필요하다는 사실은 아무리 강조해도 지나치지 않다. 그들이 곧 문을 열고 들어올 것이다. 다른 교리나 행위라는 바이러스로 가득한 판도라의 상자와 함께. 교회 갈등을 피하고 싶다면 운영위원회는 지금 교회로 몰려오는 각 문제들에 대한 성경적 경계를 정해야 하고 목회자는 교인들에게 이 경계를 가르쳐야 한다. 교인들이 잘 훈련되어 있다면 '춤추는 자매'와 같은 사건은 웃음거리로 끝날 것이다. 하지만 그렇지 않다면 '그 자매'는 교회를 분열시킬 수도 있다.

조직의 문제

교회의 진전을 방해하는 암류가 흐르고 있는가? 이것은 전 교회 조직에 영향을 끼치는 근본적이고 조직적인 문제이다. 이런 교회들은 목회자가 자주 바뀌는 특징을 보인다. 조직적인 문제에서 오는 갈등의 불길은 피하거나 멈추기가 어려운데, 그러한 문제의 불씨가 불꽃으로 발화하기까지 멈추지 않고 속에서 들끓고 있기 때문이다. 갈등이 점화되고 스스로 타 없어지게 놔둬야 할 때도 있다. 감성적 목회자에게 이것은 어려운 일일 수 있다. 하지만 아무리 의도가 훌륭하고 능력이 출중한 사람도 이 일을 막아낼 수는 없다.

여러분이 사역하고 있는 교회에도 조직적인 문제가 있을 수 있다.

다른 목회자들이 이제까지 실패한 곳에서 나만은 성공적으로 문제를 해결해낼 수 있을 거라 상상하고 있는지도 모르겠다. 하지만 여러분이 잊고 있는 한 가지 중요한 원리가 있다. 모든 세대에는 하나님께서 보내주셨지만 사람들에 의해 멸망당했던 선지자가 있었다는 사실이다. 성공과 실패를 결정짓는 것은 선지자의 메시지나 능력이 아니라 사람들의 반응이다. 영적으로 강퍅한 사람들의 마음을 나만은 극복할 수 있을 거라 착각하지 마라. 그것은 이사야나 예레미야 모두에게 불가능한 일이었다.

거대한 기대감으로 도착한 여러분을 맞이하는 것은 요지부동하는 교회이다. 여러분이 제안하는 모든 것은 거절당하고, 시도하는 모든 것이 짓밟힌다. 속을 들여다보니 완전히 다른 교인들이 들어 있다. 눈에 보이는 것은 분노와 긴장, 예전부터 들끓던 격분이며, 그것이 지금의 권력 다툼과 논쟁을 불러온 것이다. 대화의 창은 닫혀 있고 협력은 불가능하다. 구세주께서 보내주신 위대한 구원자로 여러분을 대해주기를 바라지만, 실상 그들에게 여러분은 자신의 문제를 대신할 희생양에 불과하다. 몇몇이 다가와 몇 가지 내용을 설명해주고 마음을 위로해주려 노력해보지만 모두가 허사이다. 패배와 분노, 혼란의 상태로 마침내 그 교회를 떠날 때, 여러분의 관을 멜 사람들이 바로 이들이니 말이다. 여러분이 마주한 문제는 조직적인 것이라 여러분 자신과는 아무런 관련이 없지만 사역을 충분히 마비시킬 수 있는 문제이다.

교인들은 교회의 문제에 대한 책임을 여러분에게 물으려 하면서도 문제를 해결하는 데 필요한 권위를 부여해주지는 않는다. 만일 당신이 조직적 문제의 뿌리를 뽑기 위해 담대한 리더십을 행사하려 한다면, 그들은 당신을 쫓아내기 위해 자신의 에너지를 사용할 것이다. 서로를 혐오하던 사람들이 이제는 함께 혐오할 공동의 적을 갖게 된다. 이런 식으로 교회 문제를 해결할 수 없다는 걸 알면서도 자신들의 에너지를 공동의 적에게 집중시키고 추악한 동지의식을 얻는 것이다. 이 문제에 대처하기 위해 도움이 될 만한 내용들은 '담대한 영적 리더십'을 참고하라.

문화적 충돌

문화적 충돌은 목회자가 (혹은 사역자 중 누구라도) 기존 문화를 가지고 있는 어떤 교회에 부임한 후, 그들의 문화를 급작스럽게 바꾸려 할 때 생겨난다. 나이 든 교회를 젊은 교회로, 전통적인 교회를 현대적인 교회로, 혹은 기존의 예배를 '구도자적'인 것으로 만들려는 시도들이 그러한 예이다. 성도가 아니라 죄인을 하나님께로 이끌겠다는 의도는 좋지만, 기존의 문화를 희생하면서까지 그렇게 하는 것은 바람직하지 않다. 물론 교회가 죽어가고 있고, 따라서 다시 그 교회가 효과적인 사역을 감당하도록 하기 위해 극단적인 변화가 필요한 경우라면 예외겠지만.

만일 여러분이 교회를 개척한 경우라면, 얼마든지 자신이 원하는 대로 교회의 문화를 세워갈 수 있다. 하지만 기존 교회와 충돌을 일으키는 것은 그리스도의 신부가 입은 옷을 찢어 그리스도의 몸을 상하게 하는 행위이다. 그것은 죄이다. 이유는 다음과 같다. 먼저, 문화와의 충돌은 윤리적 위반이다. 선교사들은 자신의 역할이 복음을 들고 문화 속으로 들어가는 것이지 문화를 바꾸는 것이 아니라는 사실을 어렵게 배워왔다. 만일 다른 민족의 문화를 해치지 않고 그대로 두는 것이 윤리적으로 옳은 일이라면, 어느 교회든 기존 문화를 존중받아 마땅하다. 둘째, 당신이 세우지 않았다고 해서 교회의 기존 문화를 허물려고 하는 것은 자기중심적인 미성숙이다. 셋째, 문화를 돌보는 사람이라는 가면을 쓰고 월급을 받으면서, 고유의 문화를 방해하고 더럽히는 것은 도둑질이나 다름없는 행위이다.

여러분의 의무는 죄의 뿌리를 뽑는 것이지, 문화를 소멸하는 것이 아니다. 교인들이 옷과 음악, 예배에 대한 당신의 다른 견해를 지지하는 대신, 지난 30년에서 50년이라는 세월 동안 그들이 유지해온 삶의 양식에 집착을 한다고 해보자. 그렇다고 그들로 하여금 죄책감을 느끼게 하는 것은 지독한 무지라고 할 수 있다. 여러분은 그들이 고유의 문화적 배경에서 주인 되신 예수 그리스도를 따르는 법을 배워왔다는 사실을 존중해야 한다.

상처를 되돌려주는 사람들

여러분이 사역에 발을 들인 것은 복음의 능력으로 인간 내면의 문제들을 해결하여 그들의 가장 깊은 욕구를 채워주기 위해서이다. 하지만 상처 입은 사람들을 섬긴다는 것은 지뢰밭을 걷는 것과 같다. 여러분의 어떤 말이나 행동이 숨겨져 있는 폭발물을 건드릴지는 절대 알수가 없다. 교회 갈등이 불붙으면 사람들이 여러분의 말이나 의도를 오해하게 된다. 그리고 그들에게 여러분을 두려워하거나 불신하도록 만드는 어떤 기억이 있거나, 단순히 자신이 상처를 입었기 때문에 다른 사람들에게 상처를 주어야 한다고 느낄 때에도 교회 갈등이 시작될 수 있다.

깊은 상처를 입은 사람은 어린 시절의 폭력이나 해리성 장애, 귀신 들림 등의 결과로 정상적인 인지가 불가능할 수 있다. 마사의 경우가 그랬다. 평소 상냥하기 그지없는 그녀는 성품이 차분했을 뿐 아니라 교회의 충성된 일꾼이었다. 그녀의 예술적 재주는 교회의 커뮤니케이션 센터를 창조적이고 매력적인 공간으로 유지시켜주었다.

어느 주일 저녁, 자신이 만든 작품 옆에 선 마사를 본 목사는 교회의 손님들에게 그녀를 소개시켜주기 위해 일부러 그녀에게 다가왔다. 감사의 의미로 그녀의 뺨을 쓰다듬으며 목사는 이렇게 말했다. "이 뛰어난 작품의 주인공이 바로 이 자매입니다." 모든 사람들은 감탄했고 그녀의 작품을 칭찬했다.

그 다음 주, 재능뿐 아니라 부끄럼도 많은 이 자매가 목사를 찾아왔다. 그녀는 당황스러운 마음을 애써 극복하고는 말을 이었다. "목사님, 지난 주 목사님께서 제 뺨을 만지셨을 때, 끔찍한 악몽이 되살아났습니다."

"그래요? 무슨 악몽인지 좀 더 말씀해주시겠어요?" 그가 물었다.

"네… 그러니까" 그녀는 조금 망설였다. "제가 나쁜 사람들에게 매를 맞는 악몽이에요. 제가 멍들고 피 흘릴 때까지 저를 때리고는 교회 앞에 내다 버리는, 그리고 나서는 목사님이 저를 일으켜 안아 위로해주시는 꿈이에요."

다음 몇 주간의 상담을 통해 이 자매는 어린 시절 심한 폭력을 당해왔고, 그 결과로 가벼운 해리성 정체감 장애를 앓게 되었다는 사실이 드러났다. 권위적 인물에 대한 자매의 반응이 이와 같이 극단적이었던 이유는 그녀가 어린 시절 권위적 인물에게 당했던 폭력 때문이었다. 그녀는 자신에게 폭력을 행사하지 않는 순수한 권위를 간절히 바라왔다. 뺨을 쓰다듬는 목사의 단순한 행위가 마사 자신도 완전히 인지하지 못했던 내면의 바람을 자극해온 것이다. 그녀가 목사의 의도를 오해하여 그의 친절을 음란한 것으로 해석할 수도 있는 사건이었다.

이 이야기가 행복하게 마무리된 것은 하나님의 은혜였다. 목사는 자신이 할 수 있는 만큼 이 자매를 도왔고, 그 후에는 해리성 정체감 장애를 좀 더 전문적으로 다루는 사람들에게 그녀를 부탁했다. 지금 그녀는 매우 건강하다. 하지만 이처럼 모든 이야기가 해피엔딩인 것은 아니다. 상처 입은 사람들의 거짓 고소에 순수한 사역자들의 명예가 훼손되고 있다. 정상적 배경에서 자란 사람들에게는 별 것 아닌 말이나 행동이 폭력의 피해자들에게는 완전히 다른 의미로 비쳐질 수 있기 때문이다. 심각한 폭력을 당하고 현재 경화증으로 고통받고 있던 한 자매가 전동 휠체어를 타고 사탕 가게로 들어갔다. 한 친절한 노인이 휠체어에 앉은 그녀가 안쓰러웠는지 그녀에게 사탕을 사주고 싶다며 말을 걸어왔다. 극심한 공포를 느낀 그녀는 남편을 찾으며 가게 밖으로 급히 몸을 돌렸다. 그녀의 이성은 이 할아버지가 그저 친절을 베풀고자 하신다고 말하고 있었지만, 그녀의 감정 장치는 이 할아버지의 친절을 위협으로 인지할 뿐이었다.

상처 입은 사람들을 상대할 때 또 하나 주의할 점은 그들이 자신의 생존에 대한 책임을 상대에게 물으려 한다는 사실이다. 그들에게는 용납과 확신이 간절히 필요하기에 그러한 필요를 당신을 통해 채우려고 당신 삶의 모든 부분에 얽히고자 애쓸 것이다. 마치 덩굴처럼 말이다. "목사님, 이제 저를 포기하신 건가요?" "저랑 더 이상 말을 섞고 싶지 않으신 거죠?" "목사님, 시간을 좀 더 내주실 수는 없으신가요? 제겐 목사님이 너무 큰 힘이 되는 걸요."

머지않아, 그 사람은 충동이 찾아올 때마다 사택과 목양실로 전화를 걸어올 것이다. 당신이 대화를 마무리하려 한다면, 그는 거절감을 느낄 것이다. 하지만 적절하게 끊지 못하면 당신의 친절이 삶의 상당 부분을 소진하게 만들 것이다.

폭력을 당한 경험이 있는 사람들은 권위적 인물에 대해 비정상적인 견해를 갖고, 그것은 극심한 증오나 비합리적 기대로 표출된다. 실례로 나이가 많은 권위적 인물을 유난히 좋아하던 매력적인 여성이 있었다. 이것을 잘못 이해한 한 목사가 그녀에게 접근했다. 그녀는 거의 자살 직전까지 갔다. 친할아버지에게 폭력을 당했던 그녀는 잠재의식 속에서나마 올바른 할아버지 상에서 오는 안전함과 소속감을 느끼기를 갈망해왔다.

유년 시절의 위기를 기억하지는 못할지라도, 그 감정적 영향은 범죄 현장의 지문처럼 그대로 남게 된다. 그리고 인지적인 기억과 분리된 감정은 기이한 행동을 낳는다. 유년 시절 빼앗겼던 것을 되찾고자 하는 감정적 필요는 성취를 요구한다. 그녀의 경우, 자신의 필요를 발견하고 해결하기까지 성적인 신호들을 보냈지만, 정작 이것은 그녀의 필요와는 반대되는 것들이었다.

과거의 짐을 교회로 끌고 들어오는 것은 비단 여자들뿐이 아니다.

다른 폭력의 기억들과 더불어 제2차 세계대전 시절까지 거슬러 올라가는 전쟁의 상처는 남자들의 영혼에 상처를 남겼다. 어느 문명이든, 죄의 영향은 산산 조각난 영혼을 남기기 마련이다.

문제 있는 사람이 온갖 거짓 공방으로 당신을 고소해 올 때, 당신의 마음속에는 쉽게 지워지지 않는 물음표가 생길 것이다. 결백이 밝혀진다고 해도, 모든 것이 원래대로 돌아오지는 않는다. 그들은 당신을 해치려 일부러 그런 것이 아니다. 상처 입은 사람들이 상처를 주는 것이다. 그것은 자동적인 반응, 즉 그들의 과거에서 온 두려움의 표출이다. 상처 입은 사람들을 상대할 때는 잠재적인 폭발을 늘 주의하라.

사역자들의 숨은 의도

사역자들이 많은 대형 교회를 만드는 것이 당신의 거대한 꿈이었다. 당신은 늘 사역자들의 마음을 한데로 모아 훌륭한 교회를 세워나가는 것을 상상했었다. 그리고 마침내 꿈이 실현됐다. 그런데 펑! 곧 폭발이 뒤따랐다. 불만은 런던의 안개처럼 교회로 퍼져 나갔다. 다음 실화를 들어보라.

사역자들이 서로 협력하지 못하여 한 방향으로 전진하지 못하는 교회가 있었다. 그 이유를 파악하고자 한 컨설턴트가 교회를 방문했다. 컨설턴트는 담임목사에게 잠잠히 사역자들의 이야기를 듣도록 부탁했다. 그리고 일곱 명의 다른 사역자들에게는 교회를 향한 각자의 비전이 무엇인지를 물었다. 각각 다른 비전들이 수면 위로 떠올랐다.

컨설턴트가 담임목사에게 물었다. "이들 비전 중에 목사님의 비전과 동일한 게 있나요?" 그는 밀린 휴가가 간절히 필요해 보이는 얼굴로 대답했다. "그나마 근접하게 들리는 게 하나 있긴 하네요." 사역자들 간의 서로 다른 태도와 비전의 내용은 다음과 같았다. 심방 목사는 자신의 역할을 잘 이해하고 있었지만 폭넓은 시야가 부족했다. 하나님을 섬긴다는 것이 곧 담임목사와 운영위원회가 제시하는 하나의 비전을 완수하기 위해 자신에게 주어진 일에 최선을 다하는 것임을 잘 알고 있었다. 하지만 그러한 신념을 다른 사람들에게 전하기에는 역부족이었다.

자기 부서에만 몰두해 있던 중고등부 목사에겐 다른 사람들이 전혀 보이지 않았다. 전 교회가 중고등부를 위해 존재해야 한다고 생각하던 그에게 동료 사역자들은 그저 예산 싸움의 적수로 보일 뿐이었다.

찬양 사역자의 대답에는 어색함과 망설임, 긴장이 맴돌았다. 그는 대실패로 끝난 지난번 교회 행사의 충격에서 아직 회복되지 않은 상태였다. 자존심이 이만저만 상한 것이 아니었다. 매주 크고 웅장한 작품을 선보여 무너진 자존심을 회복하고 싶었다. 그러기 위해선 담임목사님이 설교를 짧게 해주셔야만 했다. 하지만 담임목사는 그 요구를 들어줄 수 없다고 했다. 그는 담임목사를 쫓아낼 방법을 모색하고 있었다.

교육 부서는 팀 사역이었지만 책임자는 팀이 무엇을 하고 있는지에 대해서는 알고 있는 것이 없었다. 그녀는 재정 문제에 대한 중고등부 목사의 태도를 못마땅하게 생각했다. 그래서 중고등부 목사에게 모든 부서가 똑같이 중요하다고 계속해서 상기시켰다.

사역자들을 돕는 행정 책임자는 충성을 요구하는 사역자들에 대한 불편함을 표시했다. 모든 사역자들이 그녀로부터 호의를 기대하고 있었다.

담임목사가 자신의 비전을 정확히 설명하지 못했기 때문이겠지 생각하는 독자들이 있을 수 있다. 하지만 전혀 그렇지 않다. 모든 이들이 담임목사의 비전을 알았고, 그럼에도 불구하고 몇몇은 자신의 비전을 내려놓지 않고 있었다. 분열은 이렇게 숨은 의도들을 타고 들어온다. 교회가 사역자들을 고용할 때, 그것이 계약서에 명시된 것이든 아니면 구두로 한 것이든 거기에는 동의와 기대가 있다. 천국 문에 들어서는 사람들과 같이 모두 환한 얼굴로 시작한다. 당신은 집으로 돌아가 최상의 팀이 모였노라 자랑했을 수도 있다. 하지만 3개월이 채 지나기도 전, 팀의 일원들은 자신이 하겠다고 동의한 일들을 무시하기 시작한다. 물론 더 나은 방식들을 발견했기 때문일 수도 있다. 그렇다면 좋다. 그러나 대부부분의 경우 사역자들은 자신이 고용된 이유를 저버리고 자신이 원하는 것에 매달린다.

사역자 회의를 진행하는 동안 당신은 각각의 부서 모두가 전체 그림에 얼마나 중요한지 열변을 토한다. 모든 사람이 서로 협력하면서 자신의 일에 충실하기만 하면 얼마나 놀라운 일을 경험하게 될지 설명한다. 하지만 그들의 눈과 귀는 멀어간다. 대체 무슨 일이 일어나고 있는 걸까? 어떻게 하면 당신을 피해 자신의 숨은 의도를 이룰지 궁리하느라 그들의 마음이 분주한 것이다.

그렇다면 그들이 사역을 시작할 때 거짓말을 했단 말인가? 그런 경우도 있겠지만, 대부분의 경우는 그렇지 않다. 숨은 의도는 너무나도 깊고 은근해서 정작 사역자 본인도 인지하지 못하는 경우가 태반이다. 사역의 무게와 문제에 대한 반응으로 떠오르는 숨은 의도들은 사실 매우 자연스럽고 나무라기 어려운 것이기도 하다. 한 사역자가 오랫동안 같은 교회에서 사역을 하는 경우, 시간이 경과하면서 필요나 바람, 생각 역시 변해가고, 그러면서 새로운 숨은 의도들이 나타나기도 한다.

사역자들 때문에 당신의 두통은 점점 더 심해져간다. 세상 사람들은 자신의 유익이 모든 동기의 중심에 놓여 있다는 사실을 쉽게 인정한다. 교회 사역도 세상과 별반 다르지 않을 수 있음에도 그리스도인들은 자신의 의도들을 둘러 보호막을 치고 영적인 표현들을 사용해 자신의 동기를 얼마든지 포장할 수 있다. 그리스도 예수로 자랑하고 (빌 3:3) 그리스도로 충분하고(빌 4:13) 그리스도를 위하여 모든 것을 버릴 준비가 되어 있고(빌 3:7-8) 교회의 안녕을 갈망하던(고후 13:9) 사도 바울의 고백을 얼마든지 따라할 수 있다. 이러한 표현들을 사용하며, 교회를 자신의 소원을 이루는 도구로 계속 이용하는 것이다.

내일 당장 누군가를 해고하기 전, 동기를 순수하게 유지하는 데 필요한 매일의 싸움을 기억하라. 숨은 동기는 모든 사람에게 있고 그 원인은 매우 다양하다. 당신과 나도 예외는 아니다

- "나는 이보다 더 많은 것을 받아도 돼"라는 교만
- "내게 그렇게 했다 그거지? 당신, 그 빛을 갚아야 할 거야"라는 쓴 뿌리
- "한자리해야지 않겠어?"라는 야망
- "거절당할 수 있어. 그러니 미리 발판을 잘 만들어둬야지"라

는 두려움
- ▪ "만족하고 싶어"라는 육욕
- ▪ "나는 이런 사람들이 싫어"라는 편견
- ▪ "나는 더 큰 사역을 하고 더 많은 사례를 받아야 해"라는 이
  기심

숨은 의도를 가진 사람들은 누군가 자신의 의도를 위협할 때 고약한 태도를 보인다. 예를 들어, 당신이 어떤 사역자의 책임을 물어야 한다고 하자. 이것은 담임목사의 당연한 의무이다. 그러나 그가 당신의 말을 무시한다. 이 경우 당신은 그를 징계하거나 해고해야 한다. 그 사람으로 인해 교회에 갈등의 소용돌이가 몰아칠 수 있기 때문이다. 먼저, 그 사역자가 한술 더 떠 자신의 사역이 너무나도 중요하고 영적인 것인 양 바람을 잡을 수 있다. 그러면 당신은 비전이 없고 영적이지 못한 사람으로 비치게 된다. 둘째, 그 사역자가 일부 교인들과 정치적인 권력 집단을 형성해 교섭의 수단으로 사용할 수도 있다. 이런 상황이라면 이제 한 사역자와의 문제에서 그치지 않고 교회 전체의 분열이 문제가 된다. 사역을 시작하면서 환하게 웃는 얼굴로, 당신 같이 훌륭한 리더와 함께 사역을 하게 되어 영광이라 말하던 그가 이제는 당신을 볼모로 잡으려 하는 것이다. 그리고 이러한 오만한 사역자 하나 때문에 당신은 교인들을 잃을 수도 있다.

이러한 숨은 의도들이 얼마나 파괴적인지, 뛰어난 예를 보여주는 사람이 데일이다. 그는 담임목사와 7년 동안의 심각했던 갈등을 뒤로 하고 대형 교회를 나왔다. 그의 불평 중에는 물론 타당한 것들도 있었

지만, 그가 나눠먹기식으로 담임목사가 되려 했던 숨은 의도를 가지고 있었던 것도 사실이다. 자신이 섬기던 교회를 나오면서 데일은 그리스도의 신부가 입은 웨딩드레스를 심각하게 훼손했다.

데일은 곧 다른 사역지를 찾아 들어갔다. 그 교회 담임목사는 지난 교회에 관련한 아무런 기록도 요구하지 않았다. 담임 목회를 하고 싶다는 데일의 열망은 다시 수면 위로 떠올랐다. 그 교회의 담임목사는 새로운 교회를 개척하기 원했지만, 데일은 기존 교회를 확장하고 싶어 했다. 서로의 이상이 충돌할 수는 있다. 하지만 그러한 경우, 담임목사의 지시를 따르는 것이 데일의 의무였다. 그런데 그는 세부 조항 하나를 내세워 함정을 마련했다. 자신이 사역을 시작할 때, 부목사로서가 아니라 협동 목사로서 사역을 받아들였다는 조항이었다. 데일은 그러한 조항이 자신에게 담임목사와 똑같은 권위를 부여한다고 주장했고, 이제까지 그의 충정을 철석같이 믿어왔던 젊은 담임목사는 그제야 그가 마련해둔 함정을 눈치챌 수 있었다. 결국 데일은 교회를 쪼개어 자신의 교회를 세우고 싶어 하던 뜻을 실현했다.

하나님의 나라, 나의 나라

사역자들에 대한 이야기는 이제 그만 접고 당신 자신의 숨은 의도들에 대해 정직하게 살펴보자. 모든 사역자들과 마찬가지로 당신 역시 마음 깊은 곳에서 올라오는 엄청난 힘과 싸우고 있다. 순수했던 의도들이 개인적 욕망을 위해 교회를 사용하는 것으로 타락해가면서, 숨은 의도들이 천천히 그리고 은근히 고개를 들 수 있다. 양들을 '먹이는' 것에서 양들을 이용하는 것으로 움직이는 순간, 당신은 그리스도의 몸을 해치게 된다.

자신이 그리스도의 나라를 세우고 있는지 자신의 나라를 세우고 있는지 궁금하다면, 다음과 같은 징후들이 있는지 한번 살펴보라. 성과에 대한 압박으로 사역자들과 교인들을 몰아가는 것, 당신의 이미지에 도움이 될 만한 일들을 하도록 그들을 강요하는 것, 당신에게 부적절한 충정을 요구하는 것, 사랑이 아닌 두려움으로 '다스리는 것' 이 그 징후들이다. 이런 목사를 섬겼던 한 교회의 비서는 위와 같은 분위기를 '부정적 아드레날린의 흐름' 이라 부르기도 했다.

당신은 어쩌면 특정 부분의 성장을 위해 애쓰는 사역자를 못마땅하게 여길지도 모른다. 그들이 목표를 신속히 성취하는 데 방해가 된다고 생각하기 때문이다. 그러나 이것은 그리스도께서 보여주셨던 인내와는 반대되는 것이다. 그리스도의 제자들은 어설프기 그지없는 사람들이었지만, 그리스도는 그들을 하나님의 능력 안에서 세상의 역사를 바꾸어놓을 사람들로 빚어가셨다.

자신의 나라를 세워가는 사람들의 대표적인 특징들을 사울 왕의 삶을 통해 살펴보도록 하자. 그러한 사람들은

- 주님을 기다리지 않는다. 사무엘이 제사 시간에 맞추어 도착하지 않자 사울은 직접 제사를 인도했다. 마찬가지로 주님께서 자신의 계획을 펼치고 이루시기를 기다리지 못해 실패를 반복하는 교회들이 너무나 많다.
- 하나님께 순종하지 않는다. 사울은 아말렉 왕을 살려주었을

뿐 아니라 가장 좋은 양과 가축을 남겼다. 마찬가지로 가장 좋은 것을 취하기 위해 교회를 이용하는 사람들이 지금도 많다.

▪ 거짓말을 한다. 사울은 교묘한 방식으로 자신이 주님께 복종했다고 주장했다. 스스로가 자신의 주인인 리더들은 거짓말을 하는데, 솔직해지면 숨은 의도를 드러낼 수도 있고 회개를 해야 하거나 사임을 하게 될 수도 있기 때문이다. 진리를 따라 행한다는 것은 자기 삶의 주도권을 내려놓는다는 뜻이다. 진리는 우리의 복종을 요구한다. 이들은 자기 왕권을 가리기 위해 거짓말을 한다.

▪ 다른 사람들에게 실패의 책임을 떠넘긴다. 사울은 자신의 불순종에 대한 책임을 군사들에게 떠넘겼다. 스스로가 자신의 주인인 리더들은 아랫사람들에게 엄격한 태도를 취한다. 담임목사의 실패에 대해서는 교회 사역자들에게 책임을 지우고, 목사는 끝까지 우아한 이미지를 유지하는 것이다.

▪ 회개하지 않는다. 사울은 자신이 죄를 범했다는 사실을 고백한 후에도 어린 다윗을 죽이려는 노력을 멈추지 않았다. 이것은 회개가 아니다. 스스로가 자신의 주인인 리더는 라이벌이라고 생각되는 사람은 누구든 제거하기 위해 노력할 것이다. 결국 사울은 자기 칼 위로 넘어지고 말았다. 스스로가 자신의 주인인 모든 리더들의 운명 역시 그렇게 될 것이다.

사울이 그렇게 행동하는 건 소유권 문제가 오랫동안 해결되지 않았기 때문이다. 하나님께서 당신에게 어떠한 책임을 맡기셨을 때, 그것을 소유하려 해선 안 된다. 나라는 하나님께 속해 있기 때문이다. 그 나라의 주인은 당신이 아니다. 당신은 관리인일 뿐이다. 교인들이 그리스도 안에서 성장하도록 돕기보다 당신이 자신의 존재를 내세우기에 급급하다면, 반드시 갈등이 닥쳐올 것이다. 주님께서 교회 갈등을 직접 일으키실 수도 있다.

부패하고 타락한 마음

나는 2년 동안 마이어스타운 은혜형제교회를 강타했던 사나운 불길을 살펴보았고, 그 교회가 경험한 갈등의 원인들을 밝혀내는 데는 성공했다. 하지만 왜 그런 일이 일어났는지에 대해서는 여전히 설명할 수 없었다. 누가 누구에게 무엇을 했는지는 분명했지만, 왜 그렇게 했는지는 분명치 않았다. 나는 이전의 갈등을 종결짓고 교회의 미래를 보호해줄 수 있는 이유들을 찾아 정리해보고 싶었다. 하지만 그것은 불가능했다. 같은 사실에 대해 모든 사람들이 저마다 다른 견해를 갖고 있었기 때문이다.

모든 인간 갈등에는 한 가지 공통적인 원인이 숨어 있다. 사람들은 자신의 의견을 신처럼 떠받들고, 이 때문에 다른 도덕적 영적 규제들을 무시하게 되는데, 이는 그들이 자신의 의견이 옳다고 느끼기 때문이다. 사람들은 생각의 자유가 주어졌으니 자신에게 판단할 수 있는 권리가 있다고 생각하고, 그것을 잘못된 방식으로 표현하게 된다. 그리고 거기에서 거대한 파괴가 시작된다.

이러한 태도의 정체는 무엇일까? 성경은 죄의 본질을 다음과 같이 설명하고 있다. "기록된 바 의인은 없나니 하나도 없으며 깨닫는 자도 없고 하나님을 찾는 자도 없고 다 치우쳐 함께 무익하게 되고 선을 행하는 자는 없나니 하나도 없도다. … 그 입에는 저주와 악독이 가득하고 그 발은 피 흘리는 데 빠른지라. 파멸과 고생이 그 길에 있어 평강의 길을 알지 못하였고 그들의 눈앞에 하나님을 두려워함이 없느니라 함과 같으니라"(롬 3:10-12, 14-18).

위의 말씀은 갈등이 생길 때 우리가 목격하는 사람들의 태도를 잘 묘사해준다. 하지만 사람들은 최악의 행동을 부패나 타락이 아닌 실수로 치부한다. 그나마 그것도 자신이 틀렸다는 것을 인정하는 사람들의 경우에 한해서.

당신의 교회에 가장 큰 위협이 되는 것은 바로 인간의 본성이다. 앞서 살펴보았던 모든 원인들의 저변에 인간 본성이 깔려 있는 것이다. 인간의 본성은 우리에게 악한 음모를 끊임없이 제공한다. 자신의 육체와 더불어 매일의 싸움을 벌이고(롬 6장; 엡 4:23) 세상의 길에서 구별되고(사 52:11) 사탄에게 틈을 내어주지 않도록(엡 4:27) 성도들을 잘 가르치는 데 교회의 안녕이 달려 있다.

이상은 교회 갈등의 일반적 원인들의 일부이며, 이 밖에도 많은 원인들이 있을 수 있다. 정기적으로 교회 장로들이 모여 이상의 원인들을 살펴보고 경험에 비추어 원인의 목록을 확장하는 것도 좋을 것이다. 또한 교회 안에 거센 화염이 번지기 시작했다면 초기에 진화할 방법도 강구해야 한다. 불꽃은 초기에 진화할 수 있지만, 불길이 휘감기 시작하면 진화가 불가능하다는 사실을 잊지 마라.

여태까지 교회 갈등의 원인이 되는 인간적 요소들을 살펴보았다. 이제 사탄의 역할을 알아볼 차례이다. 결국 우리가 사는 곳은 영적 전쟁터이고, 따라서 사탄의 연관성을 부정한다면 교회 갈등에 대처할 장비가 부족하다는 증거가 될 것이다.

FIRESTORM

지옥에서 올라오는 불

건강한 마귀론 없이는 건강한 신학이 있을 수 없다.

_베르카우어

그렇다. 교회 안에는 사람의 행위로 시작된 교회 갈등의 불꽃에 기쁜 맘으로 기름을 들이붓는 사탄이 있다. 그렇다고 인간의 책임을 무시하자는 것이 아니다. 다만 방화에 이력이 난 사탄의 역할을 이해하는 것이 중요하다는 뜻이다.

당신이 믿건 안 믿건

사탄은 실재한다. 하나님은 당신이 이 사실을 알기 원하신다. 그리고 사탄에 대해서도 알기를 원하신다. 사탄에 대한 지식은 전설이나 신화에서 비롯된 것이 아니라 하나님의 계시로부터 왔다. 당신은 사탄과의 맹렬한 전투에서 열외되지 않았다. 이러한 정보를 통해 사탄을 이길 수 있게 된 것뿐이다.

나는 당신이 사탄을 인간 본성의 어두운 면에 대한 신화적인 설명이라고만 믿는, 가련한 상태에 갇혀 있지 않기를 바란다. 이 책의 상당 부분이 인간 본성의 어두운 실재를 다루고 있기는 하지만, 사탄의 역할도 간과해서는 안 된다. 그렇지 않으면 충분히 정복 가능한 상대를 두고도 무력해질 수 있다.

성경은 우리에게 분명한 지침을 제공한다. 사탄에게 속지 말고(고후 2:11) 그에게 사로잡혀 그의 뜻을 행하지 말라(딤후 2:26)고 말한다. 이러한 경고는 그리스도인들을 위한 것이고 승리를 위해 필요한 것들이다. 말씀은 지옥의 권세가 교회를 이길 수 없다고 분명히 선언한다(마 16:18).

사탄과의 영적 싸움에서 우리가 취할 수 있는 행동들은 다음과 같다. 굳게 서서(엡 6:14) 전신갑주를 입고(엡 6:11) 달음질하고(고전 9:24; 히 12:1) 싸우고(고후 10:4; 딤전 1:18) 인내하고(딤후 2:3) 멈추지 말고(빌 3:12) 대적하고(벧전 5:9) 이기는(롬 12:21; 요일 2:13-14; 4:4) 것이다.

말씀은 역사 속 사탄의 행적을 다음과 같이 보여준다. 사탄은

- 영원 전에 하나님의 권위에 도전했다(사 14:12-17; 계 12:1-6).
- 에덴동산에서 창조주 하나님을 속였다(창 3장).
- 다윗을 충동해 군사의 수를 세도록 했다(대상 21장).
- 광야에서 예수님을 시험했다(마 4:1-11).
- 유다에게로 들어가 그리스도를 배반하도록 했다(눅 22:3).
- 로마에서 교회를 대항해 싸움을 벌였다(롬 8:31-39; 16:20).

- 바울의 여행을 막았다(살전 2:18).
- 바울을 괴롭게 했다(고후 12:7).
- 아마겟돈에서 세상을 모아 그리스도를 대적할 것이다(계 16:16).
- 완전한 파멸을 선고받았다(계 20:7-10).

시카고에 위치한 무디 메모리얼 교회 어윈 루처 목사는 영적 전투에 관해 다음과 같은 글을 남겼다.

우리는 전쟁 중에 있다.
우리는 평화주의를 표방할 수 없다.
우리는 총알을 피할 수 없다.
우리는 폭탄을 피해 숨을 수 없다.
우리는 부상을 핑계 댈 수도 없다.
만일 당신이 내적 전쟁을 단 한 번도 느껴본 적 없다면,
나도 당신이 누구인지 증명할 수 없다.[2]

입으로는 "내 주는 강한 성이요"라는 찬송을 부르면서 가까운 곳에서 벌어지고 있는 사탄과의 실재적 전쟁을 무시하거나 부인하는 것은 앞뒤가 맞지 않다. 사탄은 당신 교회의 갈등과 분명 관련이 있다. 이것은 당신이 믿지 않는다고 해서 바뀌는 실재가 아니다.

마이어스타운에서의 경험

나는 기회가 생기는 대로 교회를 무너뜨리려 하는 사탄의 결연한 의지를 직접 경험해보았다. 마이어스타운 은혜형제교회를 맡고 이태째 되던 해, 참기 어려운 고단함이 밀려왔다. 이 고단함의 원인은 사역이 아니라 사탄의 방해였다. 교회를 덮쳤던 갈등의 불길은 내가 이 교회에 오기 전에 이미 지나갔지만, 사람들의 기이한 행동들은 잊을 만하면 불쑥불쑥 터져 나왔다. 강렬한 분노, 이성을 잃은 처신, 파괴적인 토론, 부당함, 무분별한 권력 다툼, 심지어는 협박까지. 이런 행동들을 전부 인간 본성의 탓으로 돌릴 수만은 없었다.

저녁 예배를 마치고 집으로 돌아오던 어느 주일 밤, 내가 경험하고 있는 것을 글로 표현해보았다. 이런저런 생각들을 봉투에 끼적였고 나중에 그것을 일기에 옮겨 적었다.

마이어스타운에서 집으로 향하는 길, 나는 내면의 전원이 나가기라도 한 듯, 영과 혼의 모든 에너지가 다 빠져나간 것처럼 느끼곤 한다. 무거운 압박에 더해진 이러한 공허감은 실제로 숨 쉬는 것조차 어렵게 만든다.

교회에서 개인의 회복과 구속을 기대하는 건 불가능하겠지?

이러한 끔찍한 마음의 고통을 통해서 나는 그리스도의 고난에 참여하고 있다. 싸움은 치열한데 누가 적군이고 누가 아군인지 가늠할 수가 없다. 악한 사람이 누구지? 사탄의 역할은 무엇일까? 보이지 않는 곳에서 만들어진 이 전쟁의 계획은? … 나는 정말 어둠과 씨름하고 있구나.

사선에 선 채, 때때로 주어지는 만족스런 예배나 상담, 회의들과 같은 순간적인 승리들만 맛보고 있는 기분이다. 꺼질 듯 말 듯한 캠프파이어 불꽃 위에 드리운 밤처럼, 교회 위로 무겁고 어두운 기운이 내려앉는다. 어둠은 불꽃을 집어삼키지 못하고, 불꽃 역시 어둠을 내어쫓지 못한다.

하지만 그리스도께서 정하신 시간에 그 일을 행하실 것이다. 교회의 임무는 '성자'를 기다리는 동안, 이 불꽃을 버리지 않는 것이다. 그분은 다시 오실 것이다!

아침의 빛에 불꽃과 불꽃이 만나 타오르는 영광이 드러나면 좋으련만, 여기저기 타다 남은 잿더미들뿐이다. 나는 교회의 형제자매들이 새날 아침까지 인내할 수 있기를 기도한다.

지극히 높으신 이가 길고 어두운 밤을 아들에게 복종시키시기까지 (단 7:21-22) 교인들을 안전히 지켜내려면 인내와 금식, 기도가 필요할 것이다.

위의 글에 공감하는 부분이 있는가? 그렇다면 안심하라. 당신은 정신을 잃고 있는 것이 아니다. 다만 사탄이 불러오는 마음의 불안과 정신적 압박을 경험하고 있는 것이다. 그런데 이러한 사탄의 압력을 이겨내는 것이 가능할까? 물론이다. 이번 장을 통해 구체적인 방법들을 살펴볼 것이다. 지금은 우선 당신이 경험하고 있는 갈등의 시작점으로 돌아가 사탄이 어떻게 그것에 참여하게 되었는지 살펴보도록 하자.

사탄의 간교한 전략

역대상 21장에는 사탄이 교활한 속임수로 다윗을 속인 사건이 기록되어 있는데, 이 사건은 사탄이 어떻게 문제를 일으키는지 잘 묘사해준다. 이야기는 사탄이 다윗을 충동질하면서 시작한다. 인구조사를 하도록 부추긴 것이다. 그리 악해 뵈지 않는 행위였다. 이 사건에 대한 역사적 정황을 정확히 알 수는 없다. 다윗이 블레셋으로부터 위협을 느꼈을 수 있다. 악을 선으로 보이게 하는 데 일가견이 있는 사탄은 다윗을 면밀히 연구하기 시작한다. 그에 관해 듣고, 관찰하고, 기록하면서 사탄은 믿음의 연약한 부분, 즉 죄를 죄가 아닌 것으로 속일 수 있는 부분을 찾아 공격할 준비를 한다.

사탄은 목욕하던 아름다운 밧세바와 같은 전략을 또 다시 사용할 만큼 어리석지 않았다. 다윗은 이미 간음에 대한 혹독한 대가를 치렀다. 압살롬의 생명을 앗아간 창은 아비로서 갖고 있던 다윗의 꿈을 부서뜨렸고 그의 영혼 역시 관통했다. "내 아들 압살롬아!" 그는 모든 사람들이 듣는 가운데 큰 소리로 울었다. "차라리 내가 너를 대신하여 죽었더면, 압살롬 내 아들아 내 아들아"(삼하 18:33). 그러한 고통을 경험했던 다윗은 도덕적 문제에 대해 높은 요새를 쌓아갔다. 이전의 연약했던 정욕에 대해 지금은 철통 경계를 하고 있었다. 이제 다윗은 빤한 죄에는 반응하지 않을 것이다. 다른 연약함을 찾기 위해 사탄은 다윗을 더욱 면밀히 살펴야 했다. 그리고 마침내 찾아냈다. 믿음과 갈등을 일으킬 만한 상식의 문제를 제안했다. 사탄은 그를 모든 왕들의 의무, 즉 인구를 조사해 자신의 군사력을 가늠하도록 충동했다.

하지만 다윗에게 이것은 믿음의 문제였고, 따라서 죄였다. 왜일까? 다윗의 능력은 군대의 규모에서 오지 않고 오직 주님에게서 비롯되었기 때문이다. 바울은 로마서 14장 23절에서 이렇게 기록한다. "믿음을 따라 하지 아니하는 것은 다 죄니라." 다윗은 하나님을 의지하는 대신 상식을 믿기로 했고, 이것은 아주 미묘한 차이처럼 보였으나 매우 치명적인 실수였다.

당신이 겪은 교회 갈등을 돌아보라. 그것이 어떻게 시작되었는가? 누군가 믿음에서 상식으로, 하나님의 계획에서 인간의 계획으로 옮겨 타라는 제안을 했을 수 있다. 하나님의 보호를 벗어나는 제안이다. 귀에 즐거울 뿐만 아니라 너무도 은근해서 범죄라는 사실을 인식하는 사람도 거의 없었을 것이다.

그러나 꼭 집고 넘어가야 할 것은 사탄이 다윗을 충동할 수는 있었지만 강요할 수는 없었다는 사실이다. 충동은 강력한 단어이다. 자극하고, 부추기고, 선동하고, 행하도록 설득한다는 뜻이다. 충동이 사람의 마음을 심하게 휘저을 수는 있지만 행동을 강요할 수는 없다. 다윗은 "안 돼!"라고 말할 수 있었다. 당신의 교회도 마찬가지이다. 사탄은 충동하지만 교회를 갈등에다 억지로 밀어 넣을 수는 없다.

사탄에게 동의하는 마음

사탄이 충동할 수 있는 것은 우리가 마음으로 동의하는 부분뿐이다. 음악의 힘이 화성 구조에 있지 않고, 그 음악을 듣는 각 사람의 마음이 어떻게 반응하나에 달려 있는 것처럼 말이다. 다윗이 사탄에게 어떻게 반응했고, 그것을 빌미로 사탄은 어떻게 그를 설득할 수 있었던 걸까? 우리는 추측할 뿐이다. 권력의 급격한 부상과 양치기라는 출신 배경에 대한 어떤 이들의 무시 때문이었을 수 있다. 자신의 성취를 무시하는 사람들에게 일침을 가해주고 싶었을 수도 있다. 교만이나 분노, 복수도 한 몫을 하지 않았을까 추측해본다. 우리는 알 수 없지만, 분명한 것은 문제의 열쇠는 사탄의 충동이 아니라, 마음속에서 해결되지 않는 부분이 있었다는 사실이다.

교회 갈등 초기 단계도 이와 비슷하다. 사탄이 누군가의 마음속에서 해결되지 않은 부분을 통해 동의를 얻어내는 것이다. 그러곤 그에게 직접 속삭일 수도 있고 다른 사람을 통해 제안을 던질 수도 있다. 두 가지 경우 모두 그 사람이 듣고 싶어 하던 것을 확증시켜주는 역할을 한다. 그 사람은 충동을 확증으로 받아들인다. 점점 더 활활 타오르는 충동은 영적 확신과 강점으로 곡해된다. 자신이 더 이상 성령의 인도를 받는 것이 아니라 지옥에서 올라오는 화염에 감겼다는 사실을 인지하지 못한다 감정이 이성을 다스리고, 충동이 긍휼을 짓밟는다.

따라서 다음에 제시한 법칙을 주의하라. 사탄은 마음의 동의를 얻어야만 죄악된 행위를 충동할 수 있다.

어떤 사람이 사탄의 충동에 마음으로부터 동의할 경우, 그 사람은 자신의 행동을 정당한 것으로 생각한다. 따라서 그에 따르는 잠재된 파괴력은 그야말로 제한이 없다. 지옥에서 올라온 이 육신 없는 적대자는 자기 혼자서는 할 수 없는 일을 자신의 목소리를 환영하는 사람들을 통해 성취하는 것이다. 그리고 그 피해는 상대의 지위가 높을수록 커진다.

영적으로 눈 먼 다윗의 판단력은 흐려졌고, 그는 요압 장군의 책망마저 무시해버린다. "내 주께서 어찌하여 이 일을 명령하시나이까. 어찌하여 이스라엘이 범죄하게 하시나이까"(대상 21:3). 교회의 갈등을 선언한 최초의 소란을 떠올려보라. 누군가의 바람이 너무나 간절하면 그리스도의 몸을 해치는 것조차 별로 개의치 않는다. 예를 들어 보자. 잭 세일러 박사는 자신의 꿈을 위해 교인들을 거세게 몰아 붙이는 호되고 엄격한 목사였다. 그의 태도에 일부 성도들은 그를 쫓아내려는 움직임을 보이기 시작했다. 잭은 자존심 때문에 교인들의 필요를 간과했다. 분노로 눈이 먼 반대자들은 교회의 신성함을 무시했다. 갈등이 뒤를 이었고, 그 와중에 교인들은 거의 쓰레기처럼 취급받았다. 사탄은 잭의 자존심과 반대자들의 분노를 충동질했고, 이 일로 교회는 죽음에 내몰리게 되었다. 하지만 기억하라. 그들의 마음이 사탄의 충동에 반응할 준비가 되어 있지 않았더라면, 사탄은 아무것도 할 수 없었을 것이다.

당신이 겪었던 교회 갈등을 돌아보면 이전에 흘려들었던 경고가 문득 떠오를 것이다. 다윗의 명령이 요압에게 어찌나 혐오감을 주었던지, 그는 레위 족속과 베냐민 족속을 제외하고 인구조사를 했다. 당신역시 믿음에 반하는 행동에 대한 경건한 사람들의 경고를 들었을 것이다. 그러나 교만은 하나님의 음성에 귀를 막게 하기에 그런 경고들마저 무시되고 만다.

한 사람의 죄

사탄은 다윗을 공격했지만, 그 대가는 이스라엘 전체가 치러야 했다. 삼 년의 기근이든지, 적에게 석 달을 쫓기든지, 여호와의 사자가 보낸 전염병을 사흘간 버티든지, 다윗은 이들 셋 중 하나를 선택해야 했다. 다윗은 세 번째를 선택했는데, 긍휼 없는 사람의 손이 아닌 긍휼이 많으신 하나님의 손에 머물기 원해서였다. 그러나 하나님의 긍휼의 징계 역시 혹독했다. 그 전염병 때문에 7만의 군인이 죽음을 당했다.

하나님은 전염병을 통해 다윗의 믿음을 함락시켰던 바로 그것, 그가 자신의 능력으로 삼았던 군대를 치신 것이다. 하나님께서 교회 갈등을 통해 무너뜨리신 것이 무엇인지 곰곰이 생각해보라. 그것은 바로 사탄의 충동에 동의했던 부분일 것이다. 예를 들면, 새로운 예배당이 필요하다고 생각을 했을 뿐인데 돌연 그 예배당이 맷돌이 되어 자신의 목에 둘리는 경우, 명예를 갈망했던 사람이 결국은 그것이 얼마나 공허하기 짝이 없는 것인지 깨닫게 되는 경우, 또 많은 교인들을 거느리기 원했는데 나중에 교회를 가득 메운 독사들을 발견하게 되는 경우 등이다.

다윗은 죄의 대가를 자신이 치르게 해달라고 하나님께 간청했다. 죽음을 당한 7만의 군사들이 그의 기도를 들었더라면 천둥과 같은 소리로 "아멘" 하고 화답했을 것이다. 하지만 하나님께서는 그의 백성을 한 유기체로 지으셨고, 따라서 한 사람이 죄를 지었더라도 그 대가는 모든 나라가 치러야 했다.

다윗을 충동하여 사탄은 무엇을 얻은 걸까? 사탄은 다윗으로 하여금 하나님과 갈등하게 했다. 사탄에게는 하나님의 백성들을 파괴할 만한 능력이 없다. 따라서 그는 하나님의 백성들이 믿음에 반하는 행동을 하도록 충동하며, 그들을 하나님과의 갈등으로 몰아넣는다. 하나님은 사랑과 거룩함으로 징계하신다(히 12:1-13). 하나님으로부터 징계를 받는 동안 하나님의 자녀들은 대적에게 강하게 맞설 수 없다. 내가 아는 한 갈등의 시기에 전도나 제자훈련의 열매를 맺을 수 있는 교회는 없다. 하나님의 백성들이 징계를 당할 때, 사탄은 하나님의 나라를 노략질하여 그 효력을 약화시킨다.

사탄의 역할

그렇다면 교회 갈등의 불을 일으킬 뿐 아니라 진화를 방해하는 사탄의 역할을 어떻게 정의할 수 있을까? 사탄에게 이끌리기 쉬운 부분들을 찾아보라. 다음이 그 예가 될 수 있다.

- 교회가 회개하고 바로 잡지 못한 과거의 죄가 있는가? 그 예로 많은 시골 교회들이 점을 치는 귀신의 관습을 따라 마을의 수맥을 찾곤 했다. 아무런 죄책감이 없이 목회자를 적절히 예우하지 않고 파멸시킨 교회들도 있다. 과거에 메워지지 않은 틈은 문제를 일으키도록 사탄을 충동할 기회가 된다.
- 운영위원회에 대한 목회자의 복종이 부족하지는 않은가? 목회자에게만 하나님의 권위가 주어진다고 주장하면서, 하

나님께서 운영위원회에 주신 권위를 부인하는 목회자들이
있다.

- 운영위원회가 목회자를 부적절한 방식으로 통제하고 있지는
  않은가? 억압적인 통제를 선호하는 것은 사탄이다. 하나님
  은 협력하는 자기절제를 사랑하신다. 사탄은 사람을 억압하
  지만 하나님은 사람에게 능력을 입히신다.
- 교회의 소유권을 두고 부적절한 태도를 보이는 사람들이나
  가족들이 있는가?

후퇴를 모르는 사탄

일단 자신의 충동으로 갈등이 시작되면, 사탄은 절대 후퇴하지 않
는다. 후퇴는커녕 많은 마귀들을 보내 부채질을 해댈 것이다. 처음에
사탄은 한 사람만을 충동한다. 하지만 문제가 커지면 불을 퍼트리기
위해 많은 이들을 자극한다.

하나님의 백성들에게 어떻게 이런 일이 일어날 수 있을까? 아직도
의아해하는 독자들이 있다면, 다음 말씀이 도움이 될 것이다. 야고보
서 3장 14-15절에서 야고보는 사탄과 하나님의 백성이 협력할 수 있
다는 사실을 지적한다. "그러나 너희 마음속에 독한 시기와 다툼이
있으면 자랑하지 말라. 진리를 거슬러 거짓말하지 말라. 이러한 '지
혜'는 위로부터 내려온 것이 아니요 땅 위의 것이요 정욕의 것이요
귀신의 것이니."

꽤나 직설적인 표현이다. 이것보다 더 분명한 표현은 없을 것이다.

야고보는 성도가 귀신의 '지혜'를 따를 수도 있다고 이야기한다. 위의 계시는 그러한 일이 어떻게 일어나는지에 대해서도 분명히 기록한다. 이 일은 마음속에 있는 사악한 생각과 태도로 가능해진다.

인간의 책임

그래도 사람에게 책임이 있다고 맹렬히 반박하는 독자들이 있을 수 있다. 나 역시 그렇게 생각한다. 사탄이 갈등을 통해 어떻게 활동하는지 설명했다. 나는 사탄을 대적하고 정복해야 하는 우리의 책임을 무마하기 위해서 이렇게 장황하게 설명한 것이 아니다. 다만 사탄에게 기회가 주어졌을 때 그가 어떻게 행동하는지를 설명하고 있을 뿐이다. 사탄은 악한 행위를 유도하고자 노력할 테지만, 더 높은 창조물인 우리는 그것을 물리쳐야 한다. 하지만 사탄이 우리 안에서 동의를 얻어내는 한, 우리는 치명적인 피해를 면할 수가 없다.

사탄과 인간 사이의 이러한 상호 작용을 바울이 어떻게 설명하는지 살펴보면서 한 단계 더 깊이 내려가보자. 에베소서 2장 1-3절의 기록이다. "그는 허물과 죄로 죽었던 너희를 살리셨도다. 그때에 너희는 그 가운데서 행하여 이 세상 풍조를 따르고 공중의 권세 잡은 자를 따랐으니 곧 지금 불순종의 아들들 가운데서 역사하는 영이라. 전에는 우리도 다 그 가운데서 우리 육체의 욕심을 따라 지내며 육체와 마음의 원하는 것을 하여."

위의 본문에서 세상과 육체, 마귀는 서로 구분이 되지 않을 정도로 긴밀히 연결되어 있다. 사탄이 어떤 성도로부터 동의를 얻어냈을 때,

그가 안착할 수 있는 곳은 이전의 삶에서 변화되지 못한 부분뿐이다. 사탄의 충동이 그곳에서만 원하는 반응을 얻어낼 수 있기 때문이다.

하지만 이것은 믿지 않는 사람들과 마귀와의 관계를 묘사하고 있는 것이 아니냐고 물을 수 있다. 맞다. 그러나 자신의 마음속으로 죄를 허용할 때, 믿는 사람들 역시 이전의 관계로 다시 미끄러질 수 있다. 사탄이 사람에게 무엇을 할 수 있는지에 대하여 기록된 신약의 모든 경고가 성도들을 대상으로 쓰였다는 사실을 잊지 마라. 또한 우리에게 어떻게 대적을 물리칠 수 있는지 충분한 계시를 주신 분이 하나님이시라는 사실도 기억하라.

사탄의 역할을 살펴보았으니 이제 교회 갈등과 관련된 모든 것들을 궁극적으로 결정하시는 분이신 하나님께로 시선을 돌려보자. 당신과 교인들을 향한 하나님의 주권적인 다루심을 살펴볼 차례이다.

하늘에서 내려오는 불

나는 빛도 짓고 어둠도 창조하며 나는 평안도 짓고 환난도 창조하나니

나는 여호와라. 이 모든 일들을 행하는 자니라 하였노라.

_이사야 45장 7절

네 하나님 여호와는 소멸하는 불이시요.

_신명기 4장 24절

그렇다면 앞으로 무엇을 해야 할까? 이제까지 언급해온 내용들을 토대로 적절히 대처해보았지만 여전히 갈등이 지속되고 있다면?

깔끔하게 정리된 공식으로도 해결할 수 없는 일이 태반이다. 냉정하게 들리더라도 어쩔 수 없다. 그것이 현실이다. 기도와 금식, 문제 해결을 위한 적절한 대처로도 교회 갈등을 제압할 수 없다면, 지금 그 갈등을 일으키고 계신 분이 하나님이실 수도 있는 문제이다. 하나님은 본인이 행하시는 바를 구태여 설명하지 않으시고 인간이 통제할 수 없는 수준에서 일하고 계실 수 있다는 말이다. 그러나 절망하지 마라. 해결책은 있다. 하나님은 거룩하고 소멸하는 불이신 것을 기억하면서 오직 믿음으로 하나님과 협력하라.

하나님의 궁극적인 목적

하나님께서는 자신의 모든 의도를 일일이 설명하지 않으신다. 하지만 우리의 전체 인생살이에서 마주할 모든 상황의 궁극적인 목적은 이미 말씀해주셨다. 자녀의 죽음이든, 실직이든, 긴 질병의 고통이든, 갈등의 불길이든 그 어떤 상황에도 변치 않는 목적 말이다. 사실 말씀은 이 모든 것의 궁극적인 목적이 이미 정해졌다고 선언한다. 그리고 그 목적은 우리가 인내할 이유로서 충분하다. 지금 당신 앞에 펼쳐진 상황이 당신의 인생을 위해 하나님께서 예정하신 것이라는 사실을 확신하라.

이러한 목적은 로마서 8장 29절에 기록되어 있다. 하지만 바로 앞절의 인기에 밀려 29절은 지나치기 십상이다. 인생 최악의 시간을 지나는 사람들을 위로한답시고 로마서 8장 28절의 말씀을 인용하는 사람들이 있다. "우리가 알거니와 하나님을 사랑하는 자 곧 그의 뜻대로 부르심을 입은 자들에게는 모든 것이 합력하여 선을 이루느니라." 그야말로 속을 긁는 소리다. 정작 상대는 자신의 인생이 불타 무너지는 광경을 처참한 마음으로 바라보고 있는데, 이처럼 쉽고 행복한 결말을 암시하는 구절을 들이대다니 말이다. 그러나 이것은 속을 긁는 것 이상의 잘못일지도 모른다. 이어지는 구절을 배제하고 28절만 인용하는 것은 하나님의 말씀을 곡해하는 처사가 될 수 있기 때문이다. 하나님이 모든 상황을 통해 가져다주시는 '선'이 무엇인지 기록된 구절이 바로 29절 말씀이다.

그렇다면 그 선은 무엇일까? 29절을 천천히 읽어보라. "하나님이

미리 아신 자들을 또한 그 아들의 형상을 본받게 하기 위하여 미리 정하셨으니." 바로 이것이다. 받아들여라. 이것이 교회 갈등을 포함한 모든 상황 속에서 하나님이 의도하시는 선이다. 하나님의 가장 높은 우선순위는 당신이 그리스도를 닮는 것이며, 그 목적을 달성하시기까지 거대한 소멸의 소용돌이는 절대 멈추지 않을 것이다. 당신이 하나님의 이 열망에 공감하지 않는다면, 제발 이 갈등의 소용돌이에서 건져달라고, 하나님의 목적을 이루시는 건 좋지만 이제는 그만 좀 하시라고 보채게 될 것이다.

하나님과 호흡을 맞추다

아무런 손도 쓰지 않고 방치하시는 것만 같은 하나님의 태도에 어리둥절한 당신은 하나님의 영광을 위해 세워진 아름다운 예배당을 기억해달라고 간청한다. 하나님을 위한 목적을 가지고 기획된 교회의 중요한 프로그램들에 대해서도 다시 한 번 설명한다. 또한 하나님의 이름을 위해 세워진 교회의 명예가 더럽혀지지 않도록 간구도 해본다. 모두 훌륭한 기도이다. 그런데 왜 하나님은 이러한 기도에 응답해주시지 않는 것일까? 당신의 마음에 하나님의 아들의 형상을 새기시겠다는 예정된 의지보다 중요한 것이 없기 때문이다. 이러한 하나님의 목적을 생각할 때, 더욱 현명한 기도는 하나님께 더 뜨거운 불을 달라 간청하는 기도일 것이다. 저명한 작가 허버트 로커 시니어가 기록한 대로 "우리의 영적 경험을 통해 볼 때, 마음속에 거하시는 성령은 정욕을 소멸하시고 의지를 사랑의 순종으로 녹이시는 불이다."[3]

하나님은 자신을 어떻게 설명하시는가

우리는 하나님의 주권을 부인하는 어리석은 신학을 내버려야 한다. 홍해를 가르신 하나님은 자기 백성을 바벨론에 포로로 내주신 장본인이다. 하나님께서 계시하셨듯이 그분은 은혜와 공의가 모두 충만하신 분이다. 이 사실을 받아들인다면 모든 갈등을 허용하시고 일으키시는 분 또한 하나님이라는 사실을 인정하게 될 것이다. 하나님의 계시가 사실이 아니라면, 하나님의 주권은 아무런 의미가 없다. 하나님은 이사야 45장 7절에서 다음과 같이 말씀하셨다. "나는 빛도 짓고 어둠도 창조하며 나는 평안도 짓고 환난도 창조하나니 나는 여호와라. 이 모든 일들을 행하는 자니라 하였노라."

그렇다고 하나님을 머리칼을 바람에 사납게 흩날리며 복수의 칼을 마구잡이로 휘두르는 '사막의 미치광이 신'으로 만드는 것은 아니니 두려워하지 마라. 하나님은 우리를 괴롭히는 걸 좋아하는 분이 아니다. 하지만 하나님의 목적, 즉 하나님의 아들의 형상으로 빚어지기 위해서는 우리의 교만한 마음을 연단하는 고난을 통과해야만 한다. 예레미야애가 3장 32-33절에서 비탄에 잠긴 선지자 예레미야는 하나님의 긍휼을 다음과 같이 묘사했다. "그가 비록 근심하게 하시나 그의 풍부한 인자하심에 따라 긍휼히 여기실 것임이라. 주께서 인생으로 고생하게 하시며 근심하게 하심은 본심이 아니시로다."

자신의 완전한 뜻을 이루고자 하시는 하나님의 의지는 단호하다. 하나님께서 사랑과 지혜로 자신의 백성에게 고난을 허락하신다는 사실을 믿게 될 때, 그분이 당신을 갈등의 소용돌이 속에서 재빨리 꺼내

주시지 않는 이유도 분명히 이해하게 될 것이다. 우리는 얼마나 무수한 예배에서 〈오 신실하신 주〉를 찬송했는가? 그 찬송의 배경이 바로 예레미야애가 3장 22-24절이다. "여호와의 인자와 긍휼이 무궁하시므로 우리가 진멸되지 아니함이니이다. 이것들이 아침마다 새로우니 주의 성실하심이 크시도소이다. 내 심령에 이르기를 여호와는 나의 기업이시니 그러므로 내가 그를 바라리라 하도다."

예레미야는 바벨론 포로생활이라는 블랙홀을 향해 발을 들이던 때에 위의 말씀을 기록했다. 이 일은 하나님께서 유대인들로 하여금 정복당하도록 허용하신 역사상 유일한 사건이었다. 이해하지는 못하더라도 세상 모든 사람들이 그 작은 이스라엘을 이제까지 보호해오신 하나님을 지켜봤다. 그런데 왜 하나님께서는 이 같은 치욕을 허용하셨을까?

하나님의 예정된 의지 안에 그 답이 들어 있다. 하나님의 가장 큰 관심은 언제나 이스라엘 백성들의 마음이었다. 하나님께서 그들에게 자유를 주시면서 보호하시는 동안 그들의 마음이 하나님을 떠났기 때문에, 하나님은 노예생활을 통해 그들을 보존하시고 훈계하시기로 작정하신 것이다. 하나님은 그들이 노예가 되어 당하는 치욕보다는 하나님을 버린 그들 마음에 관심이 있었다.

당신과 당신의 교회도 마찬가지이다. 인정사정없는 담임목사와 무능한 운영위원회 사이에서 낭패를 당했던 한 부목사는 자신이 경험한 일을 통해 어떤 가치를 찾아야 할지 모르겠다고 말했다. 그러나 지독한 갈등 상황에서 더욱 큰 지혜와 섬세함을 얻게 되지 않았냐는 질문에는 긍정적인 반응을 보였다. 그것이 하나님의 깊은 뜻이다. 교회 갈등 덕분에 그는 더욱 능력 있는 사역자가 된 것이다.

이러한 변화의 과정을 설명하기 위해, 미국 최고의 예술가로 꼽히는 버드 볼러Bud Boller가 산다는 와이오밍 주 드보아 근처 농장으로 한번 가보자. 통나무로 지은 그의 작업장 선반에는 흙으로 된 조각품들이 놓여 있다. 이것들은 찰턴 헤스턴이나 로버트 레드포드, 폴 하비와 같은 사람들을 위해 버드가 만든 청동 작품을 떠올리게 한다. 특유의 온화한 미소와 부드러운 영혼이 찬란한 생명력과 함께 그의 작업실에 넘쳐난다.

우리 대부분에게 창의력이란 표현할 길이 없는 충동에 불과하다. 그러나 버드와 같이 마음속 형상이 손가락을 통해 세상으로 태어나는 경우도 있다. 하지만 그와 같은 명인도 마지막 순간 청동을 깨뜨려야만 하는 기분이 무엇인지는 잘 알고 있다. 그의 작업 과정을 함께 따라가보자.

버드의 작업은 커다란 진흙 덩어리를 반죽하고 빚는 것에서 시작한다. 대부분 유명인의 얼굴을 소재로 한다. 뺨에 솟은 사마귀까지 매우 흡사하다. 그러고 난 후 버드는 당밀과 같은 하얀 액체를 그 위에 붓는다. 촉매제가 섞인 그 액체는 고무로 변한다. 그리고 그 고무가 '자리를 잡아가면서' 진흙의 형상이 그대로 고무에 찍힌다. 그 과정을 돕기 위해 고무 위에 회반죽을 바르기도 한다.

그는 고무를 벗겨낸 다음, 자신의 역할을 다한 진흙상을 한 쪽으로 치운다. 하지만 그 진흙상이 어찌나 보기에 흡족한지, 그냥 이걸로 가져가겠다는 사람도 있다.

그러면 버드는 말한다. "안 돼요. 진흙상은 열을 견디지 못해요. …

오래 갈 수도 없고요. 한 번만 충격을 받아도 모양이 변할 거예요. 무더위에 눈썹이 흘러내리고, 또 한파에 금이 갈 걸요. 진흙은 튼튼한 청동에 비할 바가 못 되죠."

이것은 우리에게도 적용될 수 있는 내용이다. 그리스도인들이 섬김이나 사랑, 용서를 실천함으로써 그리스도를 닮고자 스스로 애를 쓸 수는 있다. 하지만 이것은 자신 안에 형성된 그리스도의 본성이라는 청동이 아니라, 인간의 노력이라는 연약한 진흙이라 할 수 있다. 예수님을 따르던 많은 사람들이 진흙과 같은 자신의 마음으로는 감당할 수 없었던 예수님의 단호한 말씀에 등을 돌리고 떠나지 않았는가(요 6:66).

버드는 다음 단계로 넘어가 고무 거푸집 안에 뜨거운 밀랍을 부어 넣는다. 그러면 밀랍은 휘고 갈라진 틈을 모두 메워 원래의 진흙상을 그대로 재현해낸다. 진흙보다 부드러운 밀랍을 사용하는 것은 오히려 한 걸음 뒤로 물러서는 것처럼 보일 수도 있다. 하지만 이것은 청동을 만나기 위한 중요한 과정이다.

여기에서 성화되어가는 과정과 관련해 또 하나의 적용점을 발견한다. 인간적인 노력과 자기 의지라는 진흙의 단계를 넘어선 당신 안에 하나님은 부드럽고 기꺼운 마음을 허락하신다. 이즈음 당신은 "나의 뜻대로 마옵시고 아버지의 뜻대로 되기를 원하나이다"라는 기도를 시작하게 될 것이다. 그러나 아직까지는 과정이며 그리스도의 본성이라는 청동 수준에 도달한 것은 아니다.

고무 마스크를 벗겨낸 버드는 작은 밀랍 주입선을 여러 곳에 만들어놓는다. 주입선은 나중에 밀랍을 따라내고 청동을 부어넣는 구멍이 되는 마디들이다. 어차피 밀랍은 녹아내려야 하기 때문이며, 이러한 과정을 탈랍주조라 부르는 것도 때문이다.

마찬가지로 당신이 성장하는 과정 속에서 스스로 발전하고 있다고 생각하는 순간, 하나님은 당신의 삶에 구멍을 내어 부분적 성숙이라는 부드러운 밀랍을 따라내실 것이다. 이것은 성장의 한 단계이지 완성은 아니다. 완전한 그리스도의 본성을 위하여 하나님이 당신을 준비시키시는 것이다.

"갑시다. 주조소로 가야 할 시간입니다." 버드는 밀랍상을 집어 들고는 트럭으로 향한다.

생각해보라. 하늘 높은 곳에 계신 하나님께서 당신의 교회에 "가자, 주조소로 가야 할 시간이다. 교회 갈등의 뜨거운 맛을 볼 시간이다"라고 말씀하신 순간이 분명히 있었을 것이다. 하나님의 목적과 계획을 벗어나서는 어떤 일도 일어날 수 없기 때문이다.

우리는 매운 탄내가 진동하는 주조소에 도착했다. 용이 거친 목소리로 불을 토해내는 것만 같은 용광로가 우리를 기다리고 있었다. 버드는 우유처럼 보이는 걸쭉한 물질에 밀랍상을 담갔고 그것은 밀랍상 위로 굳어졌다. 그러나 그 물질이 완전히 굳어버리기 전, 버드는 그 위로 고운 모래를 흩뿌렸고, 촉촉한 막 위로 연한 모래들이 달라붙었다. 버드는 그러한 과정을 계속 반복하며 막 위에 막을 더해갔다. 그가 사용하는 모래알은 계속 굵어졌다. 모래와 점액은 엄청난 열에도 녹지 않을 만큼의 강력한 실리콘 틀을 형성했다.

마찬가지로 하나님께서 지독한 갈등을 대비해 당신을 어떻게 준비시키셨는지 생각해보라. 이제는 좀 괜찮아져야 할 때가 아닐까 생각할 즈음, 끈적거리는 갈등 위로 하나님은 모래를 뿌리신다. 아직은 영적 청동이 주입될 때가 아니기에 이 과정을 거치는 것이다. 불과 몇 년 전만해도 당신은 아주 작은 비판에도 충분히 우울해지곤 했다. 하지만 이제는 아니다. 당신은 분명 진흙과 밀랍의 상태를 벗어나 있다.

버드는 이제 용광로 안으로 밀랍상을 집어넣는다. 섭씨 1,200도까지 온도가 올라 회전을 하기까지, 분자들은 점점 더 속도를 내며 달리기 시작한다. 밀랍은 빠른 속도로 녹아 주입선으로 만들어둔 구멍을 통해 흘러나오게 된다. 지금은 매우 중요한 시점이다. 만일 밀랍이 녹는 속도가 너무 느릴 경우, 밀랍은 액체로 변하기 전에 팽창할 것이고, 그렇게 되면 그토록 정성을 들인 실리콘 틀은 부서지고 만다. 만일 그런 사태가 벌어진다면 진흙 작업부터 다시 시작해야 한다.

마찬가지로 당신 스스로 나는 그리스도를 닮는 경지에 이르렀다고 생각하는 순간, 하나님은 당신을 녹이는 작업을 시작하실 것이다. 하나님은 당신과 당신의 교회를 시련이라는 용광로 속에 집어넣어 곁에서 볼 때는 너무나도 훌륭해 보이는 밀랍이 녹아내리도록 하실 것이다. 이때 모든 것이 허무해지고 또 버림받는 것처럼 느낄 수 있다. 하지만 그리스도라는 참된 청동을 닮으려면 당신의 마음은 철저히 비워져야만 한다. 만일 당신이 여기에 부적절한 반응을 보인다면, 진흙 작업부터 다시 시작해야 한다. 하나님은 모든 것을 처음부터 다시 시작하실 것이다.

버드는 틀 속에 물을 부어 새는 곳이 없는지 확인한다. 모든 준비가 완료되었다. 그는 그 틀을 다시 용광로 속으로 집어넣는다. 이제는 타이밍이 너무나도 중요하다. 용광로의 울음을 뚫고 버드의 지시가 들린다. "지금이야!" 달아오른 틀이 벗겨졌다. 그를 돕는 공예가가 틀 위에 바가지를 기울여 쇳물을 붓는 동안 그의 땀투성이 이두근이 불끈불끈 솟아오른다. 반짝이는 가는 금속 물줄기가 바가지의 주둥이와 주입선의 구멍을 지나 틀 안으로 흘러들어간다. 눈썹과 입술, 코, 심지어는 상처까지 그 사람의 이목구비를 모조리 채워가면서 말이다.

"이제 됐어!" 그 소리에 공예가는 쇳물 바가지를 똑바로 세운다. 버드와 공예가는 서로의 눈을 쳐다본다. 그들에게 필요한 것은 시간이지만 일초 일초가 더디게 움직인다. 틀이 열이나 무게를 이기지 못하고 깨지는 날엔 다시 작업장 행이다. 진흙부터 다시 시작이다.

침묵. 아직까지는 괜찮다는 뜻이다. 사람들의 눈이 청동으로 들어찬 거푸집을 뚫어져라 쳐다보고 있다. 1분이 지나고 2분이 지났다. 희망이 차오른다. 마침내 10분… 30분…. "괜찮은 것 같은데? 부술 필요가 없으면 좋겠구면." 버드가 이마의 땀을 닦아내면서 말했다. 그것이 마치 축하 예식인 양 공예가 역시 커다란 붉은 손수건을 꺼내 자신의 이마를 닦고 있었다.

버드와 공예가는 틀이 깨져 쇳물이 바닥으로 흘러나왔던 과거의 실패담들에 대해 이야기를 나누기 시작했다. 그러다 이야기의 화제는 버드가 산에서 키우는 말과 북쪽에서 불어오기 시작한 찬바람으로 옮겨갔다. 시간이 지난다는 건 좋은 것이다.

갑자기 딱! 하는 우렁찬 소리가 들려 고요함을 깨웠다. 사람들은 이야기를 멈췄다. 딱!… 톡… 딱! 다시 또 다시. 하지만 누구도 불안해하지 않았다. 이 소리는 버드가 기다리고 있던 소리였다. 실리콘 틀은 청동보다 빠른 속도로 식는다. 실리콘 틀이 먼저 수축되면서 부서지고 떨어져 마침내 그 안에 있는 견고한 청동의 모습이 드러나게 되는 것이다.

주입선을 정리하고 작은 결점들을 손보고 청동에 윤기를 더하는 최종 작업이 이어지는 동안 버드는 휘파람을 불었다.

마찬가지로 하나님은 자신의 백성들 안에 있는 놀라운 청동, 즉 하나님의 아들의 본성이 실리콘 틀로 가려져 있도록 허락하지 않으신다. 모양이 그럴싸하기는 하지만 제 본질은 아니기 때문이다. 영적 성장의 여러 단계들 중에서 우리를 가장 당혹스럽게 하는 것은 사실 이마지막 깨어짐이다. 왜 일까? 당신은 이제까지 너무나 많은 고난을 지나왔고, 무엇보다 이미 그리스도의 모습을 굉장히 많이 닮아 있기 때문에 더 이상의 고난이 왜 필요한지 의아해한다. 하지만 이 틀이 깨어지지 않는 한, 사람들은 당신 안에 있는 그리스도가 아니라 그리스도를 닮은 무엇을 보는 데 그치게 될 것이다.

바울은 에베소서 2장 10절에서 다음과 같이 기록했다. "우리는 그가 만드신 바라. 그리스도 예수 안에서 선한 일을 위하여 지으심을 받은 자니." 그러나 우리는 아름답기만 할 뿐 혼은 없는 청동상들이 아니다. 하나님은 우리들을 영원토록 자신의 은혜를 나타낼 그리스도의 살아 있는 모형들로 만들고 있는 중이다(엡 2:7). 창조가 그의 영광과 솜씨를 드러낸다면, 우리는 연약한 진흙에서 예수 그리스도라는 청동으로 우리를 변화시키시는 하나님의 의지와 능력을 증거함으로써 하나님의 은혜를 드러낸다(롬 8:10; 골 1:27).

하나님의 거푸집

자, 이제 당신은 교회 갈등을 어떻게 이해하려는가? 당신은 이미 이전 장에서 나열되었던 갈등의 여러 원인들을 점검해보았다. 할 수 있는 모든 것을 시도해보았지만 어떠한 공식도 당신의 문제를 해결해주지는 못했다. 만일 그렇다면, 교회 갈등이라는 강한 불길이 당신이 그리스도를 더욱 닮아가도록 연단한다고 생각해도 좋다.

교인들이 성장의 어느 단계 즈음에 있는지 파악할 수도 있을 것이다. 진흙에서 벗어나지 못한 사람들도 있다. 진짜처럼 보일 수 있지만, 사실 그들은 연약하며 신뢰하기 어렵다. 고무 마스크 단계를 넘지 못하는 사람들도 있다. 그리스도께서 그들 안에 계시기는 하지만 그들의 모습은 볼품이 없고 만족스럽지 않다. 또한 밀랍 단계에서 성장을 멈춘 사람들도 있다. 그들은 자신을 녹여 청동의 자리를 준비시키는 단련을 원하지 않는다. 불을 원망하며 다른 교회로 도망친다.

실리콘 단계로 넘어가면 소수의 사람만 남는다. 이 단계에 도달한 사람들은 다른 사람들보다 더 센 열을 감당할 수는 있지만 여전히 그리스도의 능력이 아니라 자신의 능력으로 버티는 중이다. 청동이 실리콘 틀을 부수고 나와야 한다. 만일 이 틀이 너무 일찍 깨진다면 하나님은 모든 과정을 처음부터 다시 시작하실 것이다. 적절한 타이밍에 그 틀이 깨질 때 견고한 그리스도의 모습이 드러나게 된다. 변하지 않는 진리가 있다. 청동을 틀 속에 부어 넣으려면 그것이 먼저 녹아 있어야 한다는 것이다. 그리스도가 성도들의 마음 가운데 깊숙이 새겨지는 과정도 마찬가지이다.

이 마지막 단계에까지 이르는 복 있는 사람들은 매우 적다. 청함을 받은 자는 많되 택함을 입은 자는 적다. 이러한 사람들의 곁을 떠나지 마라. 이들이야말로 모든 상황 가운데 하나님의 본성과 능력을 나타내는 사람들이기 때문이다. 하나님께서 주입선을 정리하시고 미세한 결함들을 태우고 고치고 닦아서 그리스도를 닮은 인격으로 영광스럽게 광을 내시는 동안 그들을 격려해주라. 이것이 모든 성도들을 향한 하나님의 가장 우선되는 목적이다. 이것을 당신의 목적으로 삼아라. 극심한 갈등을 겪고도 교회에 남은 성도들이 더욱 그리스도를 닮게 되었다면, 그것은 분명 그만한 가치가 있는 과정이었을 것이다.

당신이 하나님의 목적에 순응할 때 갈등 속에서 일하시는 하나님의 손을 보게 될 것이다. 아울러 다음 말씀을 붙들고 기도하게 되리라. "사람의 행위가 여호와를 기쁘시게 하면 그 사람의 원수라도 그와 더불어 화목하게 하시느니라"(잠 16:7). 용광로에 불을 붙이신 하나님은 그 불을 끄실 수도 있는 분이다.

교회 갈등의 다양한 원인을 살펴보았으니 이제는 이 사나운 불에 어떻게 맞서야 할지 살펴보도록 하자.

운영위원회가

갈등의 순간에 우물쭈물하다가

마비되는 경우가 더러 있다.

어려운 결정은

미루면 미룰수록 더 어려워지는 법이다.

리더들이 아무리 오래 결정을 미뤄도

언젠가 결정은 내려질 것이고,

그 결정은 좀 더 일찍 했더라면 피할 수 있었을

나쁜 결과들을 몰고 올 것이다.

03

갈등과의
전쟁

불에는 불로 맞서라

오직 그를 견책하는 자는 기쁨을 얻을 것이요. 또 좋은 복을 받으리라.

_잠언 24장 25절

거만한 자를 쫓아내면 다툼이 쉬고 싸움과 수욕이 그치느니라.

_잠언 22장 10절

그렇다면 갈등의 원인을 어떻게 다루어야 할까? 하나님께서 우리에게 허락하신 방법과 방식들을 살펴보자. 특별히 목회자의 몰락과 교회의 붕괴로 이어질 수 있는 문제들을 다루는 것에 집중하려 한다.

산불을 끄는 소방관들은 진화를 위해 맞불을 놓는다. 불이 다른 곳으로 옮겨 붙는 것을 애초에 차단하는 것이다. 교회에 갈등이 불붙기 시작했다면, 당신 역시 맞불을 놓아 불길을 차단할 수 있다. 교회 갈등의 원인이 행실의 문제든 교리의 문제든, 하나님은 당신에게 그것을 어떻게 다루어야 할지 이미 알려주셨다. 우리가 살펴보게 될 첫 번째 방식은 정면 돌파와 치리이다.

이 중요한 리더십의 역할을 살펴보기 전에 당부하고 싶은 말이 있다. 문제를 일으키는 대부분의 사람들이 사실은 늑대의 탈을 쓴 양이 아니라 양의 탈을 쓴 양이라는 것이다. 그들은 교회에 해를 끼칠 생각이 없다. 다만 문제가 생겼을 때 어떻게 해야 할지를 몰라 혼란스러워하고 있는 것뿐이다. 따라서 과민 반응을 보이는 사람들을 다룰 때 성급한 태도는 금물이다. 자신의 평안을 위해 양들을 죽이는 실수를 범하지 마라. 털깎기가 필요한 양의 목을 베지 말라는 말이다.

교회의 치리는 목회자보다는 운영위원회가 감당해야 할 몫이다. 왜일까? 교회에 갈등이 있을 때, 여러 진영에서 목회자를 자기편으로 끌어들이기 위해 노력할 것이고, 그 와중에서도 목회자는 그들 모두를 섬겨야 하기 때문이다. 또한 공격의 대상이 목회자일 경우, 목회자가 정면 돌파나 치리를 주도한다면 자기 유익을 추구하는 것으로 비칠 수 있기 때문이다. 따라서 목회자는 이러한 과정에 참여는 해야겠지만, 주도해서는 안 된다. 따라서 이번 장의 내용은 교회 운영위원들을 위한 것이라 할 수 있다. 다음에 이어질 내용들은 마이어스타운 은혜침례교회의 운영위원회가 치리를 집행하는 동안 기록한 내용들이다. 예상할 수 없는 여러 상황들에 대비하고 당신을 영적 리더로 세우신 하나님의 부르심을 완수하는 데 도움이 되기를 바란다.

망설임을 극복하라

문제가 찾아왔을 때 시간은 당신의 편이 아니고, 우유부단함만큼 교회의 파괴를 가속화하는 것이 없다는 사실은 이미 강조한 바 있다. 지금 망설이고 있는 사람들이 자유롭게 행동하기 위해 넘어야만 하는 장애물들이 몇 가지 있다.

첫 번째 장애물은 평화를 지키는 사람과 평화를 만드는 사람의 차이를 가늠치 못하는 것이다. 평화를 지키는 사람들은 수동적이고 갈등을 피하고 싶어 한다. 그러나 이런 태도로는 문제를 해결하지 못한다. 그저 혼란을 불러올 뿐이다. 갈등의 시기에 평화를 지키는 사람들이 효과적인 리더가 될 수 없는 것도 그 때문이다.

반면 진리와 상호 이해, 용서에 바탕을 둔 평화를 이루겠다는 의지가 결연한 피스 메이커들은 갈등과 정면 대결을 펼친다. 처음에는 고통스러울 수 있지만, 이러한 정면 돌파가 균형 잡힌 정의와 긍휼과 은혜로 실행될 수만 있다면, 이것이야말로 평화를 위한 유일한 해결책이 될 것이다. 평화를 지키는 사람들이 장판을 들어 먼지를 쓸어 넣는 사람이라면, 피스 메이커들은 그 먼지를 문 밖으로 쓸어 내는 사람이다.

평화를 만드는 사람들의 태도는 우유부단함이라는 두 번째 장애물로까지 이어진다. 실수를 싫어하는 그들은 사태를 '관망'하기로 선택한다. 하지만 시간이 많지 않을 때, 리더들에겐 담대하고 분명한 사고가 필요하다. 골리앗을 마주한 다윗의 형들이 취한 태도를 한번 생각해보라. 그들은 모여 하나님께서 골리앗에게 심장마비를 주시도록 기도했을지도 모르겠다. 마찬가지로 문제를 해결해달라고 하나님께 기도하는 것만을 고집하고 싶은 사람들이 있겠지만, 하나님은 우리가 믿음으로 골리앗과 정면으로 대결하기를 원하신다.

교회의 리더들이 정면 돌파를 망설이면서 갖다 붙이는 핑계는 다음과 같다.

▪ 이 사람들은 말썽꾼이 아니에요. 무슨 오해가 있는 거예요.

- 그러다가 물주를 잃게 될 거예요. 그 사람 없이는 교회가 돌아갈 수가 없어요.
- 그의 가족들은 오랫동안 이 교회를 섬겨왔어요.
- 치리를 집행하다니, 그건 에너지를 낭비하는 일이에요.
- 교회가 고소를 당할 수도 있어요.
- 그러다가 그 사람들이 문제를 더 확대시키기라도 하면요?
- 그 사람이 친구와 가족을 데리고 교회를 나갈 수도 있어요.
- 우리가 알지 못하는 다른 이야기가 있을 수도 있어요.

이러한 걱정에 매여 있어선 안 된다. 문제에 직면했거든 행동해야 한다!

세 번째 장애물은 운영위원들의 분열이다. 분열의 원인은 다양할 수 있다. 문제에 대한 서로 다른 견해나 부족한 정보, 치리 대상에 대한 인간적인 의리, 교회의 파당들로부터 오는 압력, 치리의 대상과 자기 가족의 긴밀한 관계 등.

네 번째 장애물은 판단과 판단하는 태도 사이의 모호함이다. "판단받지 않으려면 판단하지를 말아야지"라고 말하는 사람들이 있다. 운영위원들이 망설이는 것은 평가를 위한 판단과 정죄를 위한 판단의 차이를 이해하지 못하기 때문이다. "비판을 받지 아니하려거든 비판하지 말라"(마 7:1)고 말씀하셨을 때 예수님이 염두에 두신 것은 정죄를 위한 비판이었다. 사실 우리에게는 지옥으로 정죄하고 천국으로 보상할 권리가 없다. 그러한 판단은 오직 하나님의 것이다. 하지만 잘못된 것을 판단하는 것, 즉 평가하고 분별하는 것은 우리의 권리이자

의무이다.

영적인 사람은 사람들 간의 문제를 포함하여 모든 것에 대해 올바른 판단을 내릴 수 있어야 한다. "신령한 자는 모든 것을 판단하나 자기는 아무에게도 판단을 받지 아니하느니라"(고전 2:15). 빌립보서 1장 9-10절의 내용 또한 참고하라. "내가 기도하노라. 너희 사랑을 지식과 모든 총명으로 점점 더 풍성하게 하사 너희로 지극히 선한 것을 분별하며 또 진실하여 허물 없이 그리스도의 날까지 이르고."

이상 네 가지 장애물들을 극복하지 못한다면, 운영위원회는 무력한 존재가 될 것이다. 영국의 정치인 에드먼드 버크Edmund Burke가 말한 대로 "선한 사람들이 아무 일도 하지 않는 한 악은 반드시 승리할 것이다."

목적 선언문

목적 선언문을 작성해두는 것은 운영위원회와 교회 모두에게 매우 중요한 일이다. 교회의 치리는 격한 감정을 불러올 수 있다. 따라서 나는 치리의 목적을 문서로 작성해두라고 권면하고 싶다. 이 선언문을 통해 치리의 목적을 올바로 좇는 것은 물론, 목회자가 감정의 수렁에 빠지게 되거나 원래의 동기가 왜곡될 경우, 큰 도움을 얻게 될 것이다. 이런 선언문을 생각해볼 수 있다.

"우리가 교회의 치리를 집행하는 것은 처벌하거나 보복하기 위해서가 아니다. 치리의 목적은 다음과 같다."

- 회개 : 죄인이 잘못된 행위에서 돌아서는 것을 보기 위해
- 구속 : 죄인을 하나님과의 올바른 관계로 인도하기 위해
- 보상 : 피해를 입은 사람에게 공의를 보이기 위해
- 회복 : 공동체를 다시 세우기 위해

"하나님께서 자신의 아들을 우리 각자의 마음속에 더욱 완전히 새기시는 동안 우리가 그분의 도구가 되기 위함이다."

위의 선언서가 처벌에 관한 내용을 전혀 언급하고 있지 않다는 사실에 주목하라. 이것은 긍휼에 대한 언약이다. 당신의 목적은 성도들이 그리스도를 닮아가도록 돕는 것이다. 정말로 그것뿐이다! 이러한 선언문은 긍휼한 태도를 유지하는 것이 어려울 때 당신의 마음이 제자리를 벗어나지 않도록 도와줄 것이다. 특별히 치리를 받는 사람이 당신의 노력에 적대적 반응을 보일 경우는 더욱 그러하다. 피곤이 찾아오고 이성이 흐려지고 감정이 수상한 움직임을 보일 때 운영위원들의 반응은 다양한 모습으로 나타난다.

- 사람들로 하여금 자신이 지은 죄에 대하여 책임을 지도록 하는 것이 마치 잘못인 것처럼 느껴지는 그릇된 죄책감이 찾아올 수 있다.
- 죄인을 향한 연민 때문에 올바른 문제 해결이 없이 모든 것을 내려놓으려 할 수도 있다.
- 분노가 처벌이나 복수에 대한 바람으로 이어질 수도 있다.

▪ 마음이 강퍅해져 율법적인 해결책을 도모할 수도 있다.

그렇지만 당신은 죄를 지은 사람들과 정면으로 부딪쳐야 한다. 목적 선언문은 당신이 감정과 목적의 차이를 분별하는 데 도움을 줄 것이다. 생겼다가 사라지기도 하는 것이 감정이지만, 목적은 흔들림이 없어야 한다. 문서로 기록된 선언문은 당신의 목적이 제 자리에 견고히 서 있도록 도와줄 것이다.

개인적인 준비

원칙이 아무리 옳아도 그 원칙을 전달하는 방법이 그릇되었다면 성공할 수 없다. 원칙과 방법 모두가 올바르기 위해선 영적인 준비가 필요하다. 성찬에 앞서 자신을 점검하라는 말씀(고전 11:28)과 마찬가지로, 죄에 빠진 사람을 상대하기에 앞서 자신의 마음을 점검하는 것은 매우 중요하다(갈 6:1). 우리는 스스로 자기 마음을 헤아릴 수 없다(렘 17:9). 회개하고 버려야 할 '부끄러운 것들'이 있을 수도 있고(고후 4:2) 자신은 알지 못하는 숨은 동기들이 있을 수도 있다. 이 동기들은 전혀 예상치 못한 순간 등장해 사탄에게 당신을 무너뜨릴 절호의 기회를 선사할 것이다. 따라서 방해가 될 만한 죄나 숨은 동기들을 드러내주시도록 기도해야 한다.

정면 돌파에 앞서 금식과 기도로 준비하라. 옳은 것만이 전부는 아니다. 성령께서 당신을 축복하시고 당신에게 능력을 허락해주셔야 한다. 당신이 그렇게 준비할 때

- 거대한 분쟁 속에서도 주님 앞에서 침착하고 겸손한 마음을 유지할 수 있다.
- 주님을 진정으로 의지하게 된다.
- 성령의 인도를 경험하게 된다.
- 치리를 받는 사람에게 회개를 호소할 수 있다.

논지를 철저히 준비하라

운영위원회로 누군가를 불러들이기 전, 논지를 철저히 준비하라. 세상 법정에서보다도 더욱 철저한 준비가 필요한 것은, 당신이 의뢰인을 위하여가 아니라 진실을 밝히기 위해 싸우는 것이기 때문이다. 당신의 모든 주장은 사람들의 증언과 실례로 확인되고 보장되어야 한다. 절대 소문이나 풍문으로 행동해서는 안 된다. 어린아이 폭행 사건과 같이 특별한 주의가 필요한 경우를 제외하고는 삼자대면을 강력히 요구하라.

준비하는 동안에는 치리 대상자의 시선으로 문제를 바라보도록 노력해야 한다. 하지만 준비를 마치고 난 후에는, 간결한 설명과 부인하기 어려운 내용을 가지고 정면으로 맞서야 한다.

감정적 말실수를 피하기 위해 고소 내용을 글로 기록해두는 것도 좋은 방법이다. 그러나 문제가 해결된 뒤에는 기록을 삭제해야 한다. 사랑은 악한 것을 생각하지 아니하기 때문이다(고전 13:5). 만일 치리 대상자가 다른 교회로 도망친다면 이제 그 사람을 치리할 책임이 있는 교회로 기록을 넘겨주어야 한다. 그러나 문제가 심각한 경우에는 기록을 남기기 전 그리스도인 변호사와 상담을 하는 것이 좋다. 만일의 경우, 운영위원회가 명예훼손의 책임을 질 수도 있기 때문이다.

마태복음 18장 공식

자, 이제 정면 돌파할 시간이다. 하나님은 마태복음 18장 15-20절에 일반적인 원리들을 제시해놓으셨다.

- 먼저, 상대방의 죄 때문에 피해를 입은 사람이 죄를 범한 사람을 찾아가 일대일로 그의 잘못을 지적한다. 이것의 목적은 형제를 얻기 위해서이다.
- 그가 만일 듣지 않거든, 한두 사람을 데리고 가서 두세 증인의 입으로 말마다 확증해야 한다.
- 그들의 말도 듣지 않는다면, 이제는 그 문제를 교회에 이야기해야 한다. 교회의 말도 듣지 않는다면, 죄를 범한 사람은 공동체로부터 추방을 당하게 된다.

이 공식에는 주목해야 할 몇 가지 사실이 있다. 먼저, 죄 지은 사람의 자존감을 보존하기 위해 충분히 노력한 사실에 주목하라. 가능한 한 최소 범위의 사람들로 시작하고, 그가 회개하지 않을 때만 관계자의 수가 증가한다. 그 범위 바깥의 사람들이 문제를 논하는 것은 죄를 지은 사람에 대한 무례이며 모든 과정의 후퇴를 의미한다.

둘째, 피해를 입은 사람이 죄 지은 사람을 대면할 때, 몰래 분을 품지 않아야 한다. 그런 경우, 자신이 죄를 범하는 셈이다.

셋째, 결말에 대한 기대가 있다. 회개를 하든지, 대가를 치르든지, 즉 조정을 받아들이든지, 공동체로부터 분리되든지 선택해야 한다.

넷째, 이 모든 단계들의 목적은 구속과 회개와 보상과 회복이다. 만일 분리로 과정이 마무리되어야만 한다면, 그의 운명은 자신이 책임져야 한다.

이러저러한 공식이 늘 순조롭게만 적용될 수는 없다. 이것이 우리에게 따라야 할 원칙들을 제공해주기는 하지만, 어느 정도 조정이 필요하다. 예를 들어, 누군가 전 교회를 대상으로 죄를 범했다면 그것은 이미 일대일의 수준을 뛰어넘은 것이다.

치리 대상자가 이런 공식을 무시하더라도 위협을 느끼거나 그에게 주도권을 빼앗겨서는 안 된다. 그 사람이 운영위원회도 공식을 완벽히 따른 것은 아니라면서 교회로 책임을 떠넘길 수도 있다. 모든 단계들을 완벽히 좇을 수 없을 때, 우리는 말씀의 영을 따라 완수해야 한다.

악은 악이다

우리는 온유함을 잃지 않고도 악을 악이라 부를 수 있다. 대부분의 경우, 교회 갈등에는 한 명에서 다섯 명 정도 소수로 이뤄진 악의 중심이 있다. 내가 여기에서 '악'이라는 말을 사용하는 건 공정과 진리를 거절하며 파괴적 의도를 가진 사람들을 가리키기 위함이다. 이러한 악은 부조리를 지속시키는 특징이 있다. 이들을 단순히 어리석은 교인들이라고만 볼 수 없다.

긍휼, 은혜, 공의

긍휼과 은혜와 공의로써 자신의 의무를 다하라. 야고보는 이렇게 가르쳤다. "너희는 자유의 율법대로 심판받을 자처럼 말도 하고 행하기도 하라. 긍휼을 행하지 아니하는 자에게는 긍휼 없는 심판이 있으리라. 긍휼은 심판을 이기고 자랑하느니라"(약 2:12-13).

공의는 회개할 목록을 제공한다. 긍휼은 회개라는 과분한 기회를 제공한다. 은혜는 회개 이후 과분한 자유와 기회를 제공한다. 긍휼과 은혜와 공의는 하나님의 본성에서 분리될 수 없는 것들이다. 공의가 율법을 보존한다면 긍휼과 은혜는 사람을 보존한다. 당신이 이들 중 하나라도 간과한다면 그 사람을 잃게 될 것이다. 적절한 균형으로 이 세 가지 모두를 충족하라. 그러면 그를 가장 큰 유익으로 이끌 수 있을 것이다.

다양한 반응에 대처하라

자, 이제 그를 정면으로 마주했다. 그가 보일 만한 반응들의 예를 들어보자.

- 참된 근심과 회개(고후 7:8-11)를 볼 수 있다. 그러나 이것은 굉장히 드물다.
- 자신의 권리를 침해했다고 생각해 분노할 수 있다.
- 자신의 책임을 전가하기 위해 당신 혹은 다른 사람을 탓할 수 있다.
- 권리를 주장하면서 자신의 행동을 변호할 수 있다.

▪ 자신이 한 일에 대한 심각성을 희석시키려 할 수 있다.

당신이 그 사람의 반응까지 통제할 수는 없다. 통제할 수 있는 건 당신의 동기와 방법뿐이다. 그 사람의 반응에 책임을 져야 하는 것은 그 사람 자신이다. 예를 들어 아나니아와 삽비라의 비극적 결말의 책임은 베드로에게 있지 않았다. 그들의 죽음은 그들 자신의 악 때문이었다.

대처방안을 미리 세워라

이런 다양한 반응들을 고려할 때, 행동지침을 미리 준비해 두는 것 역시 중요하다. 시작부터 치리 대상자는 회개를 거부하는데 당신의 준비가 미비한 상태라면 곤란하지 않겠는가. 다음은 만일의 경우들과 그것을 대비하여 준비할 수 있는 내용들이다.

1. 치리 대상자가 당신을 만나주지 않을 수 있다. 그럴 경우, 당신은 다음 지침대로 진행할 수 있다.

치리 대상자의 반응을 이끌어낼 권위가 있는 사람에게 그 문제를 위임할 수 있다.
그 사람을 교적에서 제외시킬 수 있다.
그가 옮겨갈 만한 교회들에 회개하지 않은 그의 행동을 공개할 수도 있다. 이것은 그 사람을 처벌하기 위해서만이 아니다. 그 교회에 대한 마땅한 의무이다. 목회자 연합 기도 모임이 점점 늘고 있다. 그러면 자신의 잘못에 책임을 지지 않는 말썽꾼들이 이 교회 저 교회로 떠돌아다니는 것조차 불가능해질 수 있다.

2. 치리 대상자가 회의에 나타나서는 문제 해결보다 공격하고 비난하는 것에 집중할 수 있다. 그 회의를 주도해야 하는 것은 치리 대상자가 아니라 당신이다. 만일 그 사람의 변호에 일리가 있다면 운영위원회는 그것을 참작해야 하지만, 원래의 목적을 잊어서는 안 된다.

3. 치리 대상자가 치리의 내용에 반박하지도 못하면서 회개를 거부할 수 있다. 그럴 경우 공정하게 판결하여 충분히 설명해줬던 행동지침을 즉시 실행에 옮겨라.

궁극적인 책임

회개하지 않는 사람이 지게 될 가장 큰 책임이라면, 아마도 근친상간의 죄를 범한 고린도 교회의 형제를 두고 바울이 말한 내용일 것이다. "주 예수의 이름으로 너희가 내 영과 함께 모여서 우리 주 예수의 능력으로 이런 자를 사탄에게 내주었으니 이는 육신은 멸하고 영은 주 예수의 날에 구원을 받게 하려 함이라"(고전 5:4-5). 한 구절씩 나누어 이 과정을 살펴보자. 이토록 극단적인 치리에서도 그 동기가 구속이었다는 사실을 알게 될 것이다.

- "너희가 모여서"는 그리스도의 몸에게 한 말씀이다. 이것은 전 회중이 죄의 심각성을 더욱 깊이 이해할 수 있도록 하는 중요한 단계이다(딤전 5:20).

- "주 예수의 이름으로"는 그 죄의 대상이 누구인지를 밝혀준다. 궁극적인 죄의 대상은 그리스도이시기 때문에 추방은 그리스도의 명예를 위함이다.
- "내 영이 함께"에서 바울의 동의, 즉 연합을 엿볼 수 있다.
- "이런 자를 사탄에게 내주었으니"는 그를 교회의 영적 보호로부터, 하나님께서 허용하시는 범위 안에서 사탄이 그를 얼마든지 괴롭게 할 수 있는 곳으로 내쫓았다는 것을 의미한다. 비슷한 예는 구약에 나타난 사울에게서 찾을 수 있다. "여호와의 영이 사울에게서 떠나고 여호와께서 부리시는 악령이 그를 번뇌하게 한지라"(삼상 16:14). 사울이 이 정도의 치리에도 적절한 반응을 보이지 못한 것은 비극적인 일이다.

《잃어버린 땅을 회복하라*Reclaiming Surrendered Ground*》의 저자 짐 로건Jim Logan 박사는 1996년 펜실베이니아 주 게티즈버그에서 열린 영적 전쟁에 관한 컨퍼런스에서, 교회의 치리는 단순히 사람의 이름을 교적에서 제명하는 것이 아니라 그 사람을 사탄에게 내어주는 것이라고 이야기했다. 그들이 사탄처럼 살기를 원하는 한, 교회는 그들을 사탄에게 내어주어야만 한다고 말이다.

바울은 이렇게 기록했다. "밖에 있는 사람들을 판단하는 것이야 내게 무슨 상관이 있으리요마는 교회 안에 있는 사람들이야 너희가 판단하지 아니하랴 밖에 있는 사람들은 하나님이 심판하시려니와 이 악한 사람은 너희 중에서 내쫓으라"(고전 5:12-13; 신 13:5; 고전 6:1-4 참조). 이와 같은 단호한 행동의 두 가지 목적은 죄인을 구속하는 것과 그리스도의 몸을 정결케 하는 것이다.

이 땅에 임한 하나님의 법정

그리스도인들이 세상 법정으로 서로를 끌고 갈 수 없다는 것은 분쟁을 조정하는 것이 교회 리더의 몫이라는 뜻이다. 교회는 성도 간의 합의를 이뤄내기 위해 이 땅에 임한 하나님의 법정이다. 고린도전서 6장 1-6절에서 바울은 말한다. "너희 중에 누가 다른 이와 더불어 다툼이 있는데 구태여 불의한 자들 앞에서 고발하고 성도 앞에서 하지 아니하느냐. 성도가 세상을 판단할 것을 너희가 알지 못하느냐. 세상도 너희에게 판단을 받겠거든 지극히 작은 일 판단하기를 감당하지 못하겠느냐. 우리가 천사를 판단할 것을 너희가 알지 못하느냐. 그러하거든 하물며 세상 일이랴. 그런즉 너희가 세상 사건이 있을 때에 교회에서 경히 여김을 받는 자들을 세우느냐. 내가 너희를 부끄럽게 하려 하여 이 말을 하노니 너희 가운데 그 형제간의 일을 판단할 만한 지혜 있는 자가 이같이 하나도 없느냐. 형제가 형제와 더불어 고발할 뿐더러 믿지 아니하는 자들 앞에서 하느냐."

맞불을 놓는 정면 돌파와 치리는 하나님께서 교회 리더들에게 주신 사역의 일부이다. 이렇게 하지 않고 교회 갈등을 해결하는 것은 불가능하다. 이 사나운 갈등의 불로 말미암아 교회는 무너질 것이다. 이제 두 번째 영역, 목회자가 취할 수 있는 행동을 알아보자.

담대한 영적 리더십

어떤 행동을 취할 것인지 선택하기에 앞서,

이 갈등이 지난 후 어떤 사람이 되고 싶은지 먼저 결정해야 한다.

무엇보다도 이 결정이 승패를 가를 것이다.

《기독교 순교사화*Foxe's The Book of Martyrs*》를 읽는 내내 마음속에서 우러나던 고결한 감정을 기억하는가? 아니면 아우카 인디언들에게 순교를 당한 선교사들의 이야기는 어떤가? 당신을 영적 위대함이 숨 쉬는 미개척지로 인도할 것이다. 보름스 회의에서 빛나던 마틴 루터의 용기나 성난 폭도들 앞에 섰던 웨슬리의 담대한 선포에 관한 기록이 당신의 영혼을 흔들어 놓지 않았는가. "나는 하나님 편에 설 것이다. 비방이여, 죽음이여, 무엇이든 오라!" 한 번쯤 이런 결심을 했을지도 모르겠다.

좋다. 하지만 그것은 고요한 신학교 캠퍼스와 같은 안전지대에서나 할 수 있는 생각이다. 지금 당신은 자신의 이름을 걸고 불같은 갈등과 실제로 마주해 있다. 용기는 온데간데없고 전혀 예상치 못한 두려움과 자기연민, 분노, 비통함, 의심뿐이다.

이것이 현실이다. 영적 위험에 직면한 당신은 예수님 옆에서 무릎을 꿇는다. 이곳이 당신의 겟세마네이다. 바로 여기서 역사가들이 묘사할 수 없었던 인간의 현실, 이전에 고난당했던 사람들의 감정을 실제로 경험하게 된다. 인간적으로 격렬히 분노하는 사람이라면 누구나 그렇듯 당신은 버림받았다는 느낌을 떨쳐버릴 수 없을 것이다. 행복한 결말에 대한 보장은 없다. 이생에서의 보상 또한 기대하기 어렵다.

갈등 관리를 넘어서

영적 리더로서 당신은 세상이 정의하는 갈등 관리 능력 그 이상의 것을 갖출 필요가 있다. 교회가 갈등하는 양상은 세상 논쟁과 완전히 다른 까닭이다. 예를 들어 노사 간의 갈등은 '내가 여기서 무엇을 얻을 수 있는가?' 라는 탐욕이 동기가 된다. 각자가 자신이 얻을 이익에 만족할 때, 계약이 성사되고 작업은 재개된다. 사람들이 서로를 좋아하거나 사랑하는지는 별로 중요하지 않다.

반면 목회자로서의 당신에겐 더 높은 수준이 요구된다. 당신의 임무는 문제를 일으키는 양을 떼어내는 것만이 아니라, 늑대처럼 행동하는 사람들에게 양이 되는 법을 가르치는 것이다. 목회자가 '눈에는 눈으로' 식으로 늑대 같은 행동을 보이는 것만큼 불명예스런 일은 없을 것이다. 따라서 상황을 어떻게 풀어갈지 그 방법을 선택할 때는 당신의 진정한 목적을 명심하라. 목적은 자기 생존이 아니라 사람들의 영적 유익에 있다. 다음은 당신이 고려해볼 만한 지침들이다. 여러 가지를 혼합해 사용할 수도 있다.

- 스텝 아웃 : 영적 모범을 보여라.
- 스텝 인 : 갈등을 조정하라.
- 스텝 오버 : 갈등 위로 비상하라.
- 스텝 업 : 갈등에 정면으로 맞서라.
- 스텝 백 : 갈등이 스스로 불타 없어지게 하라.
- 스텝 다운 : 갈등으로부터 물러나라.

스텝 아웃 : 영적 모범을 보여라

누구도 눈에 보이는 헌신을 부인할 수는 없다. 당신은 하나님의 일하심을 보이기 위해 갈등의 중심에 머물러야 할 때가 있다. 이것을 설명하려고 몇 가지 실화를 모아 이야기를 구성해봤다.

미네소타 주 로체스터에 위치한 한 교회의 청빙위원회가 프레드 머피 목사를 만나면서 갈등이 싹트기 시작했다. 청빙위원회가 프레드에게 교회에 대해 설명하기를, 영적 활기를 잃었고 교인들이 교회를 떠난다고 했다. 일부 교인들은 프레드가 그리스도와 사람들을 뜨겁게 사랑하는 걸 보니 교회의 하향세가 뒤집어지지 않겠는가 생각했다. 하지만 짐 블랜디시를 비롯한 일부 교인들은 프레드가 로체스터의 문화에는 적절해 보이지 않는다며 반대를 했다.

짐은 청빙에 반대하는 이유를 시장을 분석하듯 설명했다. "이곳은 메이오 클리닉이 있는 도시에요." 자신이 그곳에서 회계 업무를 보고 있다는 사실을 자연스럽게 상기시키면서 교양 있는 말로 자신의 교만을 가리며 말을 이었다. "우리가 목표로 하는 사람들은 전문직에 종사하는 상위 그룹이고, 그들 중 많은 사람들이 박사 학위 소지자예요. 분명한 사회 경제적 취향을 갖고 있죠."

그가 말하는 바는 분명했다. 프레드가 그 교회에 어울리지 않는다는 것이었다. 프레드는 총명했지만 초라했고, 호감이 가긴 했지만 세련되지 못했다. 회의 분위기는 납덩이를 얹은 듯 무거웠다. 하지만 어쨌든 프레드를 담임목사로 청빙하자는 결정이 내려졌다.

그 후 3년 동안 교회는 급성장했다. 새로 온 사람들은 대부분 고위 관리직이 아닌 노동자들이었다. 주지사 조찬 기도 모임과 같이 세간에서 주목하는 위원회를 맡고 있던 짐에게는 그리 유쾌하지 않은 상황이었다. 짐은 기회가 될 때마다 프레드에 대한 불신을 드러냈다. 얼마 지나지 않아, 더 높은 계층의 사람들에게 어울릴 만한 유식한 목사로 담임목사를 다시 세워야 한다는 짐의 의견에 동조하는 운영위원들이 생기기 시작했다. 그들은 자기들이 골라 뽑은 사람들끼리 모여서는 프레드를 맹비난했고 이것이 불화의 씨앗이 되었다.

그런 압박에도 불구하고 프레드는 교회를 떠날 생각이 없었다. 그는 자신을 반대하는 사람들을 사랑할 수 있는 능력을 달라고, 자기에게 구원을 베풀어달라고 금식하며 기도했다. 하지만 오랜 시간 연거푸 좌절을 경험한 끝에 결국 사임을 결심했다.

날씨가 차갑던 어느 월요일 밤, 프레드는 사직서를 작성했다. 그간의 갈등 때문에 그의 영혼은 피폐해졌다. 이제 겨우 서른여섯, 그럼에도 그는 너무 지쳐 늙어버린 것만 같았다. 심기가 불편해서인지 음식을 삼키는 것도 힘겨웠다. 그때 전화벨이 울렸다. 그는 망설이다가 수화기를 들었다. "여보세요."

비탄에 잠겨 울먹이는 짐의 목소리가 들렸다.

"목사님, 제발 와주세요. 음주 운전자가 낸 사고로 제 딸아이가 죽었어요."

마땅히 받을 벌을 받았다고 생각하고픈 유혹을 받기도 했다. 하지만 프레드는 짐의 집으로 차를 몰면서 그 생각을 거두어달라고 기도했다. 프레드가 도착했을 때, 짐은 정신이 나가 있었다. 프레드는 짐과 그의 아내, 베티를 안고는 침묵으로 그들을 위로했다. 그날 밤 프레드는 많은 말을 하지 않았다. 대신 그들을 위해 기도하고 그들을 돌보았다. 장례가 있던 다음 목요일까지 그들 가까이에 머물며 힘이 되어주었다.

다음 주일, 마지막 찬송이 끝나고 프레드는 사직서를 꺼내들었다.

"저는 이 교회가 평화를 되찾기를 바랍니다. 제가 그 일에 방해가 된다면 분명…" 그때 갑자기 짐이 일어서서는 더 이상 편지를 읽지 못하도록 프레드를 막았다.

"목사님, 안 됩니다. 사임하실 수 없습니다." 더 이상의 말은 필요 없었다. 모든 사람들이 짐이 프레드를 반대해온 것과 짐의 가정에 일어난 비극적 사건에 대해 알고 있었다. 사람들이 하나 둘 울음을 터트렸다. 한 사람이 박수를 치자 더 많은 사람들이 함께 동참했다. 기립박수가 터져 나올 때까지.

프레드는 교회에 머물렀다. 조지아에서 자란 프레드의 배경이 로체스터 중서부 문화로 돌연 변화된 것일까? 그것이 아니라면, 로체스터에 있는 이 교회가 프레드의 격식 없는 남부 문화를 받아들였던 것일까? 아니다. 고통을 통해 상호 존중이 가능해진 까닭이었다.

프레드는 갈등 가운데 그리스도의 본을 보이고자 일어섰다. 프레드의 노력은 성공을 거두었지만 당신도 이런 결말을 얻을 거라 단정하지는 마라.

다음을 주의하기 바란다.

1. 이러한 접근이 이생에서 행복한 결말을 가져다줄 거라는 보장은 없지만, 하나님은 이런 목회자를 궁극적으로 보호하시고 높이신다.
2. 이것은 위험이 클 뿐 아니라 상당한 육체적, 감정적, 영적 능력을 요구한다. 영적 모범을 보이는 데는 높은 수준의 자기 죽음이 필요하기 때문이다.

스텝 인 : 갈등을 조정하라

혹시 내 이마에 '비판을 유발하는' 무언가가 적혀 있는 건 아닐까? 갈등 가운데로 끌려 들어온 당신을 무언가가 쉴 새 없이 때려댄다. 어찌 이런 일이 일어날 수 있는지 내가 받았던 한 통의 전화 내용을 살펴보자.

"론, 잘 지내지? 우리 교회에 심각한 문제가 생겼어. 교회가 초토화될지도 몰라. 자네가 어떻게 좀 해봐."

동네 사람들이 모두 긴밀한 관계를 맺고 있고, 그렇다보니 가족의 갈등이 교회에 그대로 영향을 주기 쉬운 작은 마을에서 이 친구는 목회를 하고 있다. 시골 교회의 경우, 분노가 강렬하면서도 깊이 은폐될 수 있다.

"무슨 일이야?"

"그러니까, 어떤 여자 분이 우리 교회에서 중직을 맡으신 남자 집사님 한 분과 불륜관계라고 주장하고 있어. 이 여자 분 내외가 함께 나서서 남자 집사님을 몰아붙이고 있는데 아무래도 고소를 할 것 같아. 우리 집사님 말로는 대화가 오가면서 필요 이상으로 관계가 가까워진 건 사실이지만 외도는 아니라고 주장하시고."

"다른 사람들도 알고 있어?" 내가 물었다. 이런 뉴스가 감기보다 더 빨리 돈다는 사실을 감안할 때, 다소 무의미한 질문이었다.

"그럼, 이 부부가 여기저기 떠벌리고 다니거든. 내가 무얼 할 수 있을까? 아니면 무얼 하지 말아야 할까? 이 부부가 나를 만나자고 하네. 관계를 증명할 만한 증거가 있다고 그래."

"그 사람들이 자세한 정황을 말해준 적 있어?"

"응. 사실 그 때문에 문제가 알려지게 된 거지. 그 여자 분이 밤에 일을 하시거든. 그날 밤, 남편이 아내의 직장에 들렀는데, 차만 있고 사람이 없었던 거야. 아내를 추궁하자 그 여자 분이 우리 교회 집사님과 정사를 나누었다고 주장을 했던 거고. 우리 교회 집사님은 자신은 그날 밤 일을 하고 있었고, 그 여자 분과 함께 있을 수 없었다고 그러시고. 내가 개인적으로 우리 집사님 회사 사장님에게 물어봤는데, 집사님 말씀이 맞다고 하시더라고. 그러니 누군가는 거짓말을 하고 있는 거야."

내가 끼어들었다. "내가 이해하기 어려운 것은 남편과 아내가 한

팀이 되어서 상대 남자를 몰아붙이고 있다는 거야. 대부분 이런 경우라면 남편이 자신의 아내와 상대 남자에게 격분하게 되는데 말이지."

"맞아. 나도 그게 이상해."

양쪽 가정이 목회자를 갈등 속으로 몰아가고 있었다. 나중에 목회자가 난처해질 수도 있는 상황이었다. 사건을 깔끔하게 마무리 짓지 못한다면 교회와 지역 공동체는 편을 가를 것이다. 그리고 지평선을 집어삼킬 듯 달려드는 갈등의 불길에 가장 먼저 피해를 입을 사람은 다름 아닌 목회자가 될 것이다. 왜 그럴까? 양쪽은 서로 목회자가 자기편을 들어주기를 바랄 것이고, 목회자가 자기의 청을 거절할 경우 그를 죽이려 달려들 것이기 때문이다. 돌풍 같은 소문과 편 가르기는 교회를 파괴한다. 다음은 이런 상황에서 잠재적으로 동반될 수 있는 도미노 효과들이다.

- 두 가정이 깨질 수 있다.
- 자녀들이 평생 상처로 고통당할 수 있다.
- 사업이 망할 수 있다.
- 지역 공동체가 좋지 않은 소문으로 얼룩질 수 있다.
- 누구의 이야기를 믿어야 할지를 두고 교회가 분열될 수 있다.
- 목회자가 사역을 지속하기 힘들 정도로 상처를 입을 수 있다.
- 믿지 않는 세상은 그리스도에 대해 왜곡된 이미지를 품을 수 있다.

게다가 새로운 교회에서 사역할 기회 역시 줄어들고 말 것이다. 누구도 목회자가 그 상황에 완벽하게 대처했다고 확신하지 않기 때문이다. 따라서 목회자는 죄 없는 피해자가 될 수 있다.

다음을 주의하자.

1. 목회자는 일단 조정에 개입할지 아니면 갈등을 상담자나 변호사, 컨설턴트, 위원회 등 다른 사람의 손에 넘기고 자신은 모든 사람의 영적 인도자로서의 역할만 할지 선택해야 한다.

2. 갈등의 문제에 대처하는 것이 교회의 의무이지만, 꼭 목회자 혼자 그것을 감당할 필요는 없다.

스텝 오버 : 갈등 위로 비상하라

"주권자가 네게 분을 일으키거든 너는 네 자리를 떠나지 말라. 공손함이 큰 허물을 용서받게 하느니라"(전 10:4). 이것은 워드 펠튼 박사가 교회의 한 위원회 구성원들로부터 사임을 권고받은 후, 자신의 책상 앞에 적어 둔 성경구절이다. 그들은 워드가 성령의 능력을 부인한다고 단정했다. 그가 전통적 방식의 예배를 바꾸지 않고, 치유를 사역의 주요 주제로 삼지 않으며, '기적'의 은사들을 충분히 높이지 않는다는 것이 이유였다.

워드는 은사주의를 표방하는 무리를 교회의 한 분자로 끌어안았지만 정작 그들은 그리스도의 몸을 구성하는 지체로 남기를 거부했다. 그들은 자신들의 견해가 전 교회를 지배해야 한다고 믿었다. 물론 워드는 그것을 허용할 수 없었다. 워드는 그들을 교회의 건강한 일부로 남게 하고자 여러 차례 그들을 만나기도 했다. 워드의 마음이 변하지 않을 거라는 사실이 분명해질 때까지, 그들은 워드를 '자기들 편으로 끌어들이고자 극진한 노력'을 기울였다. 자신들의 입장을 지지하지 않는 사람은 자기들을 목회할 자격이 없다고 생각했다.

워드를 내쫓고 그 자리에 뜻이 맞는 사람을 들이겠다는 그들의 바람은 처음에는 순수해 보였다. "우리는 목사님을 위해 기도해야 해요." 그들은 이야기했다. 하지만 그들의 태도에는 교만이 묻어났다. 워드가 성령보다 자기가 받은 교육을 더 의지한다는 이야기를 퍼뜨리면서, 그들은 워드의 신뢰도를 떨어뜨렸다.

워드는 설교를 통해 호되게 나무라지도 치리를 집행하지도 않았다. 그는 자신의 영성에 대해 빈정거리는 소리에 어떤 대꾸도 하지 않기로 마음먹었다. 더 이상 장작을 올리지 않고 불이 꺼지기를 고대하면서 우아한 태도를 고수했다. 1년 후, 결국 그 무리는 워드가 거듭나지 못한 그리스도인일 거라며 교회를 떠났다. 교회는 흔들리지 않았고 오히려 성장했다.

다음을 주의하라.

1. 정면 돌파가 두렵다는 이유로 이런 접근을 시도해서는 절대로 안 된다. 그러면 더 큰 참사가 일어날 것이다.

2. 이것은 당신이 문제를 초월해 있는 동안 하나님께서 그 문제를 직접 다루실 거라는 확신이 있는 경우에 적합한 방식이다.

스텝 업 : 갈등에 정면으로 맞서라

목회자가 갈등에 정면으로 맞서는 것은 매우 위험하다. 가명을 사용한 실례들을 살펴보자.

부드러운 목소리를 가진 젊은이였으나 하나님을 섬기고자 하는 결의는 비장했던 잭 포레스터를 만나보자. 새로운 교회로 부임한 지 얼마 되지 않아, 그는 과거에서 현재까지 교회 안에 도사리고 있던 심각한 도덕적 문제를 발견하게 된다. 교회 운영위원들이 그 문제와 정면으로 맞서기를 원한다고 확신했던 그는 치리의 필요성에 대해 언급했다. 그런데 운영위원회는 잭을 교회에서 몰아내자는 반응을 보였다. '오랜 친구들'을 건드린 것에 대한 대가였다. 납득이 되지 않는 사임 소식을 들은 지역 신문이 교회에 인터뷰를 요청했다. 운영위원회가 침묵으로 일관하는 가운데 다음날 신문에는 다음과 같은 기사가 실렸다.

기대가 충족되지 않을 때, 누군가는 떠나야 한다

성직자나 목사, 사역자는 오기도 하고 가기도 한다. 그들은 정기적으로 이 교회에서 저 교회로, 이 마을에서 저 마을로 옮겨 다닌다. 더 큰 사역을 위해 옮겨가는 경우도 있지만, 꼭 그런 것만은 아니다.

하지만 제일침례교회와 서로 다른 길을 가기로 한 잭 포레스터 목사의 경우와 같이 우리의 호기심을 끄는 경우도 있다. 보통 교회와 그 교회 담임목사에 대해 관심을 갖는 이들은 교인들뿐이며, 성직자들의 인사 관련 내용이 신문지상에 오르는 경우도 거의 없다. 하지만 제일침례교회의 안수집사회에서 보내온 발표 자료는 포레스터 목사의 사임에 대한 우리의 관심을 증폭시켰다. 그 자료는 포레스터 목사가 헌신적으로 사역하고 찬양의 은사로 지역 공동체에 기여했던 내용들을 소개하고 있다.

그러나 일곱 문장으로 이뤄진 발표 자료는 다음과 같은 씁쓸한 내용으로 끝을 맺었다. "서로 다른 목표와 비전, 기대, 사역 스타일을 이유로 서로 합의하여 포레스터 목사의 은사가 다른 교회 교인들을 섬기는 일에 사용되는 게 좋겠다는 결론을 내렸습니다."

따라서 분명하지 않은 이유로 포레스터 목사는 자신의 양떼를 떠나는 것에 동의한 것으로 보인다.

물론 여기에서 완벽한 모순은 기독교인들로 이뤄진 교회가 자신의 목사를 공격할 수 있고, 또 실제로 그렇게 하며, 하나님도 모르실 법한 이유로 그들을 쫓아낼 수 있다는 것이다.

기사에 딸려 나온 삽화에는 직장을 찾는 목사의 모습이 그려져 있었다. 삽화의 제목은 '새로운 일을 찾아 나선 제일침례교회 목사'였다. 책상에 앉은 카운슬러는 목사에게 이렇게 물었다. "포레스터 목사님, 고위직 사람들을 좀 아시는 것 빼고 다른 쓸 만한 기술은 없으신가요?"

잭이 다른 교회의 도움을 받으면서 새로운 기회를 기다리는 동안, 그의 아내는 한 시간이나 걸리는 곳으로 일을 다녀야 했다. 다행인 것은 그의 가족들에게 '스텝 업'의 결과로 찾아온 대가를 견딜 만한 능력이 있었다는 사실이다.

다음을 주의하라.

1. 이 시대에 지도자란 자리는 아주 치명적인 직업이다. 당신의 처신이 아무리 성경적으로 손색이 없다 해도 운영위원회나 교인들이 호응해줄 거라는 보장은 없다.

2. 선이 언제나 승리한다는 믿음은 옳지만, 그 승리는 이생에서 이뤄지지 않을 수도 있다.

3. 정면 돌파가 당신의 심신을 지치게 할 수도 있다. 압박이 극심할 것이다. 그러므로 당신의 몸과 마음과 개인적 관계들이 건강하도록 주의하라.

스텝 백 : 갈등이 스스로 소멸하게 하라

빌 옥스 목사가 승산 없는 자리에 말려든 경위는 다음과 같다. 새로운 교회로 부임을 했는데, 알고 보니 지난 13년 동안 다섯 번이나 목사를 갈아치운 교회였다. 불길한 징후였다. 바로 직전에 사임한 목회자는 심각한 스트레스로 병원 신세를 져야 했을 정도였다. 예배 스타일과 시간, 신학적 성향, 사역자의 책임 등 여느 교회에서는 일상적인 문제들이 유독 이 교회에서만큼은 큰 소란거리가 됐다. 갈등이 심해질지도 모른다는 두려움 때문에 운영위원들은 꼼짝할 수 없었고 한 발도 전진하지 못했다.

표면적 관계들은 아무런 문제가 없어 보였다. 모두들 거룩한 미소로 서로를 대했다. 하지만 잔잔한 수면 아래에는 팽팽한 긴장감이 맴돌았다. 권력 싸움이 여러 세대를 걸쳐 깊이 뿌리내리고 있었다. 하지만 사람들은 서로 부딪칠까 조심했다. 한번 폭발하면 회복이 불가능할 거라 생각했기 때문이었다. 대신 그들은 목사를 트집 잡아 피상적인 문제들을 걸고 넘어졌다. 교인들 사이에서 소름끼치는 연합이 이뤄졌다.

곧 교인들은 빌을 진노의 대상으로 삼을 명목을 찾아냈다. 진보적이었던 그가 주일학교 선택과목으로 고등비평반을 개설한 것이다. 보수적인 교회도 그리스도와 같이 성숙한 태도로 자유주의 목회자를 다룰 수 있다고 생각하는 독자들이 있을 것이다. 하지만 이 교회는 그렇지 않았다. 어떤 이는 아무리 많은 사람들이 등록을 하더라도 절대 그 과목을 개설하면 안 된다는 협박성 경고를 던지기도 했다.

성경공부반 개설 문제를 두고 편이 갈렸고, 빌은 희생양이 되지 않기로 결심을 했다. 그는 뒤로 물러서서 두 무리가 직접 싸워 그 문제를 해결하도록 했다. 빌이 설명한 당시의 정황이다. "컨설턴트는 뒤로 물러나 그들이 서로 정면으로 부딪히도록 내버려두라고 조언했죠. 그러자 교회의 역기능적 모습이 드러났어요. 즉각적이고 강력한 정서적 정화가 있었어요. 교인들은 울고, 소리치고, 손가락질하고, 발을 구르더라고요. 야비한 고소들도 오갔어요."

"예배 시간이 가까워질 즈음, 성경공부반의 개설 여부를 투표에 부쳤어요. 서너 명의 교인들이 고개를 저어 반대를 표시했지만, 훨씬 더 많은 수의 교인들은 분명한 목소리로 찬성을 표시했죠. 나는 그 결정을 받아들여 다음 주부터 개설하겠다고 선언했어요. 친구들을 협박하고 교회를 떠나겠다고 으름장을 놓던 일부 사람들(여전히 그 정체가 분명하지는 않지만)의 권력 싸움이 실패하고 말았죠."

"예배를 마치고 몇몇 교인들이 그 결정이 몰고 올 여파를 논의하려

사무실을 찾았어요. 어떤 여 집사님은 성경공부반 개설을 반대해 나를 협박했던 사람에 대해 분노했어요. 그가 누구냐고 묻더라고요. 나는 그 사람의 정체를 밝힐 수가 없었지요. 그 사람은 묵묵히 입을 다물고 있었어요. 그가 그 방에 있던 자기 남편이라는 사실을 알 턱이 없었죠."

나중에 그 교회는 결국 무너졌다. 빌의 가족은 심각한 문제들로 고통을 받았으며 빌은 내과치료와 심리치료를 받게 되었다. 빌의 신학에도 의문의 여지가 있기는 했지만 목회자들을 파멸로 몰고 가는 조직적 문제에 찌든 보수적 교회가 더 심각한 문제였다.

다음을 주의하라.

1. 하나님에 대한 순종으로 물러서기로 선택했는가?

2. 당신은 그 결정에 따라붙을 심각한 압력을 견뎌낼 만큼 정신적 · 육체적으로 건강한가?

3. 가족들은 당신의 결정에 완벽히 동의했는가? 또한 당신의 결정에 따르는 불법과 부조리가 가족 간의 관계와 하나님과의 관계에 악영향을 끼치지 않도록 하겠다고 결심했는가?

4. 당신이 교회에 머물기 바라는 사람들이 충분히 많은가?

5. 분별력 있는 사역자들로부터 공정한 조언을 구해보았는가?

6. 견디기 힘든 시간을 지나는 동안 마음을 터놓을 멘토가 가까이 있는가?

스텝 다운 : 갈등으로부터 물러나라

조직적인 문제를 해결하기 위한 마지막 접근법은 사임이다. 당신이 너무 오래 기다리지 않았다면, 이것은 포기의 문제가 아니다. 이것은 필요한 때에 터진 카타르시스적 폭탄이 될 수 있다.

새로운 교회로 부임한 지 8개월 만에 이 접근법을 사용한 로저 앨트워스 목사의 경우가 그랬다. 그 교회로 부임하기 전, 그는 반목하는 파당들에 대한 이야기를 전혀 듣지 못했다. 자신의 인도를 따라 성장하기 원한다는, 지극히 듣기 좋은 이야기만 들어왔을 뿐이다. 그러나 자신의 모든 제안이 받아들여지지 않는다는 사실을 발견하는 데는 그리 오랜 시간이 필요하지 않았다. 그리고 이런 반대는 공격으로 돌변했다. 목사가 자신들을 무시한다고 고소하는 사람들이 생겨났다. 목사가 자신들을 이용해 자기 이름을 높이려 한다고 이야기하는 사람들도 있었다. 목사가 목사관 대신 자기 집에 살기를 원했다는 이유로 배은망덕하다는 소리를 하는 사람들도 있었다.

부임한 지 6개월, 목사를 둘러싼 소용돌이는 더욱 거세졌다. 로저는 각각의 무리들을 만나, 그들의 불만을 이해하고 그들을 치유하려 애를 썼다. 하지만 그러면 그럴수록 사람들은 서로를 향한 혐오를 쏟아낼 뿐이었다. 그들은 그렇게 서로 정면으로 부딪히는 것을 피하고 있었다.

로저의 세 자녀는 십대 초반이었고, 아내는 직장에 다니고 있었다. 그는 가족들의 스트레스를 가중시키고 싶지 않았다. 또한 교회 파당들이 하나님의 말씀에 반응하지 않았기 때문에, 회개와 회복을 기대하는 것은 무리라는 확신이 들었다. 따라서 부임한 지 8개월 만에 그는 사임을 결정했다. 다음은 로저의 사임 사실을 전한 편지 내용이다.

여러분의 목사가 되기로 결정했을 때, 저는 교회 운영위원회가 제게 말씀해주신 내용을 굳게 믿었습니다. 이 교회가 자신을 성장으로 이끌어줄 목사를 기다리고 있는 사랑이 많은 교회라는 말씀 말입니다. 하지만 그것은 사실이 아니었습니다. 교회 안에는 제가 부임하기 전부터 존재했던 파당들이 있었고, 그들의 분노는 교회의 발전을 가로막았습니다.

처음에는 저의 모든 제안들이 그토록 강한 비판에 부딪히는 이유를 이해하지 못했습니다. 하지만 이제는 알겠습니다. 여러분들은 서로에게 저질러온 여러분 자신의 죄를 직접 대면하지 않고, 목사가 문제라는 환상을 만들어내고 있는 겁니다.

제가 지금 사임을 하지 않는다면, 여러분들은 스스로 옳다고 믿게 되실 겁니다. 여러분들은 저를 반대하는 일에 여러분들의 모든 시간을 쏟으실 거고, 저는 그런 여러분들을 설득하기 위해 제 시간을 모두 쏟아 붓겠지요. 이건 아무 의미 없는 일입니다.

우리 마음을 강퍅케 하고, 진짜 문제들을 가리는 행위일 뿐이기에, 저는 사임을 하기로 결심했습니다. 이제 여러분들은 홀로 남게 됩니다. 문제를 직시할 것인지, 아니면 계속해서 문제를 부인할 것인지 선택하셔야만 합니다. 암에 걸린 것을 부인한다면 생명을 살리기 위해 꼭 필요한 수술을 받을 수 없습니다. 마찬가지로 여러분들이 아무런 변화없이 자기 안에 있는 암을 부인하신다면, 여러분들은 살 수 있는 기회를 놓치실 겁니다.

이 수술을 위해 여러분들이 인정하고 해결해야 할 문제들을 적어두었습니다. 여러분들은 그것을 무시하실 수도 있고, 진짜 문제들과의 정면 대결이라는 어려운 과정을 견디기로 선택하실 수도 있습니다. 만일 여러분들이 전자를 선택하신다면, 결국 이 교회는 죽음을 맞이하게 될 것입니다. 하지만 후자를 선택하신다면, 여러분들은 목회자가 이 교회를 영적, 수적 성장으로 이끌도록 도우실 수 있을 겁니다.

이러한 당부와 함께 그는 떠났다.
다음을 주의하라.

1. 당신의 사임이 너무 이르다면, 당신은 교회 문제에 대한 정확한 그림을 교회에 보여줄 수 없을 것이다.

2. 반면 당신의 사임이 너무 지체된다면, 사람들은 당신을 교회의 골칫거리로 볼 것이다. 그럴 경우, 당신의 사임은 교회에 긍정적 충격이 될 수 없다.

3. 비꼬는 말투는 안 된다. 분명하고 감정이 섞이지 않은 사실적인 서술만을 제시하라.

거대한 불길 속에서 이 여섯 가지 접근들 중 무엇을 사용해야 할지, 나는 당신에게 조언해줄 수가 없다. 기도하는 가운데 스스로 생각해보아야 할 문제이다. 그러나 당신이 뭘 택하든 꼭 기억해야 할 것은 자신의 마음을 지키는 것이다(잠 4:23). 이번 장을 시작하면서 논의했던 태도를 기억하고, 갈등이 지난 후 어떤 사람이 되고 싶은지를 먼저 정하라. 무엇보다도 이것이 당신의 승패를 결정지을 것이다.

　이제 교인들의 역할에 대해 이야기해보자. 교회가 갈등을 겪을 때, 교인들은 무엇을 할 수 있을까? 이 책은 교회 리더들의 필요를 위해 쓰였다. 그러므로 당신이 다음 장의 내용을 전 교인들과 함께 나눌 수 있는 방법을 찾아보았으면 한다.

교회가 취할 수 있는 행동

> 너희 중에 누구든지 크고자 하는 자는 너희를 섬기는 자가 되고
>
> 너희 중에 누구든지 으뜸이 되고자 하는 자는 너희의 종이 되어야 하리라.
>
> 인자가 온 것은 섬김을 받으려 함이 아니라 도리어 섬기려 하고.
>
> _마태복음 20장 26-28절

리더가 아닌 일반 성도로서 교회의 갈등을 해결할 방법을 모색하고자 이 책을 읽고 있는가? 그렇다면 당신은 칭찬받아 마땅하다. 교회 식구들이 흩어지는 모습을, 그것도 아무것도 할 수 없는 무력함을 느끼며 지켜본다는 건 우리에게 좌절감을 안겨준다. 하지만 하나님은 당신이 위기 가운데서도 리더 자리에 있는 사람들보다 더한 능력을 발휘할 수 있는 방법을 이미 알려주신 바 있다. 최소한 당신은 교회 갈등 속에서 없어서는 안 될 사람이 될 수 있다.

능력과 지위

리더십은 능력이지 지위가 아니다. 하지만 리더십의 지위를 누리면

서 능력은 없는 사람들이 무수히 많다. 반면 리더십의 지위는 마다하지만 사람들을 이끄는 능력을 가진 사람들도 있다. 내가 말하는 능력은 존경을 이끌어내는 성령의 내적 능력, 즉 사람들의 생각과 감정을 이끌어내는 무언의 권위이다. 하나님께서 당신의 의견을 옳다 인정하실 때, 사람들은 직관적으로 당신의 리더십을 감지하게 된다.

경영 연구가이자 컨설턴트인 로버트 그린리프Robert Greenleaf는 자신의 책에 《서번트 리더십 원전Servant Leadership》이라는 제목을 붙였다. 책 내용 일부를 소개한다.

> 이 이야기에서 우리는 신화 속으로 여행을 떠난 한 무리의 사람들을 만나게 된다. … 주인공의 이름은 레오인데 그는 허드렛일을 돕는 하인이었다. 하지만 특유의 발랄함으로 일행들을 위해 노래를 불러 힘을 북돋아주는 사람이기도 했다. 그의 존재감은 대단했다. 레오가 사라지기까지 모든 일이 순조로웠다. 어느 날 그가 사라지자 일행은 혼란 상태에 빠졌고 여행은 중단되었다. 하인 레오가 없이 여행을 완수하는 것은 불가능했다. 몇 년의 방황 끝에 레오를 발견한 그들 일행 중 한 사람은 자신들의 여행을 후원했던 결맹단체로 들어가게 된다. 그곳에서 그는 레오를 만난다. 그런데 이제까지 하인인 줄로만 알았던 레오가 그 단체의 최고지도자라는 사실을 알게 된다. 레오는 그 단체를 이끌어나가는 정신이자 위대하고 고결한 지도자였다.[4]

이것이 내가 말하는 능력이다. 이것은 타고나는 능력이 아니라, 성령께서 주시는, 누구나 소유할 수 있는 능력이다. 물론 섬기는 리더십이라는 말은 그린리프가 특정 리더십을 설명하기 위해 만든 용어이다. 하지만 모든 제자들을 위해 이러한 개념을 창조하신 분은 예수님이시다. 따라서 모든 평범한 성도 역시 섬기는 리더십을 삶의 양식으로 삼기 위해 이러한 용어의 개념을 되새겨야 한다고 생각한다.

수건의 능력

왜 교회가 분열되는가? 섬기는 마음이 부족한 탓이다! 섬기는 마음은 리더십의 능력을 위해 꼭 필요하다. 사람들이 서로를 섬기기로 결심하기만 한다면 어떤 문제도 그 교회를 분열시킬 수 없다. 반면 각자가 자신의 의견을 마치 하나님의 의견인양 붙들고 놓지 않을 때, 그 교회는 힘을 잃는다.

자아라는 우상이 교회를 다스릴 틈을 주면 교회는 분열된다. 이 우상은 '의견'으로 자신을 표현한다. 이 우상이 강력할수록 의견은 완고하며 분열 또한 극심해진다. 자아라는 우상은 진리 자체가 아닌 오직 자신이 그 진리를 어떻게 인지하는지에만 관심을 갖고, 결국 이것은 공의에 대한 왜곡으로 이어진다. 그리고 이것을 이겨낼 교회는 어디에도 없다.

자아가 처음으로 인간의 마음에서 왕좌를 차지한 건, 아담과 하와가 자아의 신격화라는 사탄의 거짓말에 속아 넘어간 때부터였다(창 3:1-6). 자아는 신적 위대함을 열망한다. 자아의 헛된 욕망은 교만하고 고집스런 지배 뒤에 숨어 모든 갈등을 일으킨다.

누군가의 지위에 복종할 때 일치와 평화가 우리를 다스릴 것이라는 말은 거짓이다. 철저한 속임수다. 한 사람의 자아라는 우상이 다른 사람의 자아에 복종하도록 강요될 경우, 그곳에는 일치와 평화가 있을 수 없다.

예수님은 크고자 하는 열망을 한 마디로 정의하셨는데, 바로 "섬겨라"였다(마 20:26-28). 수건을 들고 무릎을 꿇고 섬겨라. 간단하다. 그런데 정말 간단할까? 예수님은 우리가 모든 사람들, 즉 우리를 악의적으로 이용하고 열렬히 대적하는 원수들까지 섬기길 원하셨다.

이 말씀에 당신의 오장육부가 불쾌함으로 몸서리칠 것이다. 나도 안다. 나 역시 그렇게 반응할 때가 있다. 예수님이 옳다는 사실을 알지만, 여전히 그 명령은 비현실적으로 들린다. 결국 원수들이 승리하고 우리는 패배할 것이다. 우리는 연약하고, 우유부단하며, 잘못된 사람들에게 승리를 건네는 사람처럼 보일 것이다. 게다가 그들은 이제까지 너무나도 불쾌하고 불공평한 태도로 일관하며 우리에게 지나친 것들을 요구하지 않았던가. 그들을 섬긴다는 것은 불가능하게 느껴진다.

그렇다보니 우리는 여태껏 문제를 다뤄온 익숙한 방식, 즉 그들에 맞서 우리 자신의 의견을 거침없이 전하고 그들을 깔아뭉개는 방식으로 되돌아가고픈 유혹을 느낀다. 진리 안에 굳건히 서야 할 때가 있지만, 그것 역시 사랑 안에서 수건을 들고 무릎을 꿇는 태도로 이루어져야 한다. 그렇지 않으면 한 자아라는 우상이 다른 자아라는 우상에 정면으로 맞서는 것밖에 되지 않는다. 우리의 유한한 대적만큼이나 한심하고 연약한 존재가 되는 것이다.

반면, 칼이 수건을 이긴 경우는 한 번도 없었다. 그것은 참된 종에게 인도할 힘을 주시는 분은 하나님이시기 때문이다. 역사상 반목하는 원수들은 칼을 칼로써 상대해왔다. 전쟁터에서 용감히 싸워온 용사들은 죽음을 당하는 반면, 종들은 왕의 보좌에서 영접을 받았다.

요셉이나 다니엘과 같이 원치 않는 곳에서 수건을 들고 종으로서 섬겨야 하는 경우도 있다. 요셉과 다니엘은 모두 이방 나라에서 이방 왕을 섬겨야 했다. 그들이 싸우지 않고 섬겼다는 사실에 우리는 주목해야 한다. 그 결과 그들은 조언자를 능가하는 역할을 감당할 기회를 얻었다. 그들의 통찰은 말 그대로 왕들은 물론 그 나라들, 종국에는 세계 역사의 길을 인도했다. 이와 같이 섬기는 것은 리더십의 가장 강력한 형태이다.

알려지지 않은 영웅 이야기

성경 역사를 한 장 한 장 읽다보면 종의 모습으로 섬겼던 사람들의 놀라운 이야기들을 발견하게 된다. 그들의 이야기는 더 유명한 사람들에 대한 기록들로 가려져 있는 경우가 대부분이다. 하지만 하나님은 그분의 경륜을 따라 그들에게 그들이 섬겼던 유명한 사람들보다 더 큰 상급을 주실 수도 있다.

가장 먼저 떠오르는 사람은 모세의 장인 이드로이다(출 18:13-27). 그는 양을 치던 모세를 애굽으로 보냈는데, 이는 자신의 딸 십보라와 두 손자들도 떠나보낸다는 의미였다. 모세가 사정상 가족을 집으로 다시 돌려보낼 때도 있었는데, 그때 모세를 대신해 가족들을 맡아주기도 했다. 그리고 수고에 대한 아무런 불평도 없이 모세를 만나기 위해 가족들을 데리고 광야로 나왔다. 섬기는 마음을 가졌던 장인은 이스라엘을 다스리는 문제에 대하여 모세에게 조언할 충분한 자격이 있었다. 그리고 이드로의 조언은 모세의 삶을 구했고, 나일 강에서 약속의 땅 근처에 이르기까지 모세의 리더십을 견고히 하는 역할을 했다.

좀 더 거슬러 올라가면, 아름다운 여인 아비가일이 등장한다. 그녀는 다윗이 자기 손에 불필요한 피를 묻히지 않고 왕의 자리에 나아가도록 그를 인도했다(삼상 25장). 나중에 그녀는 다윗의 아내가 되었다. 이후에 그녀가 다윗에게 어떤 영향을 미쳤는지 역사서들은 정확히 언급하지 않는다. 하지만 그녀가 얼마나 많은 공의로운 결정들로 다윗을 인도했을지 상상해볼 수 있다.

반면 밧세바에 대해서는 그녀가 아름다웠고(삼하 11:2) 불충했고(삼하 11:4) 다윗에게 요구가 많았고(왕상 1장) 풍성한 은혜를 필요로 했다는 (오직 은혜로만 예수 그리스도의 족보에 이름이 오를 수 있었기 때문이다) 사실 외에는 아는 바가 없다. 오히려 이런 상황 속에서 다윗 왕보다도 더한 도덕적 우월함을 보여주면서 의의 길로 인도하는 종으로 등장했던 사람은 그녀의 남편 우리야였다. 그는 이스라엘이 전쟁을 치르는 동안 아내와 동침하기를 거절했다(삼하 11:8-11). 다윗의 명령에 의해 우리야는 살해당했다. 그의 의로움이 다윗의 영혼을 훈계했을 것이다. 우리야가 무덤으로부터 얼마나 많은 역사적 사건들에 영향을 끼쳤을지 누가 알겠는가.

많은 역사의 장들을 지나 브리스길라와 아굴라, 아볼로에 대한 내용이 기록된 페이지로 넘어가보자(행 18:24-28). 그곳에서 우리는 평신도 부부의 도움을 받았던, 학식 있고 명석한 아볼로를 만나게 된다. 브리스길라와 아굴라는 아볼로의 이런 모습에 위협을 느낄 수도 있었다.

요한의 세례밖에 알지 못했던 그를 비판할 수도 있었다. 하지만 그들은 겸손의 옷을 입었고, 아볼로를 집으로 초대해 더욱 완전한 길에 대해 가르쳐주었다. 아볼로보다 많이 교육받지 못했던 이 두 사람이 어떻게 그를 가르쳤을까? 그들 안에 있는 섬기는 영으로 가르쳤으리라.

섬기는 자들은 어디서든 환영받는다. 은막 위에 모습을 드러내지 않으면서 다른 사람들이 성공할 수 있도록 돕는 자들을 필요로 하는 곳은 정말 많다.

섬기는 리더십을 위하여

로버트 그린리프의 책, 《서번트 리더십 원전》의 부제는 흥미롭다. '진정한 능력과 위대함의 본질을 향한 여정.' 고민한 흔적이 보이는 단어인 '진정한 능력과 위대함'에 주목하라. 수건으로 섬기는 마음을 표현하는 사람들만이 진정한 능력을 갖는다. 다른 모든 능력은 한시적이며, 결국은 연약함을 드러내게 될 것이다. 섬기는 마음은 신념이고 기질이며 사고체계이며, 무엇보다 하나님에 대한 순종이다.

그렇다면 앞에 소개한 이야기들에 등장하는 사람들은 어떻게 섬기는 리더가 되었을까? 이것은 그들의 성격보다 더 깊은 곳을 파고드는 문제이다. 바른 마음으로 적절한 순간 적절한 말을 할 수 있는 권위는 벼락치기로 준비할 수 있는 자질이 아니다. 누군가의 말대로 "인격은 평생의 업적이지 즉각적인 선물이 아니다."

성경에는 이드로와 아비가일, 우리야, 브리스길라, 아굴라의 전기가 기록돼 있지 않다. 그러나 그들이 힘을 실어준 유명 인사들보다 오히려 그들이 더욱 엄격한 준비과정을 거쳤다는 사실은, 명백히 드러난다. 그리고 이들이 섬겼던 리더들보다 더한 지혜와 힘과 도덕성을 보여준다.

그들의 지위는 자기 노력이나 자기 열정으로 얻은 것이 아니었다. 하나님께서 주신 권위, 즉 유일하고 진정한 권위를 통해서 부여받은 것이었다. 하나님께서 권위의 자격인 지위와 권위를 사용하는 능력인 실행력을 허용하실 때 바다가 열리고 거인이 쓰러지고 성벽이 무너지며 적군이 흩어지고 산이 바다로 옮겨진다.

이런 진정한 권위는 다른 누군가가 줄 수도 없고, 사람이 막을 수도 대적할 수도 없다. 말 그대로 지옥에 천국을 옮겨오고, 교회가 음부를 뚫고 승리하게 하고, 소망이 없는 상황 속에서 사람들을 끌어내는 권위이다. 목회자들과 교회 운영위원들, 누구든 이 권위를 얻을 수 있다. 이 길을 향해 길고도 힘든 과정에 자기를 내어 맡기고 몸소 위대한 수건을 매신 그리스도께서 당신 안에 새겨지도록, 자기에 대해 죽을 준비가 된 사람이라면 누구나…

이것이 위기에 처한 교회를 진정으로 섬길 수 있는 유일한 방법이다. 수건을 매고 무릎을 꿇는 것이 능력이라는 사실을 보여주신 분의 생애와 그 영향력을 생각해보라. 그리스도의 시대에는 정치적 부패와 사회적 부조리, 도덕적 타락, 바리새인의 종교 문제가 심각했다. 하지만 예수님은 반대하는 구호를 외치지도, 황제의 성 앞에서 행진을 하지도, 군사적 행동을 촉구하지도, 유대교를 분열하려 애쓰지도 않으셨다. 그는 세상과 교회라는 무대에서 사랑으로 진리를 선포하셨고, 수건을 들고 무릎을 꿇으셨다.

결과는 어땠는가? 지위가 없으셨던 이분에게는 능력이 있었다. 권위의 자격과 그것을 효과적으로 사용하실 자격 모두를 갖추셨던 것이다. 그분은 귀신에게 명령하셨고 제자들을 훈련하셨으며 죄와 죽음을 이기셨고 영원한 역사의 과정을 바꾸어놓으셨다. 그리고 이렇게 말씀하셨다. "나를 따르라!"

배짱 버리기

진정한 권위와 능력을 입기 위해 먼저 무엇을 해야 할까? 배짱을 버려야 한다. 자기를 스스로 통제하려는 욕망을 깨뜨리고 성령을 힘입어 담대해져야 한다. 그런데 어떻게 이 일을 할 수 있을까?

먼저 그리스도의 삶 속에서 답을 찾을 수 있다. 십자가에서 보여주신 아버지에 대한 기꺼운 복종의 결과로 하나님은 그리스도를 지극히 높이셨다. 빌립보서 2장 8-11절을 생각해보라. "사람의 모양으로 나타나사 자기를 낮추시고 죽기까지 복종하셨으니 곧 십자가에 죽으심이라. 이러므로 하나님이 그를 지극히 높여 모든 이름 위에 뛰어난 이름을 주사 하늘에 있는 자들과 땅에 있는 자들과 땅 아래에 있는 자들로 모든 무릎을 예수의 이름에 꿇게 하시고 모든 입으로 예수 그리스도를 주라 시인하여 하나님 아버지께 영광을 돌리게 하셨느니라."

우리집 서재에는 "십자가가 없이는 면류관도 없다"라고 쓰인 액자가 걸려 있다. 예수 그리스도 역시 고난을 통해 권위를 가지고 다스리실 수 있게 되었다. 히브리서 5장 8-9절은 이렇게 기록한다. "그가 아들이시면서도 받으신 고난으로 순종함을 배워서 온전하게 되셨은즉 자기에게 순종하는 모든 자에게 영원한 구원의 근원이 되시고."

고통을 환영하는 사람들은 없다. 하지만 모든 사람들이 고통의 열매를 탐낸다. 예수님께서 고통을 당하심으로 구원자로서의 사역과 영원한 통치를 위해 모든 준비를 마치셨다면, 우리의 삶에서도 고통은 중요한 역할을 할 것이다. 배짱 버리기를 가르치는 것도 고통이 맡은 역할의 일부이다. 쓸데없는 배짱을 버리는 것으로써만 영원한 가치를 지닌 능력이 있는 섬김이 가능하기 때문이다.

배짱을 버리는 것이 무엇인지 모세의 예를 통해 알아보자. 하나님이 가시떨기나무 곁에서 모세를 부르셨을 때(출 3장) 모세는 애굽으로부터 이스라엘을 인도해내는 일을 감당할 만한 능력이 자신에게는 없다는 사실을 분명히 인지했다. 그것이 겸손이었을까? 물론이다. 하지만 겸손은 실재에 대한 현실적 평가이자 수용에 불과하다.

만일 모세가 애굽에서 중요 인물이었을 때에 그를 부르셨다면, 그는 역시 하나님은 사람을 제대로 보신다고 생각했을지도 모른다. 자기는 교육을 잘 받았고 힘이 세며 권세자들의 호감을 사는 사람이었으니 말이다. 하지만 40년이 지나 하나님께서 그를 부르셨을 때, 그 모든 것은 이미 사라지고 없었다. 힘과 위신에 어려 있는 환상을 모두 거두고 11절에서 모세는 하나님께 현실적인 그림을 제시했다. "내가 누구이기에 바로에게 가며 이스라엘 자손을 애굽에서 인도하여 내리이까." 이것이 깨어짐이다. 하나님은 이렇게 대답하셨다. "내가 반드시 너와 함께 있으리라"(12절). 그리고 이것이 모세가 가진 담대함의 기초가 되었다.

13절에서 모세는 깨어짐 속에서 다시 한 번 물었다. "내가 이스라엘 자손에게 가서… 그들이 내게 묻기를 그의 이름이 무엇이냐 하리니 내가 무엇이라고 그들에게 말하리이까." 14절의 말씀을 통해 하나님은 모세에게 신적 담대함의 기초를 허락해주셨다. "나는 스스로 있는 자이니라. 또 이르시되 너는 이스라엘 자손에게 이같이 이르기를 스스로 있는 자가 나를 너희에게 보내셨다 하라."

다시 한 번 모세는 "그러나 그들이 나를 믿지 아니하며 내 말을 듣지 아니하고 이르기를 여호와께서 네게 나타나지 아니하셨다 하리이다"(출 4:1)라며 염려한다. 자신감이 부족한 듯하나 그가 얼마나 깊이 깨어졌는지 보여주는 대목이다. 하나님은 지팡이를 뱀으로, 뱀을 또다시 지팡이로 바꾸어주시면서 모세 위에 부으신 권위의 힘을 확인시켜주신다.

모세가 자신이 적합한 사람이 아니라고 생각하는 또 다른 이유를 든 것은 그의 자아상이 바르지 못했기 때문이 아니다. 그는 말했다. "오 주여 나는 본래 말을 잘 하지 못하는 자니이다. 주께서 주의 종에게 명령하신 후에도 역시 그러하니 나는 입이 뻣뻣하고 혀가 둔한 자니이다"(출 4:10). 하나님은 다음에 이어지는 말씀 두 절로 모세를 참된 담대함의 유일한 원천, 즉 주님의 능력으로 이끄셨다. "누가 사람의 입을 지었느냐. 누가 말 못 하는 자나 못 듣는 자나 눈 밝은 자나 맹인이 되게 하였느냐. 나 여호와가 아니냐. 이제 가라. 내가 네 입과 함께 있어서 할 말을 가르치리라."

40년 전이었다면 교만하여 부인했을 현실을 이야기하고 있었다. 하나님께서 모세를 부르신 것은 그에게 능력이 있었기 때문이 아니다. 모세가 깨어져서 현실을 받아들였기에 하나님께서는 그에게 불가능한 일을 감당할 신적 권위를 맡기실 수 있었다.

교회를 갈등에서 건져내는 일에 쓰임 받기 원하는 당신도 마찬가지이다. 자신감이 없는 당신에게 마치 가시떨기나무에서 말씀하시듯 하나님은 이번 장을 통해 말씀하신다. 생각하는 것만으로도 부담스러운가? 그렇다면 좀 더 이야기를 들어보라. 담대함은 교만이 아니다. 당신 자신이 아닌 하나님 안에서의 확신을 가지고 움직이는 것이다. 예를 들어, 누구도 교만함을 가지고 하나님 앞에 설 수 없지만, 우리는 담력을 가지고 나아오라는 초청을 받은 사람들이다(히 10:19). 이러한 담대함의 기초는 당신 안에 있는 무엇이 아니라, 당신을 대신하여 그리스도께서 이루신 일에 있다.

오늘까지 모세는 이스라엘 역사 속 가장 위대한 리더로 손꼽힌다. 그것은 모세가 자기 깨어짐에서 벗어나지 않았기 때문이고, 이 깨어짐이 그를 신적 담대함과 권위로 옷 입혀주었기 때문이다.

당신에게 적용해보자. 당신의 교회는 다급한 곤경 가운데 있고, 교회를 도울 방도를 찾기 원한다. 이번 장의 내용이 무언가 해낼 수 있는 효과적인 방법을 당신에게 제시해줄 거라 믿는다. 수건을 들고 무릎을 꿇는 위대함을 보이라. 이렇게 하여 교회의 리더들에게 힘을 주고 그들을 인도할 수 있는 기회를 얻어라. 그린리프가 전한 이야기 속 레오처럼 당신은 참된 종이 됨으로써 다른 사람들에게 능력을 부여할 권위를 얻게 된다. 그것이 리더십이다.

이제 교회 갈등 속에서 사탄을 무찌르는 방법을 살펴보자.

FIRESTORM

지옥에서 올라오는 불길을 잡아라

마귀를 대적하는 가장 효과적인 방법은 고백과 회개이다.

교회를 대적해 달려드는 사탄의 현존에 대한 당신의 생각이 '지옥에서 올라오는 불'을 통해 확고해졌기를 바란다. 사실 사탄에 대한 대처는 부차적인 문제이다. 가장 먼저 고려할 것은 인간의 책임이기 때문이다. 하지만 사탄의 능력을 단순히 인간 본성의 어두운 면으로만 생각한다면 당신은 더 깊이 좌절할 것이다.

물론 사탄이 음모를 꾀하는 경우도 종종 있긴 하지만, 그가 갈등을 창조해내는 경우는 거의 없다. 우리는 사탄을 대할 때 사람들이 시작한 갈등의 불길을 휘감는 바람, 즉 갈등으로 말미암은 피해를 극대화시키는 존재로 보아야 한다. 사탄을 멈추는 것은 불바람에서 바람을 제거하는 것에 비교할 수 있다. 인간적 문제라는 파편들은 여전히 남아 있지만 그 파괴력을 최소화할 수는 있다.

사탄은 자기 맘대로 교회를 공격할 수 있는 자유 행위자가 아니다. 그렇다고 방심할 건 아닌 것이, 우리가 먼저 충족시켜야할 조건들이 있기 때문이다. 먼저 고의적으로든 무지 때문이든 사람들이 사탄에게 동의하는 한, 그를 쫓아낼 수 없다는 사실을 깨달아야만 한다. 다음 실화를 통해 이 사실에 대해 생각해보자.

빈스 워링턴은 훌륭하고 경건한 목회자였다. 얼마 전 그는 타당하고도 성경적인 근거를 들어 한 말썽꾼을 교회에서 내쫓았다. 말썽을 피운 그 여성은 빈스에게 보복하기로 작정했다. 그녀는 매주 교회 앞 분주한 도로 옆에 피켓을 들고 서 있었다. 빈스의 설교 일부를 발췌해 비꼬았고 경멸적 표현들을 섞기도 했다. 악의에 찬 분노를 품은 그녀의 결심이 어찌나 단호했는지, 빈스가 영국의 한 교회에 초청 강사로 갔을 때, 자기 일행을 이끌고 바다 건너까지 가서 그 교회 맨 앞자리에 진치고 앉아 있을 정도였다.

날이 지나고 해가 바뀌어도 그녀는 지칠 줄을 몰랐다. 감옥에 갇힌 것 같이 답답하고 분노까지 느껴지던 어느 주일, 빈스는 무의식중에 그녀의 마음에 일고 있는 불에 부채질을 하고 싶어 하던 사탄에게 도움을 구했다. 그는 교회 근처에 차를 대고 앉아 있던 그녀에게 다가가 이렇게 소리쳤다. "주 예수 그리스도의 이름으로 너 사탄을 책망하노라." 그는 악한 힘을 몰아내 그녀를 자유롭게 해주고 싶었다. 하지만 그녀가 바라는 건 사탄으로부터 구원받는 것이 아니었다. 당연히 역효과를 불러왔다. 그녀 역시 사탄에게 동의한 상태였기에 사탄은 그녀를 놓아줄 필요가 없었다. 결과적으로 빈스에 대한 그녀의 조소는 더욱 심해졌다.

어떤 사람이 사탄에게 동의할 경우, 의식적이든 그렇지 않든 당신이 그에게서 사탄을 내어 쫓더라도 어디까지나 그것은 일시적이다. 사탄에게 동의했다는 건 그에게 회전문을 열어준 것과 같아서 사탄은 자신이 원하면 언제든지 들락날락할 수 있다. 악한 태도는 그 사람의 영혼에 사탄이 움켜쥘 수 있는 손잡이를 만들어준다.

영혼에 달린 손잡이

보통 사람들에 의해 시작되는 갈등의 불길을 부채질하는 것은 지옥으로부터 올라오는 바람이라는 사실을 잊지 마라. 사람들의 부정한 행위에서 갈등이 시작되고, 인간이 상상할 수 없는 큰 피해를 불러오기 위해 사탄이 그 위에 편승하는 것이다. 야고보서 3장 6절은 사람들과 사탄의 연합에 대해 이야기한다. "혀는 곧 불이요 불의의 세계라. 혀는 우리 지체 중에서 온 몸을 더럽히고 삶의 수레바퀴를 불사르나니 그 사르는 것이 지옥 불에서 나느니라."

이 본문에서 우리는 사탄을 통해 죄가 강화되는 과정을 볼 수 있다. 이 가르침이 다른 사람이 아닌 성도에게 주어졌다는 사실에도 주목하자. 사실 그리스도인들은 자신의 마음속에 악한 태도들을 허용함으로써 얼마든지 사탄의 능력 아래로 들어갈 수 있다.

사람들과 사탄 사이의 연합을 가장 잘 설명한 사람은 청교도 존 플라벨 목사이다. 학식뿐 아니라 영성도 뛰어났던 영국 데본 출신의 존 플라벨 목사는 조나단 에드워즈와 조지 휫필드가 굉장히 높게 평가하는 인물이기도 하다. 휫필드는 그를 존 번연이나 매튜 헨리와 동급으로 인정했다. 이런 지성과 경건을 바탕으로 그는 다음과 같은 기록을 남겼다.

"지금 우리 안에는 우리 밖에 있는 사탄과 발을 맞추는 대적이 있다. 이는 우리를 유혹하는 다른 마귀가 없어져도 우리 안에는 여전히 마귀가 존재한다는 사실을 증명해준다(약 1:14-15). 이 사실 자체가 유혹의 원천이며(마 15:19) 또한 사탄이 자신의 모든 유혹을 실행하는 주요한 수단이 된다(벧후 1:4)."

"우리의 약소한 열정과 감정은 유혹의 손잡이다. 에픽테토스가 말한 대로 모든 것에는 그것을 움켜쥘 만한 두 개의 손잡이가 달려 있다. 우리의 감정은 우리 영혼의 손잡이가 된다. 타고난 정욕들이 전쟁 중에 대적의 손으로 넘어가고, 그 정욕들이 우리의 영혼을 대적하여 싸우게 된다 (벧전 2:11)."[5]

간단히 말해, 그리스도인이 육정으로 죄를 지을 때마다 그의 영혼에는 사탄이 움켜질 수 있는 손잡이가 생겨난다는 뜻이다. 사람들이 갈등에 휘말릴 때, 사탄은 지옥 불을 불어넣으려 손잡이를 꼭 움켜쥔다. 강렬한 감정이 눈앞의 문제를 가리면서 사람들의 이성은 어두워진다.

예수님께서 다음 말씀에서 뜻하셨던 것 역시 영혼의 손잡이가 아니었을까. "이 후에는 내가 너희와 말을 많이 하지 아니하리니 이 세상의 임금이 오겠음이라 그러나 그는 내게 관계할 것(움켜쥘 것)이 없으니"(요 14:30). 예수님과 사탄 사이에는 내면의 동의가 전혀 없었고, 따라서 예수님께는 사탄이 움켜쥘 만한 육적인 손잡이가 없었다. 그 때문에 사탄이 예수님 안에 악을 부추길 수 없었던 것이다. 그렇다면 분명한 사실은 우리 삶 속에서 사탄의 능력을 끊어낼 가장 빠른 방법은 우리 영혼에 달린 손잡이를 제거하는 것이다. 어떻게 제거할 수 있을까?

먼저 영혼에 어떤 손잡이들이 달릴 수 있는지부터 파악해야 한다. 갈라디아서 5장 19-21절에 기록된 죄의 목록을 살펴보라. 음행과 더러운 것, 호색, 시기, 자기애를 포함한 우상숭배, 주술, 원수 맺는 것, 분쟁, 시기, 분 냄, 이기적 욕심, 당 짓는 것, 분열, 투기, 술 취함, 방탕함.

이 추악한 목록 어딘가에서 사탄에게 손잡이를 제공하는 악한 동기를 발견하게 될 것이다. 갈등을 일으키는 이유는 다양해도 그 동기는 모두 같다. 교회 갈등이라는 불길은 마음에서 시작하고, 사탄은 그것을 부채질하여 전 교회로 퍼뜨린다. 어렵지만 꼭 필요한 사역은 성도가 어떤 영역에서 사탄에게 틈을 주는지 스스로 인지하도록 도와주는 것이다.

손잡이를 드러내라

이 일에 가장 효과적인 방법은 두 가지뿐이다. 첫째는 성령께서 사람들의 죄를 깨닫게 해주시기를 간구하면서 하나님의 말씀을 전하는 것이다. 이것이 실패할 경우 다음 단계는 각 사람에게 정면으로 맞서는 것이다. 아나니아와 삽비라에 맞섰던 베드로의 이야기가 이를 잘 설명해준다(행 5:1-11). 그 이야기를 한번 분석해보자.

먼저 주목해야 할 중요한 사실은 그 부부의 죄에 대한 베드로의 판단이 정확했다는 점이다. 당신에게 강력히 반대하는 사람에 대해 좋게 봐주면 완전히 틀렸다고 단정하거나 최악의 경우 귀신에 들렸다고 생각하기 십상이다. 상대가 단순히 타당한 의견 차이를 보이는 것이 아니라, 하나님 앞에서 분명히 죄를 짓고 있는지를 먼저 확인하라. 이 둘의 차이가 뭘까? 타당한 의견 차이는 조정이 가능하다. 이들은 그리스도를 위하여 자신의 희생을 감수하고라도 문제를 해결할 마음이 있을 것이다. 하지만 자신을 악에 내어준 사람들은 완고한 최후통첩만을 고집한다. 체면을 차리는 것보다 하나님의 영광이 훨씬 더 중요하다. 하나님께서 동기를 드러내주실 때까지 금식하고 기도하라.

이 땅의 교회에는 성령 하나님께서 거하신다. 느부갓네살이 꾸었던 꿈의 비밀을 다니엘을 통해 보여주셨던 하나님은 당신이 금식하고 기도할 때 폭풍 같은 갈등 뒤에 숨은 동기를 보여주실 것이다.

다음으로 주목해야 할 사실은 베드로가 드러낸 악이 인간의 생각에는 그렇게 심해 보이지 않았다는 것이다. 아나니아와 삽비라는 땅을 팔아 생긴 모든 돈을 드렸다고 주장하면서 자신의 영적 상태를 원래보다 더 거룩하게 보이려 했을 뿐이었다. 그렇다. 도둑질한 것이 문제가 아니라 거짓말이 문제였다. 그들은 일부를 드리면서 전부를 드렸다고 시치미를 뗐다. 인간의 생각으로는 그리 나빠 보이지 않을 수 있다. 그렇지 않은가? 하지만 이것은 태생이 거짓말쟁이인 사탄에게 태도와 행동으로 동의하는 처사였다(요 8:44). 베드로는 이들이 사탄과 결탁했다는 사실을 알고서는 이렇게 말했다. "어찌하여 사탄이 네 마음에 가득하여 네가 성령을 속이고 땅 값 얼마를 감추었느냐"(행 5:3). 마찬가지로 아무리 작아 보이는 죄라도 모든 죄가 사탄에 대한 복종이라는 사실을 잊지 말아야 한다.

베드로는 아나니아와 삽비라, 사탄 사이의 결탁을 드러냈다. 당신 역시 교회에서 이런 결탁을 드러내야 할 때가 반드시 있을 것이다. 사탄과 사람들 사이의 이러한 유대는 사실 불가피한 현실이다. 당신과 나, 교회의 교인들 모두에게 일어날 수 있는 일이다. 악한 것들이 사람들을 이끌어갈 때, 사탄은 재빨리 영혼의 손잡이를 움켜쥘 것이다. 영적 리더로서 당신은 베드로가 그랬듯, 사탄에게 이끌리는 이들에게 정면으로 맞서야 한다. "어찌하여 사단이 네 마음에 가득하여…."

베드로의 표현에는 놀람이 묻어난다. 다른 말로 표현해보자. "하나님의 은혜의 선물과 내주하시는 성령을 받은 성도인 너희가 어떻게 사탄으로 하여금 그렇게 악한 소원을 가지고 너희의 마음을 채우도록 허용할 수 있단 말이냐?"

당신은 무엇보다 베드로의 모범을 따라 타협하지 말아야 한다. 베드로는 돈이 아니라 거짓말이 문제였다는 점을 간파했다. 그는 교회가 적어도 얼마의 돈을 얻었다고 자위하며 거짓말을 눈감아주지 않았다. 현재의 유익을 위해 죄와 타협하는 것은 더 큰 손해를 불러오게 돼 있다. 내가 아는 어떤 목사는 교회에 땅을 헌납했던 어떤 성도로부터 부당한 공격을 받았다. 그 성도의 동기를 살피지 않았던 전임 목사는 후임 목사들이 실패로 가는 길을 닦아놓은 셈이었다. 현 담임목사를 내쫓기로 작정한 그 성도는 테이블을 주먹으로 내리치면서 이렇게 소리 질렀다. "내가 장로야. 이 땅도 내가 준 거라고. 그러니 내 말이 더 권위가 있다고." 베드로가 거기에 있었더라면 그 성도는 목숨을 부지하지 못했을 것이다. 지금 악한 동기에 맞서는 것이 나중에 타협의 대가를 치르는 것보다 덜 고통스럽다.

아나니아와 삽비라를 죽게 한 이는 베드로가 아니었다는 사실에도 주목하라. 베드로는 악한 의도가 드러나게 했을 뿐이다. 하나님께서 죽음을 불러오셨다. 성령의 위대한 능력이 나타나는 자리에서 자기를 내세워 위협할 것이 아니라 아주 겸손해져야 한다. 당신은 은혜로 섬기는 사역자이다. 고통스런 심판은 하나님께 맡겨라. 하지만 진리로 정면승부를 벌여야 하는 것은 당신 몫이다. 참된 동기를 드러내지 못한다면 당신은 교인들을 사탄의 지배 아래 방치하게 되는 격이다. 이것은 결국 당신의 교회를 끔찍한 파괴로 이끌어갈 것이다.

영혼의 손잡이를 제거하라

사탄이 교회를 파괴하지 못하도록 하는 가장 빠르고 강력한 방법은 영혼의 손잡이를 제거하는 것이다. 이것은 근본적으로 죄에 대한 자백과 회개를 통해 이루어진다(요일 1:9).

이것이 어떻게 가능할까? 어떻게 사람들로 하여금 자신의 죄를 인정하고 자백하고 회개하도록 할 수 있을까? 그들이 사탄과 결탁하고 있다고 말해서 괜히 두들겨 맞거나 하는 건 아닐까? 당신은 할 수 없다. 그러나 성령께서는 하실 수 있다. 그는 진리의 영이시다(요 14:17). 진리를 드러내는 것이 그분의 사역이다. 그 진리와 함께 사랑으로 정면승부를 벌여야 하는 것은 당신의 몫이다. 그 몫을 다하고 나면 성령님께서 죄악을 낱낱이 지적하실 것이다.

아… 정면승부. 이 말이 당신을 멈칫하게 하는가? 당신의 마음속에는 온갖 두려움이 몰려온다. '너도 죄인인데 누구의 죄를 지적하겠다는 거야?' 같은 죄인인 건 사실이지만 차이가 있기를 바란다. 죄를 지었지만 뉘우치고 하나님의 긍휼과 은혜 안에서 순종의 걸음을 걷고 있기를. 당신이 정면승부를 벌여야 하는 그 사람은 순종하지 않는 태도를 고수하기에 진리의 저지를 받아 마땅하다. 우리가 사탄과 결탁할 때, 뱀의 치명적인 이빨이 우리 영혼에 깊숙이 박히게 된다. 따라서 당신이 상대의 악한 동기를 드러내는 것은 그 사람의 유익을 위함이다.

죄가 드러났을 때 가장 강력하고 효과적인 무기인 고백과 회개를 사탄에게로 던져라! 이 무기를 과소평가하지 마라. 이것은 하나님의 마음에 합한 것이며, 사탄의 권세를 부수는 무기이다. 그 어떤 것도 이런 위력을 가지지 못했다. 영혼에 손잡이가 달린 사람에게서 사탄을 영원히 쫓아내는 것은 불가능하다. 반대로 영혼의 손잡이가 제거된 사람은 더 이상 사탄에게 붙들릴 수 없다. 이보다 더 놓은 방법은 없다. 이것은 사람의 마음과 사탄의 의지를 분리시키는 가장 완벽한 방법이다.

사도들이 정면승부를 시도할 때, 직설적으로 고백과 회개를 요구했던 예를 살펴보자. 마술사 시몬의 예를 보자. 시몬은 손을 얹어 성령을 주는 능력을 돈으로 사고자 했다. 베드로는 다음과 같은 말로 그를 심히 책망했다. "네가 하나님의 선물을 돈 주고 살 줄로 생각하였으니 네 은과 네가 함께 망할지어다. 하나님 앞에서 네 마음이 바르지 못하니 이 도에는 네가 관계도 없고 분깃 될 것도 없느니라. 그러므로 너의 이 악함을 회개하고 주께 기도하라. 혹 마음에 품은 것을 사하여

주시리라. 내가 보니 너는 악독이 가득하며 불의에 매인 바 되었도 다"(행 8:20-23).

당신과 운영위원회가 교회의 말썽꾼에게 베드로처럼 이야기하는 장면을 상상해보라. 시몬과 마찬가지로 그들 역시 선한 소원을 갖고 있는 것처럼 보일 수 있다. 성령을 주고 싶은 마음만큼 영적으로 선해 보이는 것이 어디 있겠는가? 그러나 사도들은 속지 않았다. 시몬의 동기가 악한 것을 알아챘다. 사탄이 시몬을 이용해 교회를 갈기갈기 찢고자 움켜쥐려 했던 손잡이가 보이는가? 사도들은 시몬에게 그러한 위기에서 빠져나올 유일한 방법, 회개를 요구했다!

이스라엘의 죄에 대한 다니엘의 고백과 회개가 미친 영향력을 생각해보라. 그는 자신의 죄 때문에 고백하고 회개했던 것이 아니다. 이점이 더욱 중요하다. 이스라엘이 바벨론의 포로가 된 지 수십 년이 지난 후였다. 다니엘은 예레미야서를 통해 하나님께서 70년 안에 그들을 자유롭게 하실 거라는 말씀을 읽게 된다. 다니엘서 9장은 하나님 앞에서 다니엘이 했던 진심 어린 금식과 고백과 회개를 기록한다. 그의 기도 응답이 수십 년 안에 이루어지지 않으리라는 사실을 잘 알고 있었지만 다니엘은 기도했다. 결국 다니엘의 도고로 하나님의 백성들이 속박에서 벗어났다.

이렇듯 사탄을 상대하는 열쇠는 하나님을 대면하는 것에 있다. 모든 조건을 정하는 것은 사탄이 아니라 하나님이다. 우리가 죄에 맞서고 죄를 고백할 때, 하나님은 우리 영혼에 달린 손잡이를 부수어주신다. 하나님께서 그렇게 하시는 이유는 예수 그리스도의 피로 말미암은 속죄에 기초해 우리를 용서하셨고 깨끗케 하셨기 때문이다. 이렇게 우리에 의해서가 아니라 하나님에 의해서 사탄의 능력이 깨어진다.

복음주의 교회를 열심히 섬기던 베키 코로넬은 경험을 통해 이런 사실을 알았다. 그녀는 이혼 경력이 있었고, 이혼은 그녀에게 정신적 충격을 안겨주었다. 지금은 재혼해서 전 남편 사이에서 낳은 한 자녀와 현재 남편인 스튜어트에게서 얻은 또 한 명의 자녀를 기르고 있다. 그녀의 삶은 별 문제 없이 안정적인 것처럼 보인다.

베키가 직장에서 일하는 중에 전화가 걸려왔다. 스튜어트였다. 오늘 밤 집에 들어가지 못할 거라는 이야기였다. "어디 가게? 갑자기 출장이라도 잡힌 거야?" 그녀는 궁금했다. 스튜어트는 사랑하는 여자가 생겼다며 그 여자와 동거를 시작할 거라고 대답했다. 스튜어트는 당신 탓이 아니라는 말을 덧붙이고는 전화를 끊어버렸다. 베키는 떨리는 손으로 수화기를 내려놓았다. 숨을 쉬고는 있었지만 살아 있는 것 같지가 않았다. 전혀 예상치 못한 일이었다. 스튜어트와 12년을 같이 살았어도 이런 행동은 한 번도 보지 못했다. 그녀는 기억을 더듬어 문제의 원인을 찾았다. 물론 스튜어트가 행복하지 않다는 눈치를 보인 일이 전혀 없지는 않았다.

지금 베키가 다니는 교회에서는 영적 전쟁에 대해 가르친다. 베키는 목사를 찾아가 이것이 사탄의 공격일 수도 있는지 물었다. 목사는 그럴 수 있다고 대답하면서 이렇게 덧붙였다. "저는 그러기를 바랍니다. 인간의 불순종보다 사탄의 공격을 멈추는 것이 더 쉬우니까요."

베키는 온 힘을 다해 사탄을 향해 대적 기도를 했고 남편을 위해서도 혼혈을 기울여 도고했다. 그녀는 생각나는 모든 죄를 회개했다. 기도망을 동원했고 담대히 전 교회에 기도를 부탁했다. 자신이 버림받은 것처럼 느껴졌음에도 알고 있는 모든 영적 방법을 동원해 가정을 지키기 위한 싸움을 벌였다.

전화 통화를 할 때면 스튜어트는 아내와 자녀들의 마음을 상하게 한 것에 대해서 깊이 슬퍼하고 있었지만, 집으로 돌아오지 않겠다는 결심은 단호했다. 지옥 같은 석 달이 지났다. 베키는 수척해져갔다. 이러한 고통보다는 죽음이 나을 것 같았다.

그러던 중 목사가 그녀의 직장으로 전화를 걸어왔다.

"베키 자매님, 사실 그간 제가 생각해오던 것이 있어요. 자매님이 가정을 지키기 위해 무슨 일이라도 해보고자 하신다는 걸 잘 압니다. 만일 이것이 사탄의 공격이라면, 사탄이 자매님 가정의 영적 권위를 어떻게 뺏을 수 있었는지를 먼저 찾아내야 할 거예요."

"목사님, 저는 목사님이 말씀해주신대로 다 했어요. 제 마음을 살폈고 기억나는 모든 죄를 회개했어요. 짓지도 않은 죄까지도 회개한 것 같아요. 제가 뭘 더 할 수 있죠?"

"사실 이 이야기를 꺼낼까 많이 망설였습니다. 마치 저를 위한 것처럼 들릴까 봐서 말이죠. 하지만 자매님 가정이 위기에 처한 게 사실이잖아요. 그래서 말인데, 제가 생각하기에 사탄이 기회를 잡도록 도왔을 법한 문제를 하나 더 말씀드려야겠어요."

"목사님, 제발 그렇게 해주세요."

"자매님도 아시다시피 스튜어트 형제님의 가족들은 아무런 이유 없이 저를 비판해왔습니다. 스튜어트 형제가 언급했던 말들이 제 사역에 해를 입히기도 했지요."

"네, 목사님, 저도 압니다. 우리 시댁 식구들이 끔찍하리만치 목사님에 대한 험담을 늘어놓던 자리에 저도 있었답니다."

"베키 자매님, 지금 자매님과 자매님의 가족들에겐 스튜어트를 상대하기 위한 하늘의 권위가 필요합니다. 하지만 자매님의 가족들이 자신의 행위를 회개하지 않는 한, 하나님의 권위가 임하지 않을 수도 있습니다. 저는 괜찮습니다. 따라서 자매님의 가족들이 제게 사과를 하실 필요는 없습니다. 하지만 그분들이 이 문제를 들고 하나님을 대면해야 한다고 생각했습니다."

베키는 시댁 식구들에게 이 메시지를 전달했다. 그들은 자신들의 잘못된 태도와 행위를 인정했다. 그들은 기도하며 고백하는 시간을 가졌다. 그로부터 얼마 지나지 않아 스튜어트는 회개했고 베키에게 돌아오고 싶은 마음을 비쳤다. 이 이야기는 하나님의 영광에 걸맞은 결말을 맞는다. 스튜어트와 베키는 재결합했고 행복하게 가정을 꾸리면서 교회도 훌륭하게 섬기고 있다.

이 이야기는 하나님께 고백하고 회개하며 전심으로 하나님을 구하는 자에게 한없는 능력을 주시겠다고 약속하신 그분의 말씀을 강조한다. 스튜어트의 가족은 사탄에게 유리한 자리를 내어주었던 죄의 손잡이를 부수었고 하나님은 그들을 구원해주셨다. 모든 문제가 베키가 그랬듯 행복하게 끝맺는 건 아니다. 하지만 전심으로 하나님께 돌아서는 모든 사람은 사탄으로부터 구원하시는 위대한 하나님을 보게 될 것이다. 이것은 어떤 가정의 이야기로 그치지 않고 교회 갈등에도 똑같이 적용해볼 수 있다.

고백과 회개의 영역들

모든 손잡이가 제거되었다고 선언하려면 모든 영역을 꼼꼼히 살펴 보는 것이 중요하다. 일부 손잡이들은 오랫동안 잊혔던 영역에 달려 있을 수 있다. 과거가 현재에 어떠한 영향을 미치는지 명쾌하게 보여 주는 본문은 다니엘서 9장이다. 다음 영역들을 주의하라.

고백해야 할 조상의 죄는 없는가?

1. 만일 교회가 목회자들을 부당하게 대우한 적이 있었다면, 교회 는 진실한 사과는 물론 부당한 대우를 받았던 사람들에게 보상해야 한다.

2. 점을 치는 사람을 불러 수맥을 찾는 등 교회가 부적절한 방법으 로 이룬 일들은 없었는지 살펴보아야 한다.

3. 교회는 수년 전에 일어났던 분열에 대해서도 회개해야 한다. 관 계자들이 현재 교회에 남아 있지 않더라도 분열은 사탄에게 손잡이를 제공해서 교회를 괴롭힐 수 있기 때문이다.

4. 쓴 뿌리를 찾아라(히 12:15). 작은 쓴 뿌리가 전 교회를 훼손할 수 있다.

권위를 존중하지 않고, 성령의 열매 안에서 서로를 대하지 않는 영 역이 있는가? 바울은 디도에게 다음과 같이 썼다. "너는 그들로 하여 금 통치자들과 권세(권위) 잡은 자들에게 복종하며 순종하며 모든 선 한 일 행하기를 준비하게 하며 아무도 비방하지 말며 다투지 말며 관용하며 범사에 온유함을 모든 사람에게 나타낼 것을 기억하게 하라"(딛 3:1-2).

앞서 언급했던 대로, 의의 영이 있는 곳에서 풀리지 않을 문제는 없다. 반대로 불의한 영이 있을 때에는 풀리는 문제가 없다. 영혼의 상태가 바르지 않을 때 문제를 해결하려 하지 마라. 그렇지 않으면 문제가 사탄의 손으로 넘어갈 위험이 있다. 작가이자 상담자, 고문 심리학자인 헨리 브랜트Henry Brandt 박사가 한 기독교 조직 위원회로부터 문제를 조정해달라는 요청을 받게 되었다. 그들은 서로에게 분노의 말을 퍼부으면서 분열된 모습을 드러내기 시작했다. 브랜트는 모임을 중단하고, 사람들에게 집으로 돌아가 그들의 악한 태도를 고백하고 회개하라고 이야기했다. "여러분들의 영이 제자리를 찾을 때 이 문제를 해결할 것입니다." 사람들은 브랜트의 말을 따랐고 결과적으로 엄청난 재앙을 피할 수 있었다.

하나님은 성령의 열매를 벗어나서는 아무 일도 하지 않으신다. 성령의 열매가 하나님께서 상대하시는 모든 문제를 풀기에 충분하다면, 우리도 그것만 있으면 충분할 것이다. 이 방식 외의 것으로 하나님의 일을 하려는 시도는 어리석을 뿐 아니라 위험하기까지 하다. 성령의 열매에 반하는 것은 육체의 일이다. 하나님께서 성령의 열매를 강하게 하시는 것처럼, 사탄은 육체의 일을 강하게 한다.

교회 안에 어떠한 죄로 징계를 받아야 할 사람이 있는가? 교회의 문제가 아니더라도 개인의 삶 속에서 도덕적, 윤리적 행위로 주님을 욕되게 하는 사람이 있다면 그것은 교회의 문제가 될 수 있다. 아간이 대표적인 예이다. 여리고의 강력한 성벽을 허물고 위대한 승리를 맞본 후, 이스라엘은 작은 아이성에서 패했다. 왜일까? 한 사람이 주께 죄를 지었기 때문이었다.

마귀를 내쫓을 때 사용할 만한 기발한 그 무엇이 없다고 실망하는 독자들이 있을지 모르겠다. 하지만 나는 그리스도 안에 있는 우리의 권세를 올바로 사용하는 것이 그 비결이라 믿는다. 마이어스타운은 혜침례교회에서 나는 사탄을 대적하기 위해 알고 있는 모든 것을 동원했었다. 어느 토요일 밤, 교회를 파괴하려는 사탄의 단호한 결심이 목전까지 와 있다고 느낀 나는 교인들과 성가대원들의 좌석은 물론 교회의 구석구석을 걸어 다니며, 내가 예수님의 이름으로 이 교회를 붙들고 있다는 사실과, 그러므로 사탄이 이 교회를 그리스도께 내어 놓아야 할 것이라는 명령을 선포하기도 했다.

내가 여기서 영적 전쟁에 대해 더 자세히 다루지 않은 두 가지 이유가 있다. 첫째, 이미 이 주제에 대한 훌륭한 책들이 많이 나와 있기 때문이다. 참고 자료에서 '영적 전쟁' 부분을 참고하라. 둘째, 이번 장에 나타난 원리들은 하나님 앞에서 부적절한 태도와 행위를 취한 데 대하여 책임을 지도록 하고, 사탄의 권세를 깨부수는 수준에까지 이르게 하기 때문이다. 먼저는 하나님과 사람을 상대하고, 그 후 마귀를 상대하라. 손잡이가 부서진 이후라면 사탄을 직접 상대할 필요가 없을 수도 있다. 그럴 경우 사탄은 항복할 수밖에 없기 때문이다.

이제 우리의 이목을 갈등 관리 컨설턴트에게 모아보자. 이 컨설팅은 갈등을 마주했을 때 사용하는 아주 강력한 도움들 중 하나이다.

갈등 관리 컨설턴트

목회자도 운영위원회도 스스로 자신의 컨설턴트가 될 순 없다.

_에드 퍼스

여러분과 교회를 가장 많이 염려하는 분은 하나님이시다. 위험에 처한 여러분은 바로 하나님의 아들이 아끼는 신부이기 때문이다. 하나님은 불길에 맞서 싸울 방법들을 여럿 알려주셨다. 그중 일부는 이미 살펴보았다. 이제 중요하고 훌륭한 방법, 갈등관리 컨설턴트를 살펴볼 차례이다.

컨설턴트가 직업이냐는 사람들이 있다. 컨설턴트가 하는 일이라곤 고작 누구나 다 아는 내용을 많은 돈을 받고 이야기해주는 것 아니냐는 말이다. 물론 그런 예도 있을 것이다. 그러나 이미 많은 기업들이 혼자서 문제와 싸우느니 컨설턴트를 고용하는 것이 더 효율적이라는 결론에 이르렀다. 갈등에 빠진 교회들을 돕는 데도 행정 교육과 리더십 훈련을 받은 사람들이 동원돼야 한다.

기쁜 소식은 여기에 있다. 하나님께서 세우시는 최상의 팀은 어떤 새로운 사회 심리학을 교회에 적용해보려는 경영팀 그 이상이다. 이들은 경건하고, 대부분은 심각한 갈등을 직접 경험했으며, 이 경험담을 얘기해주는 임무를 맡은 사역자들이다. 그들은 갈등에 관한 책과 세미나, 개인의 경험, 그리고 무엇보다 중요한 성령까지, 많은 자료를 접하면서 훈련받았다. 사역을 위해 당신을 준비시키셨듯이, 하나님은 당신의 상황에 꼭 필요한 민감함과 통찰로 그들을 준비시키셨다.

육체적 고통을 두고 "괜찮아지겠지"라고 말하는 사람들을 수도 없이 보아왔을 것이다. 마침내 병원을 찾았을 때, 그들이 듣게 되는 말은 "조금만 빨리 오셨더라면" 같은 슬픈 소식이다. 외부에 도움을 청하지 않고 교회의 문제가 악화되는 걸 막연히 지켜보는 사역자들과 리더들이 허다하다. 1부에서 보았듯이 도움은 빠를수록 좋다. 예방하는 것이 회복하는 것보다 쉽기 때문이다.

다음에 전개될 몇 쪽짜리 내용을 빌어 이루고픈 목표를 여기서 솔직하게 얘기하고 시작하겠다. 나는 강한 자는 홀로 전진하고 약한 자만이 도움을 필요로 한다는 고정관념을 깨뜨리고 싶다. 가장 용감한 산악인들도 인도자를 따른다. 가장 위대한 지도자들도 주변에 훌륭한 고문들을 둔다. 금메달리스트들도 코치의 필요성을 절대 간과하지 않는다. 가장 성공적인 기업들도 컨설턴트를 가까이 한다. 그런데 왜 유독 사역자들만 다른 은사를 보완할 생각을 않는지, 자신이 그리스도의 몸의 전부인 것처럼 행동하는지 모르겠다. 이런 처사는 무익함으로 이끄는 교만이다. 이번 장이 끝날 때쯤이면, 여러분이 인생의 새로운 친구가 되어줄 갈등 관리 컨설턴트에게 전화를 걸었으면 한다.

적절히 맞춰진 몸

하나님께서는 그리스도의 몸의 각 부분이 서로 의지하여 힘을 얻게 하셨다. 하지만 힘 있는 자리에서 행세하는 것을 즐기고 연약한 자들을 얕보는 사람들이 많다. 리더들은 스스로 할 수 없는 것을 하기 위해 누군가의 도움을 받는 것에 거부감을 느낀다. 이런 거부감은 다음과 같은 불안으로부터 온다.

■ 자신이 불완전해 보일 수 있다는 두려움
■ 자신의 리더십이 위협받을 수 있다는 생각
■ 통제권을 잃을 수 있다는 공포
■ 모든 해답을 갖고 있지 못한 것에 대한 회의

이러한 불안에 대한 굴복이 가져오는 가장 큰 비극은 하나님께서 여러분과 교회에 허락하시는 도움을 제한하게 된다는 것이다. 여러분이 하나님의 백성들의 안녕에 관심이 있다면, 그들을 연합으로(엡 4:16) 인도하기 위해 어떤 일도 감수할 의지가 있다면, 하나님은 여러분을 한없이 도우실 것이다. 당신의 사역을 얼마동안 다른 사람에게 맡기는 것이 두려운가? 이것은 하나님의 명령이다. 그리스도의 몸은 적절히 서로에게 맞춰져야 한다.

왜 하나님께서는 상호 의존이 이토록 중요한 걸까? 에덴동산에서 아담과 하와가 하나님처럼 독립적이고 스스로 자족하며 스스로 결정하는 존재가 될 수 있다고, 그리고도 괜찮을 수 있다고 그들에게 거짓

약속을 한 것이 사탄이기 때문이다. 사탄의 거짓말은 하나님의 다스림을 거절하게 만든다. 특별히 하나님의 다스림이 사람을 통해 다가올 경우에는 더 그렇다.

당신도 다른 사람들처럼 홀로 애쓰고 있는지도 모른다. 결국 당신은 홀로 고립되어, 하나님이 도움을 주시지 않는 것 같아 그분께 회의를 품을 것이다. 하지만 하나님은 교회 갈등 컨설턴트라는 도움의 손길을 보내주신다.

에베소서 4장 11-13절은 그리스도의 몸이 서로 의존하는 것이 교회를 향하신 하나님의 계획에 얼마나 중요한 부분인지를 분명히 보여준다. "그가 어떤 사람은 사도로, 어떤 사람은 선지자로, 어떤 사람은 복음 전하는 자로, 어떤 사람은 목사와 교사로 삼으셨으니 이는 성도를 온전하게 하여 봉사의 일을 하게 하며 그리스도의 몸을 세우려 하심이라. 우리가 다 하나님의 아들을 믿는 것과 아는 일에 하나가 되어 온전한 사람을 이루어 그리스도의 장성한 분량이 충만한 데까지 이르리니." 여기에서 우리는 하나님의 백성들을 강하게 하고 준비시키기 위해 그리스도로부터 초자연적인 은사를 받은 동료들을 발견한다.

갈등 관리 컨설턴트가 당신의 신뢰도를 떨어뜨리지나 않을까 염려할 필요가 없다. 사실 우려와는 달리 이 사람은 공동체 안에서 당신의 자리를 견고히 하고 교회의 연합을 강화시키기 위해 가능한 모든 일을 한다.

교인들이 그를 좋아한다고 해서 두려워할 것이 없다. 바울과 아볼로를 두고도 그렇게 미성숙한 태도를 보인 사람들이 있었다. 바울은 경쟁하기보다 그들 각각의 역할을 존중했다. 그는 교인들에게 세속적이지 말라고 강조했다. "그런즉 아볼로는 무엇이며 바울은 무엇이냐. 그들은 주께서 각각 주신 대로 너희로 하여금 믿게 한 사역자들이니라"(고전 3:5).

리더십에 대한 오해

교회 리더들이 누군가에게 도움을 구하지 못하는 것은 '리더 leader'라는 단어를 오해하기 때문이다. 리더는 참신한 해답을 제공하고 반드시 선봉에 서야 한다고 흔히 생각한다. 그러나 많은 이들이 잘 모르는 사실이 있다. 하나님께서는 누구도 이끄는 자로 부르시지 않았고 오로지 따르는 자로만 부르셨으며, 따르는 것을 잘 하는 사람이 잘 이끌 수 있다는 것이다.

이러한 진리를 세계 역사는 물론 영원의 모습까지 변화시켰던 사람들에 비추어 설명해보자. 모세는 따르는 자로서 이끌었다. 그는 애굽에서 나와 광야를 지나 언약의 땅에 이르기까지, 스스로 계신 위대하신 분을 따랐다. 예수님 역시 따르는 자로서 이끄셨다. 그는 "나를 따르라" 말씀하셨지만, 동시에 아버지의 뜻을 따르셨고 그것을 자신의 양식이라고 표현하셨다(요 4:34). 리더십에 대한 우리의 생각은 예수님의 생각과 정면으로 충돌한다. 그래서인지 이런 관점에서 예수님을 바라보려 하지 않는다. 리더십을 논할 때 의로운 왕이신 그리스도를 떠올리는 것은 잘못된 게 아니다. 하지만 그에 앞서 순종하신 아들 그리스도를 떠올려야 한다. 예수님은 하나님의 뜻을 행하시는 '제자도'를 통해 이끄셨다. 바울 역시 따르는 자로서 이끌었다. 자신이 그리스도를 따르듯 자신을 따라오라 이야기했다(살전 1:6).

리더가 해답자여야 하고, 늘 용감히 선두에 서야 한다는 오해는 하나님께서 의도하지도 지지하지도 않는 견해이다. 하나님은 어떤 이도 이끄는 자로 부르지 않으셨다. 오로지 하나님을 따르는 자로 부르셨을 뿐이다. 당신이 하나님을 따르는 동안 다른 사람들도 그 길에 동참시키는 것이 당신의 임무이다.

하나님께서 다른 사람에게 주신 은사를 겸손히 인정하지 못한다면, 당신은 분명 따르는 자가 아니다. 그리고 이것은 리더로서 당신의 권위를 파괴하고 무효화시킬 것이다. 왜일까? 불순종은 바로 다음과 같은 태도를 의미하기 때문이다. "사람들이 나의 도움을 필요로 하는 건 좋지만, 내가 다른 사람의 힘을 빌리는 건 탐탁치 않아." 이것은 교만이지 리더십이 아니다.

따라서 영적 영역에서 리더십의 열쇠는 훌륭한 '제자도'이다. 십자가에 이르는 겸손은 언제나 부활의 능력을 경험한다(약 4:5-6). 이 영역에서 당신이 얼마나 성장했는지 가늠해보려면 그리스도의 몸 전체와 당신이 얼마나 상호 의존하여 사역하는지 헤아려보면 된다.

갈등 관리 컨설턴트인 에드 퍼스 박사는 이렇게 말했다. "목회자는 자기 자신을 위한 컨설턴트가 될 수 없다." 목회자가 분쟁 중인 교인 두 명을 도울 수는 있다. 적절히 훈련받은 목회자라면 다른 목회자와 교회도 도울 수 있을 것이다. 하지만 심각한 갈등에 휘말린 자기 교회를 구해낼 목회자는 거의 없다. 이유는 이제까지 설명해온 그대로다.

컨설턴트에 대해 더 실질적인 내용들을 살펴보자.

어떤 사람을 찾아야 할까

컨설턴트는 전문적인 훈련을 받은 갈등 관리 전문가 이상이어야 한다. 누구에게나 배울 만한 훌륭한 원리들이 많겠지만, 교회의 독특성 때문에 더 많은 자질이 요구된다.

- 확실한 신학적 이해를 가지고 있다.
- 인간의 본성에 대해 일정한 견해를 가지고 있다.
- 형제애라는 영적 기초가 있다.
- 하나님의 영광과 같이 성경적 동기가 부여된 주제에 관심이 있다.
- 세상 그 무엇과도 비교할 수 없는 사탄의 압력을 이해한다.

교회의 문제를 다루는 일에 하나님의 영으로 거듭나고(요 3장), 지식은 물론 개인적인 성숙에서도 말씀의 깊은 진보를 보이고, 위기에 빠진 사람들을 돕는 일에 잘 훈련받은 사람들보다 더 나은 자격을 갖춘 사람은 없을 것이다. 교단이나 기독교 컨설턴트 서비스를 통해 이런 사람들을 소개받을 수 있다.

컨설턴트를 찾을 때는 교회와 신학적인 견해를 같이 하는 사람을 찾는 것이 좋다. 갈등은 교회를 의심과 두려움 속에 밀어 넣는다. 기본적인 교리에서조차 "나는 여러분과 같습니다" 하는 진심 어린 확신을 줄 수 없다면, 기존의 불안을 더욱 심화시키기만 할 것이다.

컨설턴트의 의무

1. 컨설턴트는 중립을 유지해야 한다. 훌륭한 컨설턴트는 어느 한 편을 위하여 갈등에 뛰어들지 않는다. 가능한 한 조심스럽게 사람들을 신령과 진리로 다시 연합시키기 위함이다. 사람들은 컨설턴트가 자신의 의견에 힘을 실어주기를 바랄 것이다. 그러나 그의 관심은 오로지 사람들이 하나님을 높이도록 이끄는 것이다. 이런 태도로써 그는 사람들이 주는 압박도 초월하고 그들을 도울 수 있다.

2. 사임 시기를 미리 정하고 사역을 시작해야 한다. 이것은

그가 그 교회에서 오래 사역하고 싶은 마음이 없다는 것을 증명해준다.

그가 내리는 판단이나 결정이 교회의 유익을 위한 것임을 증명해준다.

사람들이 부적절한 방식으로 그에게 충성하는 걸 예방한다.

3. 분명한 단계와 과정을 교회에 제시해야 한다. 비밀이 있어서는 안 된다. 관련된 모든 사람들이 사역의 이유와 내용을 알아야 한다. 그렇다고 교회의 여러 곳에서 들은 기밀을 누설하라는 말은 아니다. 하지만 사람들은 그가 왜 사람들을 만나고 다니는지, 또 무엇을 하려는 건지 알고 있어야 한다. 그렇게 함으로써 갈등에 연루된 사람들 사이에서 두려움이 증폭되는 걸 완화할 수 있다.

4. 컨설턴트는 비밀을 엄격히 지켜야 한다. 목회자가 성도와의 상담 내용을 공개하지 않는 것처럼 그 역시 개인적으로 대화한 내용을 누설해선 안 된다. 또한 외부에 교회 상황을 떠벌려서도 안 된다. 그

는 얼마간 굉장히 사적인 교회의 문제를 돕도록 고용된 사람이다. 다른 곳에서 자신의 견해나 교회 이야기를 나누지 않는 것은 직업윤리이다.

5. 컨설턴트는 자신이 정한 숙소에 머물러야 하며, 절대로 교인들의 가정에 머물러서는 안 된다. 그가 어디에 묵고 있는지 누구도 알아선 안 된다. 따라서 제반 준비는 교회가 아닌 컨설턴트 사무실에서 해야 한다. 그가 조직된 정황을 벗어나지 않도록 하기 위해서이다. 그는 비공식적이고 사적인 만남을 시도하는 사람들을 피해야 한다.

6. 교회의 리더들은 컨설턴트가 찾은 내용들과 갈등 해결을 위한 조언들을 문서 양식으로 받게 될 것이다.

7. 선입견이나 개인적 감정으로 인해 판단력이 손상되었다고 생각될 때 즉시 사역을 중단하겠다는 내용에 동의를 해야 한다.

8. 우선순위는 다음과 같다.

갈등을 통해 교회를 영적 성숙으로 이끄는 것

영혼을 구원하는 담대한 행동으로 교회를 인도하는 것

사임한 이후에도 치유 과정이 계속되도록 리더들을 세우는 것

9. 어떠한 상황에서도 목회자의 자리에 대신 들어앉아선 안 된다. 그는 교회의 모든 리더들을 뒷받침하기 위해 사역한다. 목회자가 그 교회를 떠나는 것이 옳은 경우라도 그 자리를 컨설턴트가 대신할 수 없다. 그럴 경우 목회자의 사임 결정에 컨설턴트의 이익이 결부된 것처럼 보일 수 있다.

한계를 정하라

컨설턴트에게 어떤 권위를 부여해야 할지 결정하라. 다음이 그가 맡을 수 있는 역할들이다.

수동적 조정자 그의 사역은 갈등을 겪고 있는 사람들을 만나 조정을 시도하는 것으로, 그 이상은 아니다.

수동적 조언자 컨설턴트는 의사결정을 진행할 뿐 결정을 강요하지 못한다. 다른 말로 그는 의사결정을 위해서가 아니라 조언을 위해 고용된 사람이다. 그의 조언은 특정한 사람을 다루는 방법이나 해고 대상을 제안하는 것과 같은 개인적, 조직적 조언을 포함한다. 아직 사람들이 교착상태에 빠지지 않은 경우에 선호하는 역할이다. 하지만 감정이 지나치게 격한 상태라면, 컨설턴트에게 다음과 같이 좀 더 권위를 부여하는 것이 좋다.

강제적 중재인 컨설턴트는 상호 동의에 의해 어떠한 결정을 내릴 권한을 얻고, 사람들은 그것을 존중하기로 약속한다. 이것이 교회를 살릴 수 있는 유일한 방법일 경우 가능한 역할이다.

교회가 두려워할 필요는 없다. 컨설턴트의 역할은 묵인하고 정죄하고 강요하는 것이 아니다. 전 교회가 건강한 관계로 회복될 수 있도록 도울 뿐이다. 다음과 같이 중요한 결정을 해야 할 수도 있다.

- 목회자가 그대로 남아야 하는가 떠나야 하는가
- 특정 사역자를 해고해야 하는가 말아야 하는가
- 인식체계의 전환이 필요한가

- 교회의 치리를 감행해야 하는가
- 갈등을 해결할 수 있을 것인가
- 교회의 문을 닫아야 하는가

위의 예는 관련된 사람들이 단호한 태도를 고수하기 어려운, 때로는 상처를 주기도 하는 영역에 속한다. 해고 대상 사역자의 가족이 그 교회를 다니고 있는 경우라면, 그 위기가 마무리되면 그곳을 떠나게 될 중립적인 사람이 해고 과정을 진행하는 것이 바람직하다.

먼저 이런 한계를 정하고 그 내용을 문서로 작성하라. 그리고 동의한 내용에 따라 행동하라.

신속한 해결을 바라지 마라

컨설턴트가 갈등을 신속히 해결해줄 거라 기대하지 마라. 사람들도 그렇지만 하나님도 그리 신속히 일하지 않으신다. 대부분의 경우 교회 갈등은 오랜 다툼과 긴장의 축적물이다. 인간의 감정은 훌륭하게 치유되지만 신속하게 치유되지는 않는다. 특히 상처가 깊고 극심하다면 더더욱 그렇다.

컨설턴트는 재난이 언제 끝나게 될지 기약할 수 없다. 회복의 과정에 들어가도 그의 수고가 열매로 나타나기까지 수년이 걸릴 수도 있다.

사례는 얼마나 해야 할까

컨설턴트의 사역에 대한 사례는 천차만별이라 일정 액수를 말하기가 어렵다. 유명한 컨설턴트들은 사역 문의를 받고, 그 후에 사례를 제시한다. 사례는 사실 문제의 복잡성과 해결책을 시도하기까지 걸리게 될 시간, 컨설턴트의 사역을 돕기 위해 필요한 사람들의 수에 따라 결정된다.

컨설턴트에게 지불하는 사례를 투자로 보아야 하는 이유는 두 가지이다. 첫째, 컨설턴트는 교회의 거대한 재정적 손실을 예방하기 때문이다. 일 년 수입이 1억인 교회가 있다면, 그 교회는 재난을 피함으로써 앞으로 10년 동안 적어도 10억을 아끼게 된다. 둘째, 컨설턴트가 교회를 위한 조언과 지시를 준비할 때, 보이지 않는 곳에서도 많은 시간을 투자할 것이기 때문이다. 실제 당신은 단기 협력 사역자를 고용하고 있는 것이다. 다만 오랫동안 함께 사역하지 않을 뿐, 그는 질적인 면에서나 그 강도에 있어서나 농축된 수고를 하고 있다.

교회의 컨설턴트는 의견이 다른 사람들을 한데 모으기 위하여 인간적인 기술을 사용하는 전문 협상인 그 이상이다. 모든 적절한 기술들을 알고 적용해야 하지만, 다른 무엇보다 그는 먼저 성령의 인도를 받는 사람이어야 한다. 그의 유일한 목적은 심각한 갈등을 겪고 있는 교회가 하나님의 뜻을 찾고 세우도록 돕는 데 있다.

자, 이제 컨설턴트에게 전화를 걸 준비가 되었는가? 그러기를 바란다. 서둘러 전화할수록 적절한 도움을 받을 확률도 높아진다. 훌륭한 컨설턴트는

- 교회 갈등을 피하도록 도울 것이다.
- 교회 갈등의 불이 멈추고 방향을 틀도록 도울 것이다.
- 복음에 충실하도록 도울 것이다.
- 그가 맡은 임무를 완수하도록 도우시는 분은 하나님이시다.
- 재정 손실을 막아줄 것이다.

교회 갈등을 겪은 후에 이 책을 읽고 있다면, "이 내용을 좀 더 일찍 알았더라면" 하고 생각할 것이다. 물론 시간을 되돌릴 수는 없지만, 잿더미를 뒤져 그 위에 무언가를 쌓아올릴 기초를 찾을 수는 있다. 이제 지독한 갈등의 불이 지나간 후 우리가 할 수 있는 일은 무엇인지 살펴보도록 하자.

불길은 멈췄다.

그러나 까맣게 타버린 숲처럼

척박해진 영혼은 좀처럼 회복되지 않는다.

발밑에서는 연기가 올라오고

풀은 바스락거리며 부서진다.

나무들은 헐벗었고 검게 그을렸으며

생명을 다한 연기만 피어오른다.

푸른 이파리들은

이제 잿더미가 되었다.

04 ——————————————————

회복을 향하여

피해 조사

교회가 입은 손상의 정도를 정직하게 평가하는 것은 매우 중요하다.
하나님은 독이 든 땅에서 추수하려 드는 교회를 축복하지 않으실 것이다.

"갈등은 좋은 것이다"라며 의기양양하게 선언하는 사람들이 있다. 내 생각은 다르다. 갈등을 실제로 경험해본 적이 없다든가, 동기부여 세미나를 부지런히 참석하다 보니 현실을 부정하는 데 익숙해진 탓에 호기를 부리는 것이다. 사실 갈등을 극복하는 과정에도 선한 것이 있겠지만 갈등 그 자체가 선한 것은 아니다. 갈등은 성령의 평화적 사역으로 말미암는 열매가 아니다. 갈등을 겪는 모든 교회는 많은 대가를 치러야 한다. 길 잃은 세상과, 목회자와, 목회자의 아내와 자녀들, 지도자 그룹, 교인들 모두 이들 각각에 대해 숙고하고 평가해보자.

그리스도와 길 잃은 세상

그리스도는 기록된 말씀과 창조를 통한 계시, 그리고 그 외의 많은 방법으로 믿지 않는 사람들을 향해 손을 뻗으신다. 교회 역시 신적 계시의 한 형태이다. 우리는 교회를 통해 그리스도의 대사로, 화목케 하는 직분을 맡은 자로 부름 받았다. 하늘을 대신하여 직접 하나님의 말씀을 대변할 수도 있다(고후 5장). 말씀과 자연은 계시의 목적을 반드시 이룬다. 하지만 갈등의 불길이 교회를 삼킬 때, 천국의 훌륭한 계시들 중 하나가 연기 속으로 자취를 감춘다. 세상을 향한 교회의 증거와 증언이 파괴되는 것이다.

교회를 통한 그리스도의 계시는 개인적으로 경험되는 것이다. 사람들이 창조론 대 진화론에 관해 토론할 때는 혼란을 느끼지만 참된 사랑의 행위를 놓치는 법은 없다. 성경에서 이해하지 못하는 내용이 분명히 있을 수 있다. 그러나 용서와 친절, 이타적인 마음의 위대함만은 분명히 이해한다. 결국 무엇보다 사람에게 감동을 주는 것은 사람이다. 따라서 교회가 갈등에 휘말리게 될 때, 사람들은 교인들의 삶을 통해 흘러나오는 그리스도의 계시를 상실하게 되는 것이다.

그렇다면 교회를 통해 보여주는 그리스도의 계시는 어떤 모습일까? 예수님은 말씀하셨다. "너희가 서로 사랑하면 이로써 모든 사람이 너희가 내 제자인 줄 알리라"(요 13:35). 교인들이 그저 서로에게 친절해야 한다는 의미일까? 아니다, 그 이상이다. 서로를 향한 헌신이 너무나 깊어서 서로를 위해 죽을 수도 있다는 의미이다. 예수님은 이렇게도 말씀하셨다. "내 계명은 곧 내가 너희를 사랑한 것 같이 너희도 서로 사랑하라 하는 이것이니라. 사람이 친구를 위하여 자기 목숨을 버리면 이보다 더 큰 사랑이 없나니 너희는 내가 명하는 대로 행하면 곧 나의 친구라"(요 15:12-14).

교회 갈등은 예수님의 명령과 배치된다. 이것은 그리스도의 마음을 모독하고 그의 명예를 훼손하는 것이다. 그리고 교회가 갈등할 때, 세상은 복음을 잃어버리게 된다.

하나님의 명령을 어기는 것이 얼마나 심각한지 이스라엘의 예를 통해 살펴보자. 이스라엘은 하나님의 선택된 백성이었다. 선택은 특권이 아니라 의무를 의미한다. 이스라엘은 이 의무를 저버림으로써 세상을 실망시켰다. 이것은 어느 특정한 날에 일어난 사건이었다. 이스라엘이 자신의 구원자 메시아를 거절한 날이 그날이었을까? 오히려 그날은 이스라엘이 스스로에게 실망한 날이었다. 이스라엘이 세상을 실망시킨 날은 왕을 보내달라고 요구한 날이었다(삼상 8장). 그날부터 오늘에 이르기까지 세상은 하나님이 통치하는 나라를 볼 수 없게 되었다. 이스라엘이 하나님께 계속해서 충성했더라면, 세상은 자신의 백성을 돌보시는 하나님의 손을 부인할 수 없었을 것이다.

이스라엘처럼 하나님께 속한 나라로 부름을 받은 것은 아니지만, 교회는 하나님께 속한 사람들로 부름을 받았다. 세상의 유일한 소금과 빛은 하나님의 백성들이 사랑에서 우러난 순종을 통해 그리스도를 나타내는 것이다. 따라서 갈등에 빠진 교회보다 그리스도에게 모욕적이고 세상 앞에서 불명예스런 것은 없다. 그리스도께서 희생을 통해 우리를 사랑해주셨음에도 우리는 서로를 사랑하지 않는다는 증거이기 때문이다. 그러면 세상은 사람들 속에서 일하시는 하나님을 볼 수가 없다.

이스라엘은 수천 년에 걸쳐 불순종의 대가를 엄청나게 치렀다. 새로운 언약이라는 '더 나은 것'을 향유하는 교회라고 해서 불순종의 대가를 무시할 수 있을까? 그렇지 않다. 바울은 고린도후서 5장 10절에서 강력히 경고한다. "이는 우리가 다 반드시 그리스도의 심판대 앞에 나타나게 되어 각각 선악 간에 그 몸으로 행한 것을 따라 받으려 함이라."

종교가 그리스도라는 목적에 미친 영향을 생각해보라. 이스라엘은 그를 부인했다. 이방인들은 그를 재구성했다. 거짓 종교는 그를 무시했다. 반목하는 그리스도인들은 그를 올바로 대변하지 못했다. 그러는 동안 하나님의 영광은 손상되었고, 하나님의 백성들은 정신적으로 큰 상처를 입었으며, 길을 잃은 세상은 그것을 지켜보면서 여전히 길을 잃고 헤매고 있다.

갈등이 그리스도의 이름에 입힌 손상을 조사하는 것은 지혜로운 일이다. 어려운 결정을 내려야 하는 시간이다. 교회를 해체해야 할지, 아니면 계속 전진해야 할지를 결정할 때 고려해야 할 요인들은 다음과 같다.

1. 교회를 유지할 만한 재정적인 능력이 있는가? 교회의 운영비용은 남은 사람들에게 꼭 필요한 활력을 앗아가는 동시에 무한한 부담이 되지 않는가?
2. 교회가 위치한 곳이 인구가 많아 교회 갈등에 대해 전혀 알지 못하는 전도 대상자들이 충분히 있는가? 아니면 인구가 적어 교회의 소

문 때문에 교회 재건이 어려워지는 건 아닌가?

3. 교회가 입은 손상이 너무나도 커 재건을 도울 만한 목회자를 청빙하는 것이 불가능한가? 사례 때문에 온 목회자는 곤경을 연장시키기만 할 것이다.

4. 교회를 유지하기 원하는 사람들은 어떤 동기를 품고 있는가? 하나님께서 주신 분명한 명령인가? 향수인가? 포기하지 않겠다는 교만한 투지인가? 동기는 교회의 장기적 성공과 실패에 영향을 미친다. 따라서 이것을 밝히는 것은 매우 중요하다.

능욕당한 목회자

자연계에서는 양이 목자를 공격하는 일이 없다. 하지만 교회는 그렇지 않다. 사람들을 위험에서 돌이키기 위해 애를 쓰는 목회자의 자리는 위태롭다. 양들이 자신의 노력을 고마워할지, 아니면 자신을 잡아 삼키려 할지, 결코 안심할 수 없다. 지나치게 솔직한 목회자들 대부분은 자신이 적의 칼을 갈아주고 있었다는 사실을 나중에야 깨닫는다.

보이지 않는 피 흘림이 있다. 갈등에 휩싸인 교회의 목회자를 묘사할 수 있는 유일한 단어가 피 흘림이다. 목회자는 모든 방향에서 상처를 입는다. 목회자는 다음에 열거한 것을 통해 고통을 경험한다.

- 그의 영적 안녕이나 인간의 존엄성을 전혀 상관하지 않는 공격자들
- 그를 사랑하지만 도울 힘이 없는 사람들

- 노력이 부족하다는 비난
- 직업적 신뢰도에 대한 의심
- 목회자의 고통을 본인보다 심각하게 받아들이는 아내
- 아버지의 신앙이 자신의 충정을 바칠 만한 것인지 의아해하
  는 자녀들

이혼과 비슷하다. 한때 당신은 그들과 함께 웃고, 울고, 기도하고
일했다. 교인들은 당신을 자신들의 삶으로 초대했다. 당신은 자기 유
익이라는 세계를 떠나 그들의 기쁨과 슬픔, 소망과 꿈으로 당신의 삶
을 내어주었다. 그런데 지금 그들은 당신이 다가오면 입을 다문다. 애
찬 자리에서 당신이 앉을 곳은 없다. 목양실은 감옥이 되어버렸다.

당신은 무방비 상태가 되었다. 자신을 변호하려 하면 뭔가를 감추
려고 방어하는 것처럼 보일 뿐이다. 말을 하면 할수록 왜곡된다.

인간으로서 갖는 존엄성도 부인된다. 사람들은 손에 쥔 책처럼 당
신을 제멋대로 읽고 이해한다. 아무렇지 않게 상처주고, 그러고 나서
는 함께 모여 당신의 상처를 쳐다보며 웃고 자신들의 행동이 정당했
다고 자위한다.

당신의 세계는 무너져 내리고 곁에 남아 있는 이는 극소수다. 멀쩡
한 구경꾼들의 입장에서야 "남자답게 받아들이라"는 충고가 쉽겠지
만, 이 상황은 배우들이 총에 맞고도 그대로 일어나 집으로 돌아가는
영화 속 한 장면이 아니다. 사람들이 죽고 다시 일어나지 못하는 실제
상황이다. 목회자들은 평생 지워지지 않는 상처를 입게 되는 것이다.

성경에서 가장 강한 인물들도 악한 사람들로부터 압력을 받으면 비

틀거렸다. 예레미야는 하나님께 왜 악인들을 형통케 하시는지 물었다 (렘 12:1-4). 성난 모세는 십계명이 기록된 돌판을 깨뜨렸다(출 32장). 다 윗은 하나님께 대적의 뺨을 쳐달라고 요구하기도 했다(시 3:7). 사도 바울은 그를 괴롭게 하는 사람들에 대해 단호하게 이야기했다(딤후 4:10, 14-15). 이들은 비틀거렸다. 하나님께서 개입하시지 않으면 사람 이 사람을 파멸시키는 일이 일어날 수 있기 때문이다.

교회가 목회자에게 입힌 손상을 정직하게 평가하는 것은 너무나도 중요하다. 문제는 목회자의 옳고 그름이 아니라, 그 목회자에 대한 교 회의 대우이다. 부적절하게 대우했다면, 그것을 바로잡고 필요한 경 우 보상이라도 해야 한다. 그렇지 않으면 자기 파괴의 씨앗이 교회 안 에 자리 잡게 된다. 하나님은 독이 든 땅에서 추수하려 드는 교회를 축복하지 않으실 것이다.

목회자의 아내

목회자의 절대 다수가 남성이기에 이 부분은 남편이 겪은 냉혹한 현실로 고통을 겪어온 수많은 여성들을 위한 것이다. 목회자의 아내 는 남편이 공격당할 때마다 직접적인 영향을 받는다. 자기 가족과 남 편의 사역이 부당하게 찢겨짐으로써 상상을 초월한 고통을 경험한다. 사람들에게 베푸는 사랑은 거절당한다. 사회적 용납이라는 그녀의 필 요 역시 마찬가지이다.

헨리 볼드윈 목사의 아내 준 볼드윈을 예로 들어보자. 헨리는 젊고 에너지가 넘치며 훌륭하고 강한 리더였고, 사람들의 인정이 없어도 안정감을 유지하는 사람이었다. 하지만 준은 정반대였다. 그러나 사람들은 그녀의 미모와 침착한 태도 때문에 그녀가 인정받기 원한다는 사실을 잘 눈치채지 못했다. 준은 강해 보이는 외양 뒤에 고통스런 두려움을 숨겨왔다.

준은 작은 충격에도 깨지기 쉬운 연약한 인형 같았다. 이유는 알 수 없지만 언젠가 누군가가 가면을 벗고 자신을 파괴할 거라는 공포감에 시달려왔다. 또한 그것이 남편의 사역에 영향을 끼칠까 두려웠다.

우려하던 일이 실제로 벌어졌다. 악몽이 현실이 된 것이다. 한 남자 성도가 교회의 어떤 특정 상황에 대해 자신의 아내에게 얘기하지 말아 달라고 준에게 부탁을 해왔다. 자신이 직접 이야기하고 싶다는 이유에서였다. 아침 예배가 끝나고 교회 통로에 서 있는데 그 성도의 아내가 준에게 말하지 말라던 그 문제에 대해 물어왔다. 준은 자신이 이야기할 만한 문제가 아니라고 대답을 했고, 근처에 있던 다른 여 성도가 준의 대답을 듣게 되었다. 그녀는 갑자기 준을 잡고 흔들며 이렇게 소리를 쳤다. "사모님, 이 자매님이 알고 싶어 하는 것을 아는 대로 말씀해주세요!" 사람들은 놀라 조용해졌지만, 누구도 준을 구하기 위해 나서지는 않았다.

준의 내면은 물처럼 힘없이 쏟아져 내렸다. 행복도 허물어졌다. 어떤 생각도 그녀에게 안정감을 되돌려줄 수 없었다. 여 성도가 겨우 화를 멈추고 나서 교회를 나오던 준은 다리에 감각이 느껴지지 않았다.

그녀 자신도 뭐가 문제인지 모르니 남편 헨리도 알 턱이 없었다. 어린 시절에 각인된 폭력이라는 억압된 기억이 그녀의 뿌리 깊은 불안과 두려움의 원인이었다는 게 밝혀진 것은 시간이 좀 지나서였다. 소리치던 여자 성도는 자신이 침착하고 자신감 넘치는 사모를 공격했다고 생각했을 것이다. 하지만 그녀가 파괴한 것은 스스로를 방어할 능력이 없는, 내면에 있던 겁먹은 소녀였다.

이야기는 더욱 복잡해졌다. 헨리는 휴식을 위해 아내와 잠시 다른 곳에 가 있기로 했다. 그는 교회 운영위원회에 다음과 같이 이야기했다. "제가 돌아오기 전까지, 여러분들께서 이 성도를 해결해주셨으면 합니다. 그렇지 않을 경우, 저는 교회를 사임하도록 하겠습니다." 이러한 상황을 상대하는 것이 두려웠던 운영위원회는 목사에게 사역을 그만둬도 좋다는 편지를 쓰게 되었다.

준의 내면세계는 파괴되었다. 그녀는 아직도 자신이 그 성난 성도를 상대할 수 없었던 이유가 어린 시절의 폭력 때문이었다는 사실을 알지 못했다. 그녀가 알고 있는 것은 그 일이 벌어지는 동안 자기 내면이 붕괴되는 듯했다는 사실뿐이었다. 그 장면을 가만히 서서 지켜보기만 하던 사람들의 행동은 그녀에게 더한 굴욕감을 안겨주었다. 헨리는 아내에게 얼마나 깊은 도움이 필요한지 가늠할 수 없었다. 교회 운영위원회는 공식적으로 그 성도를 보호하고, 목회자와 그의 아내를 사임시키겠다고 발표했다. 준은 자녀들 앞에 부끄러웠고, 남편이 목사로서 몰락한 데 대한 책임이 모두 자신에게 있다는 죄책감으로 힘겨워했다.

그녀는 무조건적인 사랑과 용납을 찾아야 하는 장소인 교회에서 게릴라의 습격을 받은 것이다.

이 교회의 이야기에는 후기가 있다. 이 기간에 목회자와 그의 아내를 변호한 것 때문에 운영위원회로부터 심각한 언어적, 감정적 폭행을 당했던 교회의 비서는 운영위원회를 고소했고, 보상금으로 5,000만 원을 얻어냈다. 그 후 6년 안에, 교회는 목사 세 명을 갈아치웠다. 이제 이 교회는 세상에 없다. 그 파괴적인 성도는 다른 교회들을 위협하며 돌아다니고 있다. 다 교회 리더들의 무능함 때문에 일어난 일이다.

여전히 치료 중인 준과 목회로 복귀할 기약이 없는 헨리에게 이 후기는 그다지 위안이 되지 못한다. 하지만 무엇보다도 이것은 하나님의 명예를 더럽힌 일이다.

준에겐 해결되지 못한 깊은 상처가 있었기 때문에 그녀가 모든 목회자들의 아내를 대변할 수는 없다. 하지만 그녀와 마찬가지로 모든 목회자의 아내는 깊은 고통을 경험한다. 따라서 다음 내용을 고려해야 한다.

- 교회 갈등이 목회자의 아내에게 어떠한 영향을 미쳤는가?
- 그녀에게 친절을 베풀고 그녀를 개인적으로 돕기 위해 필요한 것은 무엇인가?
- 그녀의 입장에 귀를 기울여 보았는가? 아니면 그녀를 존재감 없는 사람으로만 대했는가?

목회자의 자녀들

교회의 갈등은 목회자의 자녀들에게 교회를 향한 증오와 자살기도에 이르기까지 다양한 반응을 끌어낸다. 너무 극단적으로 들리겠지만 사실이 그렇다. 끔찍한 환경을 얼마든지 이겨낼 수 있고 밤을 견뎌낸

자들에게 하나님께서 새벽을 주신다는 사실을 알 만큼의 충분한 경험이 어린아이들에겐 없기 때문이다. 어린아이들에겐 내일이 없다. 그들에겐 오로지 오늘뿐이고, 오늘이 무너지면 인생이 끝나는 것이다.

목회자 부부를 대하는 교인들의 태도가 '목회자 자녀들'에게 미친 영향에 관해 하나님께서는 분명히 책임을 물으실 것이다. 교회가 무자비하게 목회자의 사임을 종용할 때, 목회자의 자녀들은 깊은 불안과 함께 당혹감과 수치심을 경험하게 된다. 그들은 앞으로 살 집이 있을지, 심지어는 학교에 신고 갈 운동화를 살 수 있을지 걱정할 수 있다. 친구들 앞에서 당하는 굴욕은 그들에겐 세상의 '종말'이나 다름없다.

그런 어린 자녀들을 둔 목회자 부모는 자기 자녀들이 교회와 심지어는 인생 자체에 대해서도 부정적인 결론을 내릴 때 무기력하게 지켜볼 수밖에 없다. 자녀들의 선택을 알 수도 통제할 수도 없다. 자신이 자녀들에게 가르쳐온, 언제나 선이 승리한다는 사실은 그들에게 거짓처럼 보인다. 가족들로 여겨왔던 사람들은 알고 보니 독설로 가득 찬 신뢰할 수 없는 사람들이었다. 많은 목회자들과 그들의 가족들이 세상이 지켜보는 가운데 이와 같이 엄청난 대가를 치르고 있다.

다음은 실제 있었던 일이다. 정력적이고 성공가도를 달리던 한 사업가가 제자도에 관한 설교가 끝난 직후 나를 찾아왔다. "목사님께서 말씀하신대로 한다면, 제 사업은 당장 망하게 될 겁니다." 그는 공격적이고 적대적인 태도로 말했다. 며칠 동안 우리는 많은 이야기를 나누었다. 그때마다 그는 우리가 어떠한 상황에서든 그리스도께 복종해야 한다는 사실에 동의를 하면서도, 그것이 현대 사회에서는 비현실적이라는 주장을 굽히지 않았다.

그는 나를 자신의 사업장으로 초대했다. 그는 사업가로서는 전설과 같은 존재였다. 사람들은 그를 존경하고 경외했다. 그는 나 역시 그를 두려워해야 한다는 듯한 눈치를 줬다.

이윽고 그의 외면의 껍질이 벗겨지고 마음을 들여다볼 수 있는 기회를 잡았다. 마음 깊은 곳에 자리한 그는 폭군이 아니라, 상처와 분노에 떨고 있는 어린아이였다. 차마 들을 수 없는 이야기가 이어졌다. 목회자였던 그의 아버지는 섬기던 교회로부터 심한 폭력을 당했다. 그는 보복을 결심했다. 부와 권력을 얻어 교회가 자신에게 도움을 요청할 때, 그것을 거절할 생각이었다.

다행히 그는 회개했지만, 많은 목회자의 자녀들은 회개하기가 쉽지 않다. 그들은 교회에 대한 애증적이거나 적대적인 견해를 가지고 인생을 살아간다. 무엇이 자신을 그렇게 만들었는지 기억하지 못할 수도 있지만, 자신의 아버지를 해친 것이 결국은 그리스도의 교회였기에 그들이 그리스도를 온전히 섬기기 위해 나아오기는 쉽지 않다.

우리는 "예수님은 어린아이들을 사랑하세요"라고 찬송을 부른다. 당신의 교회는 어린아이들을 사랑하는가? 교회의 갈등이 목회자 자녀들에게 악영향을 끼치지 않도록 주의하는지를 보면 알 일이다.

▪ 어린 자녀들에게 그들이 안전하고 가족이 피해를 당하지 않도록 교회가 노력할 것이라는 약속을 반복적으로 확인시켜 주어야 한다.

▪ 교회는 어린이들을 위한 전문적 위기 상담 비용을 제공해야

한다.

- 당혹스런 공개적 폭로에서 어린아이들을 보호하라. 아이들
이 학교에 가서 자신의 부모가 처한 곤경에 대해 친구들이
쑥덕이는 내용을 듣게 되리라는 사실과 어린아이들의 말이
더 잔인할 수 있다는 사실을 잊지 마라.

상처 입은 교인들

갈등의 불길이 치솟으면 성도들이 치르는 대가 역시 크다.

- 교회의 실패는 앞으로 수년 동안 남은 사람들의 손을 동여맬
심각한 부채를 남길 수 있다. 그들은 좋은 시절에 성장하는
미래를 꿈꾸며 믿음을 쌓아왔지만, 현재 그들이 마주한 것은
혹독한 재정적 속박이다.
- 사람들이 편을 가르기 시작하면서 친구들 사이에서 지독한
압박을 경험한다.
- 문제에 대한 가족들의 의견이 다를 경우, 아슬아슬한 긴장을
경험한다.
- 교회는 사회적 당혹감을 견뎌내야 한다. 종교적 공동체와 세
속적 공동체를 막론하고 거대한 다툼을 경험한 교회라고 낙
인찍힐 것이다.
- 남은 성도들은 교회 갈등을 피하거나 멈추려고 더욱 노력하
지 못한 것에 대해 몹시 슬퍼하고 죄책감을 느낀다.

- 어린아이들이 문제의 근원지였던 교회에 대한 보복으로 신앙을 거절하는 경우도 있다.

- 지독한 갈등 이후, 교회의 개척 멤버들 사이에는 거대한 실망이 싹튼다. 이러한 패배감은 그들이 이전의 친구들과 가족들의 빈자리를 돌아보게 될 때마다, 그리고 그들의 교회를 찢어놓았던 문제들이 여전히 해결되지 않았다는 사실을 깨닫게 될 때마다 더욱 깊어진다.

- 서서히 회복된다 해도 회복하는 데 수년의 시간이 걸릴 수 있다는 사실을 사람들은 알고 있다. 회복되지 않을 가능성이 더 크다. 피해가 너무 커서 벽에 시멘트를 덧바르는 정도로는 재건이 불가능한 교회에 돈과 노력을 들이고 싶겠는가?

- 교회와 운영위원회가 갈등을 적절히 다루지 못할 때 그 심각한 결과는 삼사 대까지 흘러갈 수 있다(출 20:5). 하나님은 은혜가 충만한 분이시지만, 권위에 대한 모독을 높이 사지 않으실 것이다. 베드로는 이렇게 기록했다. "주께서 경건한 자는 시험에서 건지실 줄 아시고 불의한 자는 형벌 아래에 두어 심판 날까지 지키시며 특별히 육체를 따라 더러운 정욕 가운데서 행하며 주관하는 이를 멸시하는 자들에게는 형벌할 줄 아시느니라"(벧후 2:9-10). 모든 권위는 하나님께로부터 오고 따라서 권위를 멸시하는 것은 하나님을 멸시하는 것이다. 교회는 권위를 멸시하고 갈등을 일으키는 난폭한 사람들을 상대해야 한다. 그렇지 않으면 하나님은 교회를 보호하지 못한 리더들을 꾸짖으실 것이다. 많은 교회들의 출입구 위에

'Ichabod'라는 팻말이 걸려 있는 것은 권위에 대한 모독이 아직 해결되지 못한 까닭이다. 나는 목회자들과 교회들을 파괴하고도 회개하지 않는 조상들 때문에 속박 가운데 있는 가정들이 분명히 있다고 믿는다.

자연계에서 대화재가 남긴 상처는 얼마간만 지속되고 곧 새로운 생명이 잿더미 속에서 일어난다. 그러나 교회에 일어난 갈등의 불길은 그렇지 않다. 치러야 할 대가는 크고 영구적이기까지 하다. 개인이나 교회가 더 나은 상태로 다시 일어서는 경우도 물론 있지만, 그것은 올바른 신학과 선한 사람들의 기꺼운 도움이 있을 때만 가능하다.

이제까지 갈등의 불길이 교회에 입히는 손상에 대해 살펴보았다. 이제, 갈등의 중심이 되기 쉬운 목회자를 교회가 어떻게 돌봐야 할지 생각해보자.

목회자에 대한 교회의 책임

이스라엘이 선지자들을 대우한 대로 심판받았듯,

교회는 목회자에 대한 자신의 처신에 책임을 져야 할 것이다.

목회자의 참된 필요를 분별하고 섬기는 것은 교회가 건강할 때나 갈등할 때나 매우 중요하다. 특별히 교회 갈등을 지나온 목회자가 교회의 재건을 돕기 위해 남는 경우라면 더더욱 그렇다.

목회자의 참된 필요

목회자가 능력 있는 목회자로 성장하는 과정에 도움이 되어줄 사람을 찾는 것은 그의 일생의 과제이다. 신학교가 목회자를 양성한다고 생각하지 마라. 신학교는 그럴 수 없는 곳이다. 신학교는 목회자가 되는 데 필요한 도구를 제공할 뿐이다. 다른 어떤 요인들보다 목회자의 성장에 영향을 끼치는 것은 교회이다. 다음과 같은 과정을 거치면서 말이다. 그리스도는 목회자에게 은사를 주시고(엡 4:11), 성령은 그의 사역에 능력을 더하시며(행 1:8; 4:29; 요 14:25-26), 목회자는 그 은사를 발견하고 사용한다(딤전 4:14). 그러나 교회가 그 은사를 양육하거나 파괴할 수 있다.

그렇다면 목회자의 성장을 어떻게 도울 수 있을까? 두 가지 이야기를 통해 답을 제시하고 싶다. 한 이야기는 내가 직접 경험한 것이고 나머지는 성경의 이야기이다.

멘토에게 전하는 감사

시간을 1960년대 중반으로 돌려보자. 워싱턴 신학대학을 다니면서, 나는 버지니아 주 알렉산드리아에서 청년부 사역을 하고 있었다. 이상과 열정이 충천했고 다가오는 모든 골리앗을 맷돌로 때려잡을 만반의 준비가 되어 있었다.

인생은 단순했고 명백해 보였다. 진리를 선포하고 그 의를 적용하면 모든 성도들이 기뻐할 거라 생각했으니, 무척 순진했다. 머지않아 '골리앗'이 나타났다. 어느 주일, 나는 서인도 대륙에서 온 내 친구가 특별 찬양을 하게 될 거라고 광고했다. 예배를 마친 후, 안수집사 존이 나를 찾아왔다. "아, 목사님… 그러니까, 아… 아… 그 자메이카에서 오신 친구 분이 혹시 흑인인가요?"

"물론입니다, 집사님." 나는 인종에 대한 그의 박식함에 놀라 대답했다.

"목사님," 그는 바닥을 내려다보며 말을 이었다. "우리… 그러니까

… 우리 교회에 흑인을 들일 수는 없습니다."

그 당시 미국의 수도를 흐르는 포토맥 강 건너에서는 민권 시위가 진행되고 있었다. 나는 내가 목회를 하고 있는 교회에서 이런 말다툼을 하게 될 거라고는 전혀 예상하지 못했다. 아연실색한 나의 모습에 존은 자신감을 얻었다. 그는 불이 붙지 않은 두꺼운 시가를 입에 물며 말을 이었다. "만일 그 흑인이 우리 교회에 발을 들여놓기라도 한다면, 목사님, 우리는 그 사람을 교회 밖으로 내동댕이칠 겁니다." 그가 말하는 "목사님"에는 경멸이 묻어났고, 이 이야기를 전하는 동안 권력의 상징인 시가를 입술로 비틀고 있었다. 옆에는 그를 지지하는 짐이 메스꺼운 미소를 지으며 서 있었다.

혼돈은 분노로 변했고 나는 이렇게 응수했다. "집사님이 어느 흑인이라도 이 교회에서 내쫓으실 계획이시라면 저도 함께 내쫓으셔야 할 겁니다."

"물론이지요." 두 사람이 입을 맞추어 대답했다.

이제 그 둘의 안수집사직과 성경공부 교사직을 박탈하는 수밖에 없었다. 교회의 모든 성도들이 진리의 편에 설 거라 확신했지만, 많은 사람들은 두려워하며 자신의 신념대로 주장하지 못했다. 결국 그 상황은 회중 회의의 안건으로 등장했다.

나는 성경에서 존과 짐에 반대하는 예를 찾아 들었다. 그들의 얼굴은 어두워졌고, 들릴 만한 소리로 서로에게 속삭였다. 내가 이야기를 마쳤을 때 그들은 동시에 일어나 당장이라도 달려와 나를 공격하겠다는 태세를 보였다. "존, 당신이 해결할 거야, 아니면 내가 먼저 가?" 짐이 물었다.

짐은 체격이 마르고 겁이 많았으며 황소 같은 존의 그늘 아래 늘 자신을 숨기던 사람이었다. "아니, 내가 해결할게"라는 존의 대답에 안도하는 듯했다.

비밀 요원으로서 미국 대통령 린든 B. 존슨Lyndon B. Johnson의 경호를 맡고 있던 회의 진행자는 일어나 그 둘을 가리키면서 경고했다. "앉으세요. 그렇지 않으면 두 분 팔이 무사하지 못할 겁니다." 내게는 하나님의 음성과도 같았다. 그들은 두고 보자는 얼굴로 자리에 앉았다.

보름달 아래서 울부짖는 모든 미국인들 중에 가장 늑대 같은 두 사람이 우리 교회에 있는 것만 같았다. 그러나 그들은 패배의 길로 가고 있었고, 그것이 모든 것을 더욱 위태롭게 만들었다. 자신들에게는 '친구들'이 있다며 조심하라고 경고를 해왔다. 한밤중에 전화가 걸려왔다. 상대는 아무 말도 하지 않고 위협하듯 숨소리만 내뱉었다. 민권 운동가들이 불구가 되고, 죽임을 당하고, 심지어 대통령도 저격을 당하는 시국인 만큼 쉽게 넘길 일이 아니었다.

이것이 내게 닥쳐온 갈등 상황이었고 주목할 만한 한 사람의 등장에 걸맞는 완벽한 배경이 되어주었다. 팝 스털링이라고도 알려진 찰스 스털링은 내가 이 의로운 목적을 위하여, 때로 의롭지 못한 태도로 싸우는 것을 조용히 지켜보고 있었다. 그의 침묵은 내가 마주한 죄악에 대한 용납이 아니었다. 오히려 자기 목회자의 멘토가 되어 길이길이 영향력을 끼치기 위해 자기 영혼을 보존하는 중이었다.

나는 내 미숙함을 감지하면서도 무엇을 해야 할지 전혀 감을 잡지 못하는 단계에 있었다. 그런 나는 나를 파괴하려는 상대에게 쉬운 적수였다. 그러나 팝 스털링의 조용한 기질은 내게 무섭게 몰아치는 갈등의 불길보다 더욱 중요한 것이 있다는 사실을 보여주었다. 나는 곧 그것을 깨달을 수 있었다. 잠언 4장 23절의 말씀이었다. "모든 지킬 만한 것 중에 더욱 네 마음을 지키라. 생명의 근원이 이에서 남이니라." 두 사람은 나를 무너뜨리기 위해 급급했지만, 팝 스털링은 나를 성숙시키기 위해 최선을 다했다. 위기를 다룰 수 있으려면 먼저 마음을 다스리는 법을 배워야 했다. 그는 말이 아닌 본으로 그것을 가르쳐 주었다.

팝은 나의 어깨에 손을 얹고는 침착하게 말하곤 했다. "제가 목사님을 위해 기도하고 있습니다. 우리, 주님을 신뢰합시다. 하나님께서 길을 열어주실 겁니다." 그는 겸손한 태도를 유지하면서 내가 생각해 볼 수 있는 영적인 것들을 제안하기도 했다. 내게 목사로서의 지위가 있었다면 그에게는 능력의 지위가 있었다. 그는 모든 사역자들에게 필요한 사람, 즉 목회자를 성숙케 하는 일에 헌신한 성숙한 사람이었다. 성자를 길러내는 것은 기술적 훈련이 아니다. 팝 스털링 같은 사람들이 그 일을 해낼 수 있다. 내가 아는 성공한 사역자들은 모두 불가능한 상황을 견디도록 그들의 마음과 영혼에 힘을 실어주었던 팝 스털링과 같은 사람들과의 만남을 경험한 적이 있었다.

멘토는 그가 성장시키고자 하는 사람과의 관계를 통해 자신도 성장해가는 능력을 보이면서 성숙을 증명한다. 미성숙한 사람은 자신이 돕고 있는 사람이 자신에게는 아무런 공헌도 할 수 없는 사람인 것처럼 행동하지만 참된 멘토는 함께 성장한다. 성장은 역동적으로 일어난다. 이것이 서로를 지지하는 인대로 잘 연합되어 있는 그리스도의 몸이다(엡 2:22; 4:1-16).

브리스길라와 아굴라

성경은 훌륭한 사도 바울과 뛰어난 연설가 아볼로의 삶에 영향을
끼친 두 명의 팝 스털링, 브리스길라와 아굴라의 이야기를 전한다. 브
리스길라와 아굴라는 천막 짓는 일을 하면서 리더를 세우는 일에 헌신
한 사람들이었다. 영적으로 미성숙했던 고린도 교회 성도들은, 서로
다른 의견을 핑계 삼아 바울과 아볼로의 편을 가르려 했다. 반면 브리
스길라과 아굴라에겐 두 사람 각각을 향한 사역이 있었다.

바울에게 미친 영향

이야기는 로마 감옥에 갇혀 인생의 마지막을 기다리고 있던 바울과
함께 막을 연다. 위대한 사도 바울은 유죄를 선고받고 사형 집행인의
칼을 기다리고 있었다. 그는 교회를 향한 자신의 마음을 쏟아내고자
깃펜을 꺼냈다. 그의 글을 통해 볼 수 있는 것은 불만 많은 노인의 모
습이 아니라 이글거리는 믿음이다. "전제와 같이 내가 벌써 부어지고
나의 떠날 시각이 가까웠도다. 나는 선한 싸움을 싸우고 나의 달려갈
길을 마치고 믿음을 지켰으니 이제 후로는 나를 위하여 의의 면류관
이 예비되었으므로 주 곧 의로우신 재판장이 그날에 내게 주실 것이
며 내게만 아니라 주의 나타나심을 사모하는 모든 자에게도니라"(딤
후 4:6-8).

거기에는 오해와 거절, 매 맞음, 감옥살이, 배반으로 인한 분노나

자기 연민의 흔적이 없다. 바울의 마음은 경건한 생각들에 집중되어 있고, 구약을 연구하려는 의욕을 비치기까지 한다(딤후 4:13). 그의 마음은 하나님의 말씀을 향한 사랑으로 불붙어 있었다. 바울은 비바람이 다듬어낸 지혜로써 디모데에게 고난을 견디라고 가르치는데(딤후 4:5) 이것이 모든 영적 리더들의 직무이기 때문이었다. 또한 자신을 실망시키고 자신에게 해를 입힌 사람들을 고통 가운데도 기억했다. 그는 이 세상을 향한 사랑 때문에 자신을 실망시켰던 데마에 대해 이야기했다. 디모데에게 구리 세공업자 알렉산더를 조심하라고 경고하면서 이렇게 기록하기도 했다. "구리 세공업자 알렉산더가 내게 해를 많이 입혔으매 주께서 그 행한 대로 그에게 갚으시리니"(딤후 4:14).

마찬가지로 하나님께서는 교회가 그리스도를 섬기기로 헌신한 사람들을 어떻게 대우했는지 기억하실 것이다. 영적 리더들을 유기하거나 방해한 사람으로 기억되는 것은 결코 사소한 일이 아니다. 심각한 가족 문제를 겪고 있는 많은 사람들의 경우, 문제의 뿌리는 이전 목회자에 대한 학대에 있다. 다시 한 번 베드로의 말을 생각해보라. "주께서 경건한 자는 시험에서 건지실 줄 아시고 불의한 자는 형벌 아래에 두어 심판 날까지 지키시며 특별히 육체를 따라 더러운 정욕 가운데서 행하며 주관하는 이를 멸시하는 자들에게는 형벌할 줄 아시느니라"(벧후 2:9-10).

바울은 자신에게 잘못한 사람들을 정직하게 평가하는 동시에, 자신의 사역을 축복하고 높여준 사람들에 대한 달콤한 기억을 더듬어보기도 한다. 바울의 양피지에서 두 사람을 향한 바울의 특별한 애정이 흘러넘친다. "브리스가와 아굴라와 …에 문안하라"(딤후 4:19).

그의 인사에는 애틋함이 묻어난다. 먼저 1세기의 문화를 고려할 때, 브리스길라의 이름이 남편의 이름보다 먼저 언급된 것은 이례적인 일이다. 성경 속에서 그들의 이름을 언급한 여섯 군데 중 네 군데에서 바울은 브리스길라에게 이 같은 영예를 선사했다. 또한 일부 번역에서는 바울이 그녀를 브리스길라보다 짧고 친밀한 이름인 브리스가라고 부르는데, 이것 역시 그녀에 대한 바울의 진심 어린 감사를 보여준다. 그녀를 향한 바울의 애정 어린 표현은 바울과 아굴라 사이에 오갔던 신뢰와 사랑을 보여주기도 한다. 미치광이 네로의 손에 죽음을 당하기 전, 바울의 마음은 브리스길라와 아굴라에 대한 기억으로 따듯해졌다.

우리가 이 부부를 처음 만난 것은 바울의 선교여행과 관련이 있는 사도행전을 통해서이다. 바울은 새로운 도시에 들어갈 때마다, 예수를 전할 기회를 찾고자 시장에 들렀다. 사역을 꾸려갈 비용을 마련하기 위해 들르기도 했다.

바울이 천막을 만들던 이 부부를 만난 곳은 고린도였다. 그들은 그 유명한 '연단의 자리' 근처 시장에서 일하고 있었다. 이 지역은 신전에서 일하면서 항구로 들어오는 다른 나라 남자들도 상대하는 창녀들이 진치고 있는 타락 도시였다. 아굴라는 유대인이었고, 그의 라틴어 이름은 '독수리'를 뜻한다. 그의 아내 브리스길라는 '작은 어머니'를 뜻하는 로마 이름과 관련이 있다. 그들이 하나님의 섭리로 바울을 만났을 때, 서로 강한 끌림을 느꼈다. 바울은 그들의 일터에서 함께 일했고 그들의 집에도 머물렀다. 아마도 바울이 그 둘 모두를 예수 그리스도의 구원을 아는 지식으로 인도했을 것이다. 또한 바울은 고린도에서 1년 6개월을 머물렀는데, 이것은 전례 없는 일이었다(행 18:11).

하지만 이제 바울은 늙고 눈은 쇠약해졌으며 감옥에 갇힌 신세가 되었다. 그가 브리스길라와 아굴라를 만난 지 16년이 지났다. 그는 영적 리더들을 돌보기에 충분한 그들의 인격을 디모데에게 증거하며 "그들은 내 목숨을 위하여 자기들의 목까지도 내놓았나니"(롬 16:4)라고 기록한다.

우리는 바울이 어떤 위험에 처했었는지 알지 못한다. 하지만 생명을 위협받는 상황 속에서 브리스길라와 아굴라는 바울의 목숨을 자기 목숨보다 더 중요하게 여겼다. 그리스도께서 배반당하고 심판받으시던 날 밤, 그를 부인했던 베드로와는 분명히 달랐다.

바울에게 결점이 있었을까? 물론이다. 바울은 자신의 결점을 대놓고 이야기한다. 그들이 바울의 실패를 참작하여, "일신의 안전을 추구"하기로 작정할 수 있었을까? 물론이다. 또한 바울이 그런 고통을 당할 만한 잘못을 했을 거라 생각할 수 있었을까? 물론이다. 그러나 브리스길라와 아굴라는 그러지 않았다.

마찬가지로 교회도 사역자들을 섬겨야 하는데, 그것은 목회자가 여론 조사에서 높은 지지율을 유지하기 때문이 아니라 그리스도의 목적을 위해서 그래야 한다. 목회자의 사임이 불가피한 경우, 하나님의 영광을 위해 사임할 수 있도록 주도해가면서 교인들이 목회자의 곁을 지키도록 하는 것이 중요하다. 교회의 사역은 모든 면에서 구속을 위한 것이어야 하고, 특별히 목회자에 대한 대우에서 더욱 그러하다. 교회가 자신의 목회자를 잘 돌볼 때, 양들에게 안정감을 줄 수 있고 목회자에게서 최선의 결과를 끌어낼 수 있다. 두려움과 불안 속에서는 누구도 제대로 일할 수 없기 때문이다.

아볼로에게 미친 영향

브리스길라와 아굴라가 안디옥 교회로 돌아가는 바울을 에베소까지 마중하고 아볼로를 만났을 때 이들의 이야기는 극적인 전환을 맞이한다. "알렉산드리아에서 난 아볼로라 하는 유대인이 에베소에 이르니 이 사람은 언변이 좋고 성경에 능통한 자라. 그가 일찍이 주의 도를 배워 열심으로 예수에 관한 것을 자세히 말하며 가르치나 요한의 세례만 알 따름이라. 그가 회당에서 담대히 말하기 시작하거늘"(행 18:24-26).

'열심으로'라는 말은 '끓어오르는, 넘치는'이란 뜻으로 아볼로의 열의와 영적 열정을 생생히 표현해준다. 아볼로는 방문 랍비의 신분을 이용해 유대인들에게 자신의 메시지를 강력히 선포한다. '담대히 말하기'라는 구절은 '자유롭고 솔직하고 두려움 없이 말하기'로도 번역할 수 있다.

브리스길라과 아굴라가 이 역동적인 설교를 들었을 때, 그들은 하나님을 향한 그의 사랑과 구약성경에 대한 지식과 연설하는 언변에 깊은 인상을 받았다. 그들은 서로를 바라보며 이렇게 말하지 않았다. "우리는 지난 18개월 동안 위대한 사도 바울의 설교를 들어왔어요. 역시 아볼로는 그에 비할 바가 못 되죠." 오히려 그들은 아볼로가 그리스도에게 유익이 되는 엄청난 잠재력을 가진 자라고 생각했다.

하지만 아볼로의 메시지에는 부족함이 있었다. 그는 메시지의 일부만을 이해했다. 특별히 전임자가 바울이었다는 사실을 고려할 때,

브리스길라와 아굴라는 쉽게 아볼로를 비판할 수 있었다. 그들은 "우물에 독을 풀고" 아볼로의 신뢰도를 무너뜨릴 수 있었다. 자신의 친구들에게 이렇게 말함으로써 그들이 아볼로에게 끼칠 수 있을 법한 피해를 한번 상상해보라. "우리는 그가 별로예요. 똑똑하기는 한 것 같은데, 신학과 교리는 형편없더라고요. 바울의 설교를 들은 우린데 성에 찰리가 없죠."

성경은 하나님의 종들에게 힘이 되어주기보다 교만한 마음으로 대적하는 사람들에게 경고의 말씀을 전한다. "누구든지 하나님의 성전을 더럽히면 하나님이 그 사람을 멸하시리라"(고전 3:17).

"누구든지 다른 교훈을 하며 바른 말 곧 우리 주 예수 그리스도의 말씀과 경건에 관한 교훈을 따르지 아니하면 그는 교만하여 아무것도 알지 못하고 변론과 언쟁을 좋아하는 자니 이로써 투기와 분쟁과 비방과 악한 생각이 나며 마음이 부패하여지고 진리를 잃어버려 경건을 이익의 방도로 생각하는 자들의 다툼이 일어나느니라"(딤전 6:3-5).

브리스길라와 아굴라는 성령과 바울에게서 이것 이상의 가르침을 받아왔다. 바울은 그들에게 말과 행위로 그리스도를 닮는 모범을 보였다. 그들은 바울이 아볼로와 자신의 편을 가른 고린도 교인들의 행위를 책망했던 사실을 염두에 두고 있었다(고전 1:10-17). 이 부부의 풍성한 인격은 하나님을 섬기기에 힘쓰는 사람들을 향한 그들의 사랑과 충성을 통해 드러났다. 그들은 하나님의 종들에게서 연약하고 부족한 부분을 발견할 때에도 사랑과 충성을 거두지 않았다.

이 부부가 보여준 부드럽고 온화한 태도를 살펴보라. "브리스길라와 아굴라가 듣고 데려다가 하나님의 도를 더 정확하게 풀어 이르더라"(행 18:26).

명석한 아볼로가 왜 이 천막 만드는 사람들의 이야기에 귀를 기울였을까? 첫째, 그들에게 말할 것이 있었기 때문이고, 둘째, 그들이 올바른 영으로 그것을 말했기 때문이었다. 올바른 영은 논쟁보다 더욱 높은 권위를 갖는다. 그들은 사랑과 겸손과 인내와 정중함으로 아볼로에게 접근했고 집으로 초청하여 대접했다. 그들은 이렇게 말문을 열지 않았을 것이다. "사도 바울에 대해 들어보셨어요? 와, 진짜 대단하신 분이시죠! 하늘에 이끌려 가신 적도 있으셨다는데, 혹시 들어보셨어요?"

예수 그리스도의 삶과 사역이 어떻게 선지자들의 예언을 만족시켰는지에 대해 솔직한 이야기를 나눈 것은 아마도 만족할 만한 식사를 마친 후였을 것이다. 예수 그리스도께서 행하신 대속의 죽음, 승리의 부활, 영광스러운 승천, 그와 그가 이루신 일에 대한 개인적 믿음의 필요성, 그리고 오순절에 임한 성령에 대해서 이야기를 나눴을 것이다.

맞다. 아볼로의 메시지는 불완전하고 부적합하고 불충분했다. 하지만 브리스길라와 아굴라는 그를 약화시키기보다 '하나님의 도'에 대해 더욱 적절히 설명함으로써 그를 강화시켰다. 그들의 섬세하고 분별력 있는 사역을 통해 아볼로는 더욱 능력 있는 사역자가 되었다. 고린도 교인들은 바울과 아볼로를 두고 누가 더 나은지 편을 가르는 잘못을 저질렀다. 반면 이 부부는 아볼로를 베드로와 바울의 수준에까지 올려놓는 커다란 공을 세웠다.

팝 스털링, 브리스길라, 아굴라와 같은 사람들이 교회 안에 없다면 그 교회는 훌륭한 목회자들을 길러낼 수 없을 것이다. 이들보다 부족한 사람들이 교회 안에서 잠재적 복음의 횃불들을 망가뜨리고 있다. 당신이 평신도라면 어떻게 하겠는가? 목회자를 세우는 일에 헌신하겠는가? 이 불완전한 사람들을 향해 자신의 마음과 집을 열어 보이겠는가? 목회자를 부드러운 태도로 돕고, 가르치고, 보호하겠는가? 당신 때문에 그들은 예수 그리스도를 위하여 더욱 광대하고 유능하게 사역을 감당할 수 있다. 그럴 때에 당신은 그들의 상급에 참여하게 된다.

하지만 멘토를 가진 목회자들은 많지 않다. 건강한 교회의 목회자에게도 멘토가 필요하지만, 교회 갈등이 진행 중일 때에 멘토가 없다는 건 치명적인 약점이 될 수 있다. 멘토가 없는 목회자는 교회 갈등의 불 속에서 심한 화상을 입는다. 이들에게는 회복을 도와줄 그리스도인들의 도움이 절실하다.

상처 입은 목회자를 보살피라

목회자가 남든 떠나든 주된 목적은 그를 인간으로서 보호하고 앞으로
더욱 능력 있는 사역을 할 수 있도록 돕는 것이다. 어떻게 문제를 제거할 것인가가
아니라 어떻게 생명을 도울 것인가가 문제라는 말이다. 이것이 사랑이다.

목회자의 참된 필요를 돌볼 방법을 논했으니, 이제는 목회자의 부
임과 사임, 그리고 재임 기간에 목회자들을 위해 교회가 무엇을 제공
해야 할지 살펴보도록 하자. 모든 교회가 각각 예산과 집행에 맞는 방
법을 찾길 소망하면서 이 계획을 세울까 한다.

목회자들에겐 전문적인 도움이 필수적이다. 컨퍼런스나 세미나를
통한 일반적인 도움을 이야기하는 것이 아니다. 세계적 운동선수가
개인 코치에게 받는 것과 같은 개인적인 도움을 말하고 있는 것이다.
목회자들이 교회를 떠날 때(좋게 나가든, 불미스럽게 나가든) 교회를 섬
기는 동안, 그리고 새로운 교회에 들어가기 전, 개별 맞춤 컨설팅이
필요하다.

인생의 어떠한 영역에서든 적절한 도움이 없이 성공할 수 있는 사

람은 없다. 하나님이 인생을 그렇게 지으셨다. 목회자들의 본업이 하나님을 섬기는 일이라고 해서 쉬지 않고 일만 할 수 있는 건 아니다. 모세에게 장인의 충고가 없었더라면 그는 결코 살아남지 못했을 것이다. 그 충고 덕분에 모세는 올바른 판단을 내릴 수 있었다. 이스라엘을 이끌기 위해 모세에게 '코치'가 결정적인 구실을 했다면, 교회를 이끄는 목회자들에게도 역시 코치가 필요할 것이다.

목회자들에게 전문적인 도움을 주는 3단계 계획은 다음과 같다. 먼저, 부임하는 목회자를 위해 사역자 전문 휴양관에서 한 달 정도를 지낼 수 있도록 예산을 편성하라. 둘째, 3년에서 5년마다 목회자가 자신의 초점을 재조정하기에 적합한 곳에 다녀오도록 배려해줘라. 셋째, 떠나는 목회자가 다음 사역지를 위해 자신의 사역을 돌아보고 앞으로의 사역을 준비할 수 있도록 시간을 줘라. 이렇게 함으로써 교회는 부임하는 목회자를 최선의 상태로 맞이하고, 현재 목회자가 최선의 상태를 유지하도록 하며, 떠나는 목회자를 최선의 상태로 떠나보내게 될 것이다.

부임하는 목회자나 재임 중인 목회자에게 이런 투자를 하는 것은 이해하겠는데, 굳이 떠나는 목회자에게까지 그렇게 해야 하는 걸까? 이것은 그리스도의 몸에 대한 당신의 의무이다. 교회를 떠나는 목회자가 감당하게 될 사역은 당신의 교회와 긴밀하게 연결돼 있다. 대부분의 교회들이 이러한 계획을 실행한 덕에 자기 교회로 부임하는 목회자만 신경 써도 된다면 가장 이상적일 것이다. 하지만 그전에는 떠나는 목회자나 그리스도 안에 있는 당신의 형제자매들을 위해서라도 이렇게 투자할 필요가 있다.

이 계획은 교회 건강에 필수적이다. 교회는 목회자의 영적인 힘과 개인적인 힘을 뛰어넘어 자랄 수 없기 때문이다. 한 개인의 성장은 있을 수 있지만 전체 교회가 성장하기는 힘들다. 성경에 기록된 대로, 입에서 나오는 것이 마음속 생각과 의도이듯, 교회를 통하여 흘러나오는 것은 목회자의 영적 상태이다.

흔히들 모르는 사실이 있다. 기독교 사역은 성공 기준이 명확하지 않은 보기 드문 영역 중 하나이다. 그나마 있다는 기준들도 매우 불분명하고 수시로 바뀐다. 다른 영역들은 그렇지 않다. 사업에는 회계 최저선이 있다. 목수는 몇 채의 집을 지었는가, 예술가들은 몇 점의 작품을 남겼는가 하는 등의 기준이 있다. 예술가들은 공연이나 전시를 통해서도 자신의 업적을 평가할 수 있다.

하지만 목회자들의 성취는 모호하기 짝이 없다. 예를 들어, 여러 달 동안 상담을 해온 부부가 결국 이혼을 결심하고, 수년 동안 훈련해온 장로는 다른 도시로 이사를 가고, 공들여 준비한 설교는 주일이 다 지나기도 전에 사람들의 기억에서 사라져버린다. 이것뿐인가? 과중한 상담 시간, 사역자들과 교회의 정치적 압력, 개인사와 가정의 문제, 그 외에 여러 복잡한 문제들까지…. 목회자들은 소진될 수밖에 없다. 더 심각한 문제는 불분명한 기준 때문에 발생하는 독특한 필요를 헤아릴 만한 분별력을 갖춘 사람이 거의 없다는 것이다.

일반적으로 목회자들은 강인하고 회복이 빠른 사람들이다. 자기 자신의 결핍을 마주하거나 인정하기를 힘들어 한다. 그들은 스스로 결정하고 확신하며 혼자 기도하고 움직인다. 그들이 정기적으로 전문가의 도움을 받지 못한다면 교회가 그 대가를 치르게 될 것이다. 자가 평가로 인해 눈이 멀어 자기 자신의 진정한 필요를 보지 못하기 때문이다. 목회자들이 마지막 불길에 휘감겨 심한 화상을 입고 쓰러지기훨씬 전부터 그들은 천천히 진행된 화상을 몸에 지니고 있었다.

투스카로라 리소스 센터

여러분이 다니는 교회 목회자가 자신의 능력을 최대한 활용함으로써 교회가 유익을 얻길 바라는가? 펜실베이니아 북동쪽 델라웨어 강을 따라 솟은 포코노 산기슭에 위치한 투스카로라 리소스 센터를 소개한다. 미국에 그런 곳이 몇 군데 더 있다. 이 장소를 토대로 계획을 세워볼까 한다.

당신의 교회가 막 새로운 목회자를 맞이했던 때를 기억하는가? 그를 청빙하고 나서 처음 맞는 주일, 당신이 그토록 염원하던 꿈이 실현되었다고, 바로 하나님의 뜻이 이루어졌다고 선언하기를 고대했을 것이다. 하지만 목회자의 환한 미소 이면에는 영혼을 에는 깊은 고통이자리하고 있는지도 모른다. 게다가 그는 영혼에 깊게 패인 상처를 지혜롭게 매만져줄 도움의 손길을 얻지 못했을 수도 있다.

육체의 상처와 달리 마음의 상처는 스스로 치유되지 않는다. 하나님께서 우리의 육체에는 스스로 회복할 능력을 주셔서 우리도 모르는새 상처가 치유되기도 하지만 마음과 정신은 의도적인 보살핌이 없이는 치유가 불가능하다. 그래서 전문적인 훈련을 받은 사람들과 함께치유 과정을 진행하는 것이 가장 효과적이다.

목회자들의 삶을 회생시키고 사역 방향을 조정할 수 있도록 돕는 장소를 마련하는 건, 사업가 레이더 세넘과 그의 아내 노르마의 비전이었다. 레이더와 노르마는 사업가들과 마찬가지로 목회자들에게도 개인적 회복을 위해 아름다운 장소가 필요하다고 생각했다. 그래서 연못이 여럿 있고 그 위로 백조가 노니는 독일식 저택과 대지를 구입했다. 그들은 저택 근처에 원룸형 아파트 열두 채와 공동 주택 두 채, 그리고 별장 두 채를 지었다. 거기에서 2.5킬로미터만 더 가면 300개의 공간을 사용할 수 있는 투스카로라 바이블 컨퍼런스도 있다.세넘 부부의 다음 목표는 유능한 직원들을 모으는 것이었다. 그들은 최소일 년 이상의 신학적 훈련, 풍부한 사역 경험, 석사 이상의 정신건강 학위를 가진 사람들로 팀을 구성했다. 직원들이 목회자들과 선교사들이 처한 독특한 문제들을 이해하고 도울 만한 전문성을 갖춰야 했기에 이런 자격 요건은 필수적이었다. 이 팀에 짐 체셔라는 팀원이 있었다. 그는 목회 사역으로 소진했다가 회복을 경험한 바 있으며 다른 목회자들을 돕기 위해 전문적으로 준비해온 사람이었다.

회복

짐은 자신은 도구일 뿐이며 위로하시는 분은 오직 하나님이시라는 사실을 알고 있었다. 그래서인지 짐은 사람과 하나님 사이에 서지 않으려 무진 애를 썼다. 이곳에서는 하나님 앞에서 고요히 홀로 있는 시간을 갖는 것이 가장 중요하다. 숨이 막힐 정도로 아름다운 포코노에는 장엄한 노천 성당이 들어서 있고, 황홀한 캠퍼스를 품은 투스카로라 리소스 센터는 편안하고 따뜻하다. 생기를 잃은 사람이 이곳에서 시간을 보내는 동안 오직 하나님만 그를 다루시도록 내어드리기에 제격이다. 우리가 그분 앞에 홀로 잠잠히 있을 때, 실제로 하나님이 많은 일들을 이루신다.

우리의 내적인 힘은 오직 하나님께로부터 오는 것이지만, 하나님은 우리가 서로에게서 그 힘을 공급받도록 계획하셨다. 다른 사람들을 통해 하나님의 시각을 얻을 때가 심심찮게 있지 않은가.

투스카로라 리소스 센터의 카운슬러들은 사역자들의 소진이나 다른 문제들의 징후를 귀 기울여 듣는 훈련을 받는다. 그들은 목회자들이 언급하는 무기력과 동기 부족, 불면증, 자신감 상실, 창의력 상실, 사람들로부터 멀어짐, 고립, 냉소적인 사고방식, 분노와 같은 징후들에서 힌트를 얻는다. 이들은 이런 징후들의 뿌리를 해결하지 못하면 심각한 육체적 문제는 물론 사역과 가정의 파괴로 이어질 수 있다는 사실을 잘 알고 있다. 이들은 하나님의 종들이 사역을 감당할 힘을 회복하도록 돕는 일에 전력을 다한다.

모든 사역자들은 자신의 깊은 동기와 반응을 이해하기 위해 복잡한 문제들을 정기적으로 살피는 기회를 가져야 한다. 철이 철을 날카롭게 하는 것 같이(잠 27:17) 사랑하는 사람이나 친구와의 대화를 통해서도 그런 기회를 가질 수 있다. 하지만 위대함에 도달하고자 하는 리더라면, 잠언 20장 5절의 말씀을 따르는 짐과 같이 훈련된 사람을 만나야 한다. "사람의 마음에 있는 모략은 깊은 물 같으니라. 그럴지라도 명철한 사람은 그것을 길어내느니라."

그렇다면 짐이 마음에서 길어내고자 하는 것이 무엇일까? 상황에 너무 가까이 접해 있다 보면 어쩔 수 없이 갖게 되는 그릇된 인식과 왜곡이다. 하나님에 대해 건강한 견해를 갖고 자신을 올바로 이해하며 지금까지 사람들에게 보였던 반응을 검토하고 앞으로 맞닥뜨릴 중요한 결정들에 대해 공정하게 평가하게 하는 것이 짐의 목표이다.

이런 도움이 필요했던 예를 들어보자. 사실 똑같이 다루기 힘든 사람들인데도 더 쉽게 마음을 흔들어놓는 사람이 있다는 사실을 발견할 때가 있다. 무슨 차이일까? 상대가 문제라기보다는 그 목회자에게 미처 성숙되지 못한 부분이 있는 탓은 아닐까? 어떤 사람은 과거 자신에게 큰 고통을 안겨주었던 사람을 상기시켜 감정적으로 민감한 부분을 자극할 수 있다. 반면 다른 사람은 나쁜 기억을 떠올리도록 자극하지 않아서 위협을 덜 느낄 수도 있다. 이 일뿐만 아니라 영혼에 따개비처럼 들러붙는 수많은 갈등과 좌절까지 더해보라. 전문적인 도움이 아니고서는 잘라낼 수 없다는 사실을 알게 될 것이다.

초점의 재조정

짐은 더 나아가 기독교 리더들이 사역 중간에 쉴 수 있도록 돕는 프로그램을 개발했다. 그중 하나가 재입국 사역인데, 이는 선교사들이 미국으로 귀국하고 선교지로 복귀하는 일을 돕는 프로그램이다. 모든 기독교 사역은 사역을 하는 과정에 도움이 필요하다. 사역의 시작과 끝에는 사역에 대한 보고가 필수적이다.

투스카로라 리소스 센터는 목회자와 선교사를 비롯한 기독교 지도자들을 위해 특별한 세미나들을 준비해왔다. 소그룹 모임을 통해 커피나 차를 마치며 다음과 같은 주제들에 대한 정보를 얻고 나누는 자신의 모습을 상상해보라.

- 갈등 해결
- 자기 주장 대 겸손
- 분노 : 내면화된 분노 혹은 표현된 분노
- 용서
- 상실과 슬픔
- 그리스도 안에서의 정체성
- 우울증
- 소진
- 자기 돌봄

휴식

짐은 기독교 사역자들이 장시간 사역을 감당하고 싶다면 계획적으로 휴식을 취해야 한다는 사실을 잘 알고 있다. 당신의 교회 역시 이 사실을 알아야 한다. 이것은 가족 휴가가 아니다. 완전히 다른 개념이다. 모든 비행기 조종사들이 다음 비행에 앞서 휴식을 갖듯, 기독교 사역자들도 이후의 사역을 감당하려면 휴식이 필요하다. 다음과 같이 휴식하라.

- 묵상과 명상을 위한 고요한 시간. 과다한 정보들이 사방에서 우리의 마음을 공략해온다. 이 모든 것에서 한 발 물러나 오

로지 하나님께만 마음과 정신의 열쇠를 내어드리는 것은 매우 중요하다.

▌ 육체적인 회복을 위한 쉼. 자원하는 맘이 있다고 해서 육체적 힘이 저절로 보장되는 것은 아니다. 이는 우리가 말씀을 통해 아는 사실이다. 몸의 필요는 적절히 충족되어야 한다. 그렇지 않으면 심각한 결과가 찾아온다.

▌ 오락 또는 재창조. 투스카로라 리소스 센터 주변에는 카누를 즐길 수 있는 곳과 산책로와 야구장이 있다. 음악회나 좋아하는 설교자를 보기 위해 투스카로라 성경협회까지 걸어갈 수도 있다. 또한 차로 멀지 않은 곳에는 뉴욕 시와 필라델피아, 게티스버그, 허쉬 놀이공원, 성경을 주제로 한 라이브 공연이 열리는 유명한 사이트앤사운드 극장이 위치한 펜실베이니아 더치 컨트리도 있다.

투스카로라 리소스 센터와 같은 장소는 목회자들의 사역을 위한 필수품이지 사치품이 아니다. 현재라는 나침반을 제대로 보려면 목회자들의 시선은 멀리 있는 별에 고정돼 있어야 한다. 투스카로라 리소스 센터 같은 장소들은 기독교 리더들을 돕기 위해 존재하는 곳이다.

책임에 대한 견해

교회는 목회자에게 훌륭한 사역을 기대할 권리가 있다. 하지만 이 권리는 목회자의 사역 수준을 높이기 위해 필요한 도움을 제공해야 하는 교회의 책임으로 이어진다. 말하자면 교회가 목회자를 돕기 위해 지출을 감수하겠다고 할 때 가능한 일이다. 목회자의 생활비는 물론 회복과 재조정을 위해 30일 정도 휴식을 취하는 데 드는 비용까지 교회 예산에 들어가야 한다는 사실을 기억하라.

너무 거창한 계획이 아니냐고 단정 짓기 전에 한번 생각해보라. 당신이 만일 1년에 10억불 매출을 기록하는 회사(이 기록은 물론 일시적인 결과일 것이다) 경영자를 고용하려 한다면, 30일간의 준비 기간과 그에 따른 제반 비용을 현명한 투자라고 생각할 것이다. 그렇다면 한시적 결실이 아닌 썩지 않는 열매를 보기 위해서인데 목회자에게 어떻게 이보다 못한 투자를 하려 하는가? 30일 동안 쉬는 건 불가능한 상황이라 일주일을 쉬게 하거나 주말을 이용해야 하는 경우도 있을 것이다. 그래도 특별히 목회 사역 전환기와 사역 3년에서 5년 사이에는 반드시 30일을 쉬도록 해주어야 한다. 이런 필요들이 채워지지 않으면 그만큼 교회는 그 대가를 치를 것이다. 목회자의 유익은 교회의 유익으로 귀결된다. 어쨌거나 교회는 대가를 치러야 한다. 목회자가 등불을 밝히도록 그를 준비시키고 힘을 북돋아주든 에너지가 소진된 상태로 희미한 등불만 남게 하는 결정하라.

만일 당신이 목회자라면, 교회가 알아서 해주기만을 기다릴 순 없다. 교회들이 이런 의식에 깨었든 그렇지 않든, 그것은 당신이 통제할 수 있는 문제가 아니다. 그러므로 당신은 자신의 삶을 최상의 상태로 유지하기 위해 즉시 행동해야 한다. 앞으로 목회자 스스로 어떤 조치를 취할 수 있는지 살펴보자.

목회자의 마음 지킴

모든 지킬 만한 것 중에 더욱 네 마음을 지키라. 생명의 근원이 이에서 남이니라.

_잠언 4장 23절

우리는 이제까지 깊은 화상을 입은 목회자를 위해 교회가 해야 할 일에 대하여 이야기해왔다. 하지만 교회가 먼저 움직이는 예는 드물다. 보통 당신을 긍휼히 여기는 사람은 소수에 불과하고 그들에게 우정 이상의 도움을 받는 건 기대하기 어렵다. 당신이 화상을 입고 쓰러져 있는 목회자라고 생각해보라. 아마도 스포츠 신문에나 실리는 가십 기사의 주인공으로 전락한 느낌을 받을 것이다.

또한 고독감과 끓어오르는 분노감을 번갈아 느끼며 통제력을 잃은 듯 감정을 주체하지 못할 것이다. 그렇다고 정신이 나가는 건 아니니 염려하지 마라. 우리의 영혼이 부정과 불의, 실망으로 압도될 때에 나타나는 자연스런 분출일 뿐이다. 여기에 배반과 거절이라는 쌍둥이 악령까지 더하니 오죽하겠는가.

인생이 무너져 내려도 당신에겐 최후의 보루가 있는데, 바로 마음이다. 결국 당신의 마음 상태를 결정짓는 것은 다른 누구도 아닌 오직 당신 자신이다. 하나님께서 당신의 마음을 지킬 책임을 당신에게 부여하셨다. 잠언 4장 23절은 이야기한다. "모든 지킬 만한 것 중에 더욱 네 마음을 지키라. 생명의 근원이 이에서 남이니라." 하나님은 당신에게 필요한 모든 도구를 제공하신다. 하지만 실제로 그 일을 수행해야 하는 것은 당신이다. 예수님은 네 가지 땅의 비유를 통해 그 사실을 분명히 하셨다(눅 8장). 이 비유에 따르면 마음 상태를 결정짓는 이는 하나님이 아니라 인간이다. 하나님은 당신의 마음에 경계를 정하셨고, 누구도 당신의 허락이 없이는 그 안으로 들어오지 못하게 하셨다. 당신의 마음에 들고나는 모든 것을 지키는 파수꾼은 바로 당신이다.

마음을 지키는 방법을 보여주려 이 일에 성공을 거둔 사람들의 이야기를 찾고자 애를 써보았다. 그런데 찾기 어려웠다. 두 가지 이유로 그랬다. 먼저, 거의 모든 목회자들이 마음을 지키는 일에 실패하는 까닭이다. 그래서 나는 존 그린리프 휘티어의 참담한 표현에 동참할 수밖에 없었다. "말과 글로 할 수 있는 가장 슬픈 말은 '그럴 수도 있었는데!'이다." 목회자들은 그럴 수도 있었던 것을 결코 쟁취하지 못했다. 비통함이 지혜를 앗아간 것이다. 두 번째 이유는 첫 번째와는 사뭇 다른 것이다. 자기 마음을 잘 지킨 사람들 대다수는 조용히 과거를 묻어두려 한다. 다시 들춰내서 묵은 감정을 끌어내고 싶지 않기 때문이다.

그런데 감사하게 댄 콜드웰 목사를 만나 세월이 묻어나는 진실한 이야기를 들을 수 있었다. 그는 거대한 갈등을 겪고 있는 사람들에게 용기와 도움을 주고자 기꺼이 이야기보따리를 풀었다. 수년에 걸쳐 대적을 길들이고 사귀어온 그의 노력이 헛되지 않도록, 이름과 장소를 바꿔 전할 생각이다.

1972년, 마흔 살 댄과 아내 마사는 펜실베이니아 주 버크스 카운티에 위치한 실버 스프링 독립성경교회에 부임했다. 인구가 5,000명 정도 되는 시골에 자리 잡은 교회로 성도 수는 75명이었다. 댄은 부임 후 6년 동안 출석 인원을 75명에서 250명으로 늘리면서 대단한 성공을 거두었다. 젊은이들이 지역을 떠나는 추세를 감안했을 때 놀랄 만한 업적이었다. 성장 비결은 겸손하게 전한 순전한 복음이라고 댄은 말한다.

그 교회는 제일장로교회로부터 쪼개져 나왔다. 이 일은 두 교회에게 고통스러운 기억이었다. 교회 성장에 신이 나면 개척 교인들이 심어놓은 파괴의 씨앗이 파괴적인 열매를 맺는다는 사실을 잊어버리기 십상이다. 게다가 성공은 사람의 눈을 흐리게 해 닥쳐올 불행을 예견하지 못하게 만든다. 실버 스프링 독립성경교회를 개척하게 만든 제일장로교회의 갈등도 그랬다.

교회에 파괴의 씨앗이 뿌려진 상태에서 누구도, 심지어 댄 자신도 알지 못했던 다른 문제가 있었다. 바로 댄의 마음 상태였다. 그는 자신이 겸손하게 복음을 전한다고 확신했지만, 목회를 하는 자기 형과의 교만한 경쟁의식에 끌려 다닌 것이었다. 댄은 눈에 보이는 '성공'의 두 가지 기준인 출석과 헌금 액수에 깊은 관심을 보였다.

문제가 일어나기 적합한 무대가 마련되자, 적대자 래리 브로드슨이

등장했다. 래리는 사역을 위해 학업을 이제 막 마친 상태였다. 그는
자신이 목회할 준비를 갖췄고 댄이 이룬 성공을 발판으로 삼으면 더
할 나위가 없을 거라 생각했다. 래리는 부모님의 마음에 가족들을 목
회하는 데는 자신이 제격이라는 생각을 심었다. 그러려면 댄이 없어
져야 했다.

　래리의 아버지 에드 브로드슨은 나쁜 사람이 아니었지만 래리의
'영감 있는' 생각의 근원을 통찰하는 일에는 실패했다. 가뜩이나 아
들의 머리에서 그런 생각이 나왔으니 누구라도 에드처럼 했을 것이
다. 아, 참! 에드가 이전 교회 분열의 주요 인물이었다는 사실을 내가
언급했던가?

　에드는 교회의 제자훈련을 돕는 일환으로 성경공부반을 인도하고
있었다. 아내 버사 역시 이블린 크리스텐슨의 책《여자가 기도할 때
무슨 일이 일어나는가What Happens When Women Pray》를 가지고 여성
소그룹을 인도하고 있었다. 이제 일어날 일들을 예상할 수 있겠는가?
거룩한 두 개의 모임이 목사를 무너뜨리는 공격용 발사대로 사용될
참이었다.

　그동안 댄은 펜사콜라 성경교회에서 열린 레이 스테드맨Ray
Stedman의 컨퍼런스에 참석하게 되었다. 컨퍼런스 주제는 고린도후
서 5장으로 화해와 봉사를 가능하게 하는 능력이 우리 자신에게서가
아니라 그리스도로부터 온다는 내용이었다.

　댄은 자기 형에게 교만한 마음을 품고 경쟁자로 생각했던 영에서
자유를 얻었다. 댄을 움직이는 힘이 형에 대한 분노였다는 사실을 발
견했다. 이제 그는 그리스도의 사랑에 항복했다. 더 이상 자신이 하나

님을 위하여 무언가를 하지 않았고, 하나님께서 자신을 통하여 무엇이든 하시도록 했다. 댄은 새로운 사람이 되었고, 새로운 메시지를 증거했다. 자신의 삶을 교인들과 진솔하게 나누면서 자유를 주는 진리를 가르쳐주고 싶었다. 그리스도를 떠난 자신은 불충분한 존재일 따름이라고 확신 있게 선포했다. 이 진리의 검은 계속해서 댄의 마음을 파고들었다. 그 결과 그는 자아의 속박에서 벗어나 자유를 만끽했다. 한편 래리에게 댄의 변화는 진리의 검을 휘두를 기회가 되었다. 진리가 음모의 핵심이 된 것이다.

래리는 자신의 아버지가 인도하는 성경공부반으로 달려가, 댄이 한 말들을 직접 인용하면서 댄이 얼마나 목회자로서 자격미달인지 설명했다! 버사는 여성 소그룹에서 댄이 스스로 인정한 슬픈 실패에 대해 기도를 부탁했다. 그들은 댄이 전한 설교의 요점을 놓친 것일까? 물론이다. 사사로운 목적을 위해 이처럼 진리가 왜곡되는 일이 처음 있는 일일까? 슬프지만 수백 번을 물어도 대답은 역시 '아니오'이다.

"목사님, 그들은 성경공부를 하러 모여서는 목사님을 십자가에 매달고 있어요." 더 이상 그들을 봐줄 수 없어 성경공부에 참석하지 않던 프레드 베이너가 댄에게 말해주었다. 댄은 상처를 받았지만, 변화된 자신을 시험해보기로 결심했다. 그러나 그 시험은 예상보다 오래 지속되었고 더 깊이 파고들었다. 하나님의 진리가 우리 마음에 새겨질 때는 보통 열과 압력과 시간이 필요하다.

워너 링퀴스트가 대표인 운영위원회에서 자신들은 목회자 편에 서겠다고 이야기했을 때 댄은 하나님의 넘치는 도움이 가까웠다고 생각했다. "이 사람들은 전임 목회자들을 모두 쫓아냈지만, 더 이상 그런 일이 일어나도록 할 수는 없습니다." 그들은 말했다. "이것은 옳지 못한 일입니다"라고 주장하는 워너의 목소리가 가장 크게 들렸다.

하지만 래리의 성경공부반과 버사가 인도하는 여성 기도모임에서는 비난이 그치지 않았다. 그러다가 어느 주일, 그들은 특별 회중 회의를 선포했다. 댄은 이 회의가 있을 거란 사실을 알지 못했던 터라 충격을 받았다. 댄이 회의를 중지할 수는 없었다. 다섯 가정이 동의하면 회의를 소집할 수 있다는 교회 헌법 조항 때문이었다. 이 조항을 덧붙인 건 좀 의심스러운 일이다. 에드는 댄을 옆으로 끌어내, 마치 그의 아버지라도 된 양 어깨에 손을 얹고는 영감 있는 목소리로 다음과 같이 말했다. "목사님, 저는 목사님께서 이 회의에 참석하지 않기를 바라지만, 우리가 교인들에게 전할 내용쯤은 목사님도 아셔야 할 것 같네요."

댄은 겨우 몸을 가누며 다시 한 번 목을 가다듬었다. 에드는 마음 깊은 곳에서 자신의 어리석음을 감지했지만 자기 아들에게 그릇된 충정을 약속한 이상 물러날 수는 없었다. 그는 말을 이었다.

"목사님의 자격미달이 첫 번째 고소 이유입니다. 아, 저희는 목사님이 이 교회 목회자로서 자격이 없다고 생각합니다. 그러니까… 아… 목사님도 여러 번 말씀하셨다시피… 강단에서요."

그는 말을 이었지만 움츠러든 목소리에는 불편함이 드러났다. "부정직이 두 번째 이유입니다. 목사님께서 일전에 새언약에 관한 데이브 로퍼Dave Roper의 책을 출처도 밝히지 않은 채 인용하신 적이 있으시지요. 아… 그러니까… 저희 생각에 그것은 표절입니다. 목사님도 아시다시피 그것은… 정직하지 못한 거죠."

"게으름이 세 번째 이유입니다. 제 말은… 그러니까, 목사님이 그 세미나를 참석하신 이후로, 목사님의 생각이 아닌 다른 사람들의 생각으로만 설교하셨다는 겁니다. 목사님 스스로 연구도 생각도 하지 않으셨다는 말이지요."

댄은 얼떨떨했다. 마음속에서 여러 의문들이 솟구쳤다. "나의 능력아, 너는 어디에 있느냐? 나는 네가 당장 필요한데 너무나 멀리 있는 것 같구나. 고소의 이유들은 모두 사실이 아니다. 에드가 이런 이야기를 늘어놓는 동안 대체 넌 뭘 했느냐? 내 불충함을 인정한다. 그래도 부족하다면 이제 나는 끝이다." 댄은 시편 기자들이 말했던 가장 깊은 웅덩이로 내동댕이쳐졌고, 그의 생각은 끔찍하고 외로운 어두움을 이미 알았던 사람들의 뒤를 좇았다.

에드의 잠재의식은 자신이 완전히 바보짓을 했다는 사실을 알고 있었다. 하지만 사과할 수는 없었다. 이미 유다가 입을 맞췄다. 이제 십자가 처형은 집행되어야 했다.

3개월 동안 교회가 수근거리더니 여론의 판도가 뒤집어졌다. 운영위원회조차도 하나님의 말씀에서 손을 씻고 여론의 바람 속에 자신을 내맡겼다. 영국의 전 총리 마가렛 대처는 "의견 일치는 리더십에 대한 부정이다"라고 말한 적이 있다. 이 말이 언제나 사실은 아니지만, 이번 경우만은 사실이었다. 운영위원회 대표인 워너 역시 여론이 두려워 꼬리를 내렸다. 고소 내용은 터무니없었지만, 댄을 반대하는 분위기가 점점 거세지는 상황에서 댄을 배반하지 않을 수가 없었다.

댄은 싸움을 계속하기로 마음을 다잡았다. 그러나 운영위원회가 그에게 한 달간 휴가를 다녀오라 권면했을 때 다리에 힘이 쫙 풀렸다.

그는 출근하고 상담하고 그 외의 다른 일들은 할 수 있었지만, 설교는 할 수 없었다. 마음에서 사랑이 사라진 댄은 사임을 결정했다.

충격을 받고 모욕을 당한 그는 전직을 살려 건축회사로 들어가 집 짓는 일을 시작했다. 댄은 혼란으로 엉겨 붙은 무거운 마음을 이끌고 매일같이 일터로 향했다. 그는 하나님의 능력을 의심하지 않았지만, 자신이 한때 섬겼던 공동체에서 추방당한 자로서 그런 하나님의 성품을 증명하는 것은 무척이나 어려웠다.

우울증의 징후들이 찾아왔다. 무기력했고, 무엇에든 집중하기가 어려웠다. 사람들이 의심과 경멸의 눈으로 자신을 바라본다는 사실을 알기에 집을 나서기가 싫었다. 한때 자신을 맹목적으로 사랑해주던 사람들이 이제는 정당한 이유 없이 자신을 멀리했다.

이 와중에도 다행스러운 것들이 있었다. 댄이 짓고 있는 집이 측지선 돔이었는데, 그 작업은 극도의 정신적 에너지와 기술을 요했다는 것이다. 그리고 라디오를 통해 찰스 스윈돌, 척 스미스, J. 버논 맥기를 비롯한 다른 설교자들의 말씀을 듣고 댄의 믿음이 격려를 받았다는 것이다. 그러면서 댄을 옭아맸던 비통함의 사슬이 점점 느슨해졌다.

특히 실버 스프링에 있던 작은 미국 독립 근본주의 교회의 목사, 존 스트레이트가 공개적으로 모욕감을 준 사건이 터지자 댄은 모든 가능한 도움을 동원해야 했다. 존은 자기 교회 교인들에게 댄과 말을 섞지 말라고 당부했다. 댄이 죄를 짓고 회개하지 않아 강단에서 쫓겨났다는 것이 그 이유였다. 이것은 존의 상상력이 빚어낸 해괴한 거짓말이었다.

그 교회 사람들 중 일부는 이 무례한 지시를 잘도 따랐다. 어느 날

댄은 그 교회 성도가 근무하던 동네 슈퍼에 들렀다가 기분 나쁜 일을 당했다. 댄은 언제나처럼 "안녕하세요" 하고 인사를 건넸다. 하지만 그 사람은 한 마디 대꾸도 없이 등을 돌렸다. 또 다른 성도 하나는 댄과 함께 목수로 일을 하고 있었는데, "초크 라인을 더 팽팽히 잡아주세요", 혹은 "여기 나무 좀 더 갖다 줘요"와 같은 말을 빼고는 댄에게 말을 붙이지 않았다.

이런 따돌림이 계속되는 가운데, 몇 년 같은 몇 달이 지나갔다. 하지만 동료 그리스도인들에게 에너지를 빼앗겼음에도 불구하고 그는 점점 기운을 차렸다. 댄 자신도 놀라웠다.

댄은 용기를 내 존 스트레이트와 정면으로 부딪혀보기로 했지만, 존은 댄을 자신의 목양실에서 만나는 대신 교회의 회중석 앞으로 데리고 갔다. 댄은 자신의 입장을 전했다. 그러나 존은 자신의 의지를 굽히지 않았다. 존은 모르긴 몰라도 댄이 뭔가 죄를 범했을 거라 주장했다. 따라서 댄이 교회 앞에서 죄를 회개하고, 운영위원회의 치리에 따라야 한다고 말했다. 그러나 존은 댄이 치리를 받는 절차를 구체적으로 설명하지는 않았다. 게다가 댄이 고백하고 회개하지 않는 한 목회를 해선 안 된다고 단정했다.

댄은 분노로 고개를 내저었다. 그도 목사인데 어떻게 이토록 마음을 몰라주고, 한 치의 긍휼도 없는지…. 그러나 댄은 여전히 하나님의 능력을 신뢰하기로 결단했다. 댄은 땅도 하늘도 자신을 공평하게 대하지 않는 현실을 깊이 묵상했다. 땅은 그를 버렸고, 하늘은 그를 차별했다. 한편에는 슬픔, 다른 편에는 은혜….

다음 날, 그는 마음을 휘젓는 거대한 두려움과 싸우며 일터로 향했다. 다시 목회를 할 수 없을 거라는 두려움이었다. 영적 결단을 했음에도 불구하고, 하나님의 의중을 확신할 수 없었다. 하나님께서 분별할 수 있는 확증을 주시지 않은 상태였다.

그는 다시금 '십자가 없이 면류관 없고 죽음 없이 부활도 없다'는 사실을 상기했다. 그는 예수님께서 제자들에게 하신 말씀, 하늘과 땅의 모든 권세가 예수님 자신에게 주어졌다 하신 마태복음 28장의 말씀을 붙들었다. "만일 그것이 사실이라면, 하나님의 보좌를 거치지 않고는 그 무엇도 내 삶을 침범할 수 없어. 하나님께서 내게 유익을 주시려고 이 상황을 허락하신 거야. 그러니 나는 배워야 해. 순종해야 해. 하나님을 드러내야 해." 그는 손에는 망치를, 마음에는 진리를 움켜쥐었다.

빌 와이즈혼이 자기 가족에게 말씀을 가르쳐달라고 제의해오기까지 거의 1년의 시간이 지났다. 빌은 댄이 사역하던 교회에 출석하는 교장 선생님이었다. "죄송합니다. 행여 그 교회와 경쟁이 될까 싶어 실버 스프링 지역에서는 아무 사역도 하지 않을 생각입니다." 댄은 대답했다.

"그렇다면 제가 근무하는 학교는 어떨까요? 20킬로미터 정도 떨어진 와인브룩에 있거든요" 하고 빌은 제안했다.

와인브룩은 새롭게 발돋움하는 지역 공동체였다. 댄과 그의 아내는 하나님께서 그곳에 교회를 시작할 수 있도록 동역자를 붙여주시길 기도하고 있었다. "30초만 기도할 시간을 주세요." 댄은 이 말을 하고는 곧 함박웃음으로 제안을 받아들였다.

빌은 12명을 모아왔다. 와인브룩에서의 교회 개척은 그렇게 시작되었다. 첫 주일, 40명이 예배에 참석했다. 지난 일 년 동안, 댄을 붙들어온 하나님의 능력이 이제는 그의 새로운 사역에 임하는 찰나였다.

하지만 댄은 인간 본성과 반하는 무언가에 대해 강력한 이끌림을 느끼게 된다. 그는 자신이 한 교회의 목회자가 되어 분노와 비통을 극복하는 방법을 가르칠 양이라면 자신이 먼저 모범을 보여야 한다고 생각했다. 그는 대적과 평화를 이루기 위해 혼신을 다해야만 했다. 그렇지 않으면 교회의 개척 멤버로서 새로운 교회 안에 파멸의 씨앗을 심는 것과 다름없기 때문이었다. 댄은 거절당한 추방자로서 하나님의 능력을 경험했다. 이제 피스메이커로서 하나님의 능력을 경험할 차례였다.

먼저, 실버 스프링 독립성경교회 강단으로 돌아가 자신의 그릇된 태도와 행동에 대해 사과하고 마지막으로 설교할 수 있는 기회를 얻고자 노력했다. 하지만 보기 좋게 거절당했다. 댄은 포기하지 않았다. 그는 자신이 초청될 때까지 최선을 다했다.

결국 설교가 허락된 주일 아침이 되었다. 댄은 중요한 요점을 하나라도 놓치지 않기를 소망하면서 말씀을 전하기 위해 일어났다. "제가 오늘 이 자리에 선 것은 문제에 대처한 저의 자세에 대하여 여러분께 깊이 사죄를 드리기 위해서입니다."

하지만 댄에 대한 고소는 거짓이 아니었던가? 맞다. 사과를 해야 할 쪽은 교인들이었다. 하지만 댄은 그 사실엔 관심이 없었다. 자신이 통제할 수 있는 건 다른 사람의 행동이 아니라 자신의 행동임을 터득했던 것이다. 자신에 대한 고소는 주님의 판단에 맡겨드리고, 그는 자기 행동에 대한 책임을 지기 위해 그 자리에 섰다. 댄은 과거를 들춰

내지 않았고 자기 역할에 대한 책임만 받아들였다.

"원망했던 것을 사과합니다. 또한 더 빨리 사임하지 못했던 것을 사과합니다. 교회를 희생시켜가면서 제가 옳다고 생각한 일을 위해 싸움을 포기하지 않은 건 순전히 제 잘못이었습니다." 성도 3분의 1이 다른 교회로 떠났고, 3분의 1은 교회를 전혀 다니지 않고, 3분의 1만 교회에 남았다. 이것이 교회의 잘못이라 주장할 사람도 있겠지만, 다른 사람들이 어떻게 생각하든 댄은 자기 영혼을 정결케 하기로 마음을 굳게 먹었다.

"또한 제가 문제에 대해 지나치게 많이 이야기했던 것을 사과합니다. 사건을 정리하고픈 마음에 이야기를 많이 했지만 문제가 더 복잡해졌죠. 이야기하면서 저의 비통함을 풀고자 했는데 오히려 문제가 더 꼬일 뿐이었습니다. 말이 문제를 풀어주는 건 아니라는 사실을 알기까지 너무 오랜 시간이 걸렸습니다."

예배는 12시 15분에 끝이 났다. 새로 부임한 목회자(에드 브로드슨의 아들은 아니었다)는 말했다. "콜드웰 목사님, 앞쪽에 서주시겠어요? 여러분들 중 목사님께 하실 말씀이 있으신 분들은 예배 후 앞으로 나오시기 바랍니다." 예배는 끝이 났다. 어찌나 많은 사람들이 댄과 이야기를 나누기 위해 줄을 섰는지, 그는 1시 30분까지도 교회를 떠날 수가 없었다.

맨 마지막 줄에 서 있던 사람은 에드였다. 고소 내용을 읊던 날, 댄의 어깨 위에 얹었던 손이 댄의 목을 감싸고 있었다. 에드는 댄의 품에 얼굴을 묻고 울었다. 그는 겨우 말을 이었다. "목사님, 제가 잘못했어요. 그만할 수 있었는데 그러지 못했어요. 너무 죄송해요. 용서해주세요."

"물론입니다. 용서합니다. 에드 집사님도 제가 에드 집사님을 판단하고 집사님께 나쁜 감정을 품었던 마음 용서해주시겠어요?"

"네, 물론입니다."

두 사람이 경건한 인격으로 발돋움하는 순간이었다. 이것으로 댄의 비통함이 완전히 끝나게 될지 모르지만 적어도 시작은 한 셈이다. 그는 이렇게 무거운 짐을 지고 다음 사역으로 뛰어들지 않겠다고 결심했다.

댄은 거기서 멈추지 않았다. 그는 자신을 공격했던 모든 사람들을 찾아가 화해하기로 결심을 했다. 그렇다고 스스럼없이 커피를 나눌 만한 친구가 되겠다는 의미는 아니다. 다만 그들과, 자기 자신과, 하나님과 화평한다는 뜻이었다. 가장 어려웠던 사람은 자신의 곁을 지키겠다고 맹세했던 워너 링퀴스트였다. 워너는 파크 앤 라이드에서 합승을 하곤 하는데, 댄은 그곳으로 달려갔다.

댄은 워너의 트럭 근처에 자기 차를 세우고 기다렸다. 그는 정말 그러고 싶지 않았다. 변절자는 워너이고 사과할 사람 역시 그인데…. 게다가 워너가 싫은 내색을 비치면 어쩔까? 도착을 한 워너는 차에서 내려 자기 차로 이동했다. 댄을 못 본 체하면서 말이다. 그러자 댄의 모든 두려움은 더욱 증폭되었다.

"워너 집사님, 저와 이야기 좀 해요." 워너는 시선을 허공에 두며 말 없는 조각상처럼 댄을 지나쳤다. 집으로 돌아오는 길, 워너는 자신이 바보처럼 느껴졌다.

이 상황이 반복되었다. 다음날 그 조각상이 "목사님과는 할 말이 없습니다"라고 말한 것을 제외하면 말이다. 댄은 집으로 돌아오면서, 그 사람을 이제 내버려둬야겠다고, 더 이상은 안 되겠다고 하나님께 하소연했지만, 그러면서도 '이건 포기다'라는 생각이 그의 마음을 불편하게 했다.

셋째 날, 그가 좀 더 단호한 목소리로 "목사님과 얘기하고 싶지 않습니다! 서로 무슨 할 말이 있겠어요!"라고 말한 것을 빼면, 모든 것이 전날과 동일했다. 게슈타포 같은 구두 소리와 함께 그는 사라졌다.

넷째 날, 드디어 변화가 조금 있었다. 워너가 댄을 지나면서 이렇게 이야기를 했다. "지금 시간이 없어요. 집에 누구를 데려다 줘야 해요."

지금까지의 실패에도 끄떡없는 댄은 다섯째 날에도 나타났지만 워너는 보이지 않았다.

다음 월요일, 댄은 불굴의 의지로 또 다시 나타났다. 성가실 정도였다. 마침내 워너는 침묵을 깼다. "아, 목사님은 절대 포기하지 않으실 모양이군요."

댄은 대답했다. "맞아요. 집사님과 꼭 할 얘기가 있어요." 그리고 목요일 밤으로 약속을 잡았다.

댄은 워너를 만나 근래 자신이 알게 된 이야기들을 털어놓았다. 워너가 댄의 이야기를 하고 다녀 멀리 해리스버그까지 얘기가 퍼지고 댄의 명예가 실추된 사실을 말했다. 그리고 목사를 내쫓으려는 계획을 접고 댄 곁을 지키겠다고 약속했던 일을 상기시켰다. 그러고 나서야 댄은 자신이 워너를 만나고자 했던 진짜 이유를 설명했다. "제가 이런 일들을 이야기하는 것은 집사님을 고소하거나 집사님께 사과를 받아내기 위해서가 아닙니다. 제가 집사님 때문에 비통했다는 사실을 말씀드리려는 겁니다. 집사님께 용서를 구합니다. 제가 솔선수범하지 않고서 교인들에게 사랑과 용서로 분쟁을 해결하라고 어떻게 가르칠 수 있겠습니까? 저는 새로운 교회에서 그렇게 시작할 수 없습니다. 집사님, 저를 용서해주시고 다시 친구로 받아주시겠어요?"

워너는 그러겠다고 대답은 했지만 댄에게 모든 책임을 지움으로써 영적 성숙의 시험에서는 실패했다. 하지만 댄은 모든 시름을 덜고 스스로를 해방시켰다. 그리고 평생에 하나님의 능력을 알아가겠다고 결심했다.

댄의 노력은 성공을 거두었을까? 그 후 20년이 흐른 지금, 우리는 그것을 평가할 수 있다. 70세가 다 되어가는 댄은 여전히 와인브룩에서 목회를 하고 있고, 현재 그 교회의 평균 출석 인원은 약 300명이다. 댄은 아무 거리낌 없이 지내고, 한때 모욕감을 줬던 바로 그 지역 공동체에서 지금은 존경까지 받으며 지낸다. 그는 잠언 16장 7절 말씀의 증거가 되었다. "사람의 행위가 여호와를 기쁘시게 하면 그 사람의 원수라도 그와 더불어 화목하게 하시느니라." 무엇보다 댄은 하나님께 순종하고 그분의 능력을 드러내는 것에서 오는 정신적, 정서적, 영적, 육체적 안녕을 경험하고 있다. 또한 그는 다윗의 고백을 성취하였다. "나의 영혼아 잠잠히 하나님만 바라라. 무릇 나의 소망이 그로부터 나오는도다"(시 62:5).

마음 지킴의 핵심은 하나님의 말씀을 따라 사는 것이다. 하나님만이 자신의 신실하신 성품과 능력에 따라 우리의 인생을 결정하신다. 각 사람이 처한 상황이 다르기에 댄과 똑같이 살 수는 없을 것이다.

하지만 하나님의 원리는 똑같다. 예수님께서 "화평하게 하는 자는 복이 있나니"(마 5:9)라고 말씀하셨고 이것은 시적 표현이 아닌 예언적 표현이었다.

자신의 갈등을 성경에 합당한 방법으로 다루기 위해 댄은 자신의 본성을 거슬러야 했다. 하지만 그는 자신의 마음을 구했고, 결국 자신의 건강과 관계에서 성공했다. 또한 그는 더욱 큰 열매와 성공으로 향하는 사역의 문을 열게 되었다.

당신은 사람들의 공격을 멈출 수 없다. 그러나 공격당하는 일이 당신에게 어떤 영향을 미칠지 결정하는 것은 당신 자신이다. 하나님은 당신을 마음 파수꾼으로 세우셨다. 하나님의 방식으로 갈등을 다룰 때, 하나님께서는 모든 것에서 당신을 지키실 것이다. 이것은 하나님의 약속이다.

목회자의 재건

성공은 갈등을 통한 성장의 산물이다.

댄은 자기 마음의 자연스런 본성이나 세상의 방법을 따르지 않기로 결심했다. 대신 자신의 고난을 통해 하나님을 높이려 노력했다. 결국 하나님은 댄을 높이셨고, 그로 하여금 대적을 이기도록 하셨다. 댄이 증명한 하나님의 약속, 하나님께서 자신의 능력을 드러내실 거라는 약속은 당신에게도 적용되어 당신도 댄처럼 승리를 거둘 수 있다. 댄의 이야기를 배경으로 재난을 이기고 일어나 하나님께 능력 있게 사용받기 위해 관심을 쏟아야 할 여러 영역들을 살펴보도록 하자.

영적으로 재건하라

황폐화된 시간들은 하나님과 처음부터 다시 시작할 수 있는, 어린

아이의 순진한 믿음으로 다시 돌아갈 수 있는 기회이다. 학위나 뛰어난 지식이 걸림돌이 되지 않도록 하라. 하나님은 그리스도인의 모든 경험 속에서 어린아이와 같은 믿음을 요구하신다.

가장 단순하지만 가장 심오한 회복은 시편 말씀에서 찾아볼 수 있다. "여호와 앞에 잠잠하고 참고 기다리라. 자기 길이 형통하며 악한 꾀를 이루는 자 때문에 불평하지 말지어다"(시 37:7). "너희는 가만히 있어 내가 하나님 됨을 알지어다. 내가 뭇 나라 중에서 높임을 받으리라. 내가 세계 중에서 높임을 받으리라"(시 46:10).

히브리어에서 '잠잠하고'라는 말은 적과 싸울 만반의 준비를 하고 완벽한 전투 대형을 맞추어 행진하는 군대의 모습과 관련이 있다. 이 명령은 행진을 멈추고, 모든 무기를 내려놓고, 쉬어 자세를 취하라는 것이다. 이 명령의 배후에는 당신보다 더 큰 분이 계시다. 그리고 보호자이자 구원자로서 그분이 자신의 능력을 드러내시고 영광을 받으실 거라는 확신이 깔려 있다.

내가 이러한 진리를 몸소 깊이 체험한 것은 마이어스타운 은혜형제교회에서 사역한 지 만으로 이태가 지날 즈음이었다. 당시 나는 매우 지쳐 있었다. 밤늦게까지 사역이 이어졌고, 불안한 교회를 돕는 긴장감을 가지고서 매일 TV 출연에 전도 집회 사역까지 지속하고 있었다. 어느 순간, 몸이 말을 듣지 않았다. 사역 기관과 마이어스타운 은혜형제교회의 운영위원회는 내가 한 달 동안 사역을 내려놓고 연구와 금식, 기도, 쉼을 위해 이스라엘에 갈 수 있도록 배려해주었다.

피난처가 되어 줄 나사렛에 위치한 성 가브리엘 호텔에 도착했을 때 나는 주저앉아 큰소리로 말했다. "하나님, 제가 여기에 있습니다.

하나님은 어디에 계신가요?" 이것은 의심이나 절망이 아닌, 피곤을 동반한 공허한 감정의 표현이었다. 나는 마치 사막에서 샘을 발견한 사람처럼 말씀을 들이키듯 읽기 시작했다. 말씀으로 회복하게 하시는 능력을 천천히 느끼며, 어느 날은 14시간 동안 말씀을 읽기도 했다.

그곳에서 머문 지 17일 째, 나는 우연히 시편 46편 10절을 읽게 되었고, 무언가 전혀 예상치 못했던 일이 벌어졌다. 하루 24시간을 쉼 없이 달리던 내 내면의 모터가 말 그대로 멈춰버렸다는 사실을 알게 된 것이다. 3일 동안 나는 평안을 누렸고, 그 평안 속에서는 하나님에 대한 어떠한 요구도 미성숙한 것으로 느껴졌다. 나는 모든 기도에 응답해주고 싶어 하시는 하나님의 마음을 알았다. 그래서 하나님께 나의 필요를 알려드릴 필요가 없었다. 이것은 예배와 경배의 시간이었다.

'잠잠하고'와의 만남은 나를 완전히 소생시켰을 뿐 아니라, 내 인생의 가장 소중한 기억으로 남게 되었다. 나는 하나님께서 사람의 마음과 정신과 육체를 회복시키신다는 사실을 안다. 나는 완전하고 놀라운 방법으로 그것을 경험했다. 하나님께서 당신을 회복시키실 수 있다는 건 사실이지만, 그것을 위해서는 당신이 하나님 앞에 홀로 남아 잠잠해지는 시간을 가져야 한다.

그러기엔 맡은 임무가 너무 많다고 주장하지 마라. 나도 그랬다. 그러나 우리가 하나님의 방식으로 하나님을 구할 때, 하나님께서 우리를 어떻게 책임져주시는지 알면 매우 놀랍다. 내가 그 여행을 다녀오고 마이어스타운 은혜형제교회를 떠날 때까지, 우리는 지난 수년 동안 보지 못했던 특별한 평안을 교회 안에서 경험할 수 있었다. 나는 당신에게 강력히 권면한다. 사소한 도움을 위해 수백만 원의 돈을 들이기에 앞서, 하나님과 함께 홀로 남아 잠잠한 시간을 보내라.

이 잠잠함 속에 주님을 향한 신실한 기다림이 있다. 이곳에서 우리의 힘이 새로워진다. 이사야는 기록했다. "오직 여호와를 앙망하는 자는 새 힘을 얻으리니 독수리가 날개 치며 올라감 같을 것이요 달음박질하여도 곤비하지 아니하겠고 걸어가도 피곤하지 아니하리로다"(사 40:31). '믿음'이라는 말은 거대한 샘과 같아서 거기로부터 소망과 신뢰, 순종, 신실함, 두려움, 기다림, 추구라는 지류들이 뻗어 흐른다. 이들 각각은 믿음과 미묘한 차이를 보인다. 따라서 이 구절은 그 메시지로 흘러들어 가는 각 지류를 통해서도 이해할 수 있다.

- 소망 : 영혼의 닻(히 6:19), 보지 못하는 것들의 증거(히 11:1)
- 신뢰 : 어린아이 같은 단순함과 의존(마 11:25; 18:3; 잠 13:15)
- 순종 : 하나님에 대한 신뢰에서 나오는 행동(약 2:14-26; 히 11:4, 7-8, 25, 29-30)
- 신실함 : 변함없는 믿음(엡 4:12-16)
- 두려움 : 경의에 찬 예배와 믿음의 존중(시 111:10; 전 12:13)
- 기다림 : 하나님께서 자신의 목적을 이루시리라는 확신(벤후 2:9)
- 구함 : 믿음의 갈망(시 63:1)

하지만 잠잠히 주님을 기다리는 것이 아무것도 하지 않는 것이라고는 생각지 마라. 믿음은 수동적이지 않다. 쉬는 동안 달음박질하고 걸으라고 성경은 이야기한다. 우리가 주님 안에서 쉴 때에 새로운 에너지가 우리의 마음을 채우며 심지어는 피곤한 근육을 소생시키기까지 한다. 하나님의 능력 안에서 쉴 때 힘을 얻을 수 있다.

잠잠히 쉼을 얻을 때 새로워질 수 있다. 이 쉼은 무엇일까? 단순한 안락일까? 그렇지 않다. 그것 이상이다. 이것은 완성이다. 하나님께서 칠 일째 쉬셨을 때, 이것은 소진된 힘을 회복하기 위해서가 아니라 그의 손이 완성하신 일을 바라보시기 위한 쉼이었다. 모든 것이 온전함의 상태에 있었다.

마찬가지로 황폐해진 때에 하나님께서 당신에게 가져다주실 쉼은 내면의 완성, 바로 온전함이 될 것이다. 당신의 몸과 마음과 영혼에 안녕이 찾아올 것이다. 심각한 갈등기에 있거나 갈등 이후에 재건하는 과정에 있는가? 스스로 잠잠하고 하나님의 쉼을 믿고 찾는 것을 최우선으로 삼기를 권한다.

정서적으로 재건하라

갈등은 감정을 뒤튼다. 감정을 믿음과 평행한 상태로 돌려놓는 것은 회복의 한 부분이다. 우리 내면이 실패하는 대부분의 원인은 신학적 위기가 아니라 감정적 에너지다. 갈등 초기 단계에서야 자신의 감정을 제어할 수 있지만 갈등이 지속되면 통제할 수 없는 큰 파도로 감정을 내던질 수도 있다. 예를 들어, 어렵게 잠을 청한다 해도 결국 마음속 분노 때문에 한밤중에 식은땀을 흘리며 갑자기 잠을 깰 수도 있다.

감정은 반복되는 격한 기분 위를 뛰어다니는 어린아이와 같다. 요구가 많고, 울고, 토라지고, 용서했다가 다시 용서하지 않기로 반복하는 어린아이 말이다. 이때 중요한 결정을 내려선 안 된다. 감정들을 안전하게 나눌 신뢰할 만한 친구를 찾아라. 이 친구는 당신에게 듣기 좋은 말만 하지 않고, 당신이 들어야 할 말을 할 수 있는 권리를 가져야 한다. 이 친구를 이성의 기준으로 삼아, 당신의 이성을 왜곡하여 그릇된 결정을 내리게 하는 감정들을 정돈하라. 성경은 이렇게 가르친다. "친구의 아픈 책망은 충직으로 말미암는 것이나 원수의 잦은 입맞춤은 거짓에서 난 것이니라"(잠 27:6).

적절한 친구를 찾는 동시에, 단순한 일이나 걷기, 골프와 같은 육체적인 운동을 하라. 지속적인 압력이 제거될 때, 감정은 놀라운 회복을 보일 것이다. 또한 스트레스가 심할 때 운동을 하면 혈압이 낮아지는 등 많은 유익이 있다. 건강을 지키려면 운동은 필수다.

적절하게 해결되지 않은 감정은 그리스도보다 자기를 섬기도록 강요할 것이다. 그러면 옳고 그름이 아니라 느낌에 따라 말하고 행동하게 된다. 따라서 회복에는 감정을 조심스레 관리하는 일이 꼭 필요하다. 내가 강력히 권면하고 싶은 것은 말씀과 기도, 친구들과 즐거운 시간을 보내는 데 많은 시간을 보내라는 것이다. 당신 스스로도 감정을 잘 관리하겠지만, 시간적 여유와 주위의 보살핌 없이 하기는 여간 힘든 일이 아니다.

육체적으로 재건하라

몸을 돌보는 것의 중요성을 간과하지 마라. 영혼의 갈등이 있을 때에 우리 몸은 큰 고통을 겪는다. 사역을 위해 건강을 회복하도록 돕는 일이라면 의료계에 종사하는 많은 이들이 기꺼이 자원할 것이다. 닥친 재난을 견뎌내는 데 도움이 되어 줄 사람들로 팀을 구성하라. 당신이 자기의 지구력의 정도를 알 수 있도록 의사들이 도와줄 것이다. 카이로프랙틱은 신경이 자유롭게 기능하게 해준다. 물리치료사들은 필수 신경 근육과 관련해서 특별 교육을 해줄 것이다. 심층 조직 마사지를 통해 몸을 치료하는 마사지 전문가들은 당신의 몸에서 독소를 제거하여 혈액 순환을 도와줄 것이다. 영양사들은 당신 몸의 필요를 진단해줄 것이다.

우리 몸을 돌보는 것은 주를 섬기는 일이다. 우리 몸은 우리 소유가 아니다. 우리는 하나님의 소유물을 관리할 뿐이다. "값으로 산 것이 되었으니 그런즉 너희 몸으로 하나님께 영광을 돌리라"(고전 6:20). "그러므로 형제들아 내가 하나님의 모든 자비하심으로 너희를 권하노니 너희 몸을 하나님이 기뻐하시는 거룩한 산 제물로 드리라 이는 너희가 드릴 영적 예배니라"(롬 12:1).

만일 격렬한 운동이 힘들다면 걷기나 달리기라도 꾸준히 하는 것이 중요하다. 심각한 시험을 겪고 있던 한 목회자는 스트레스가 너무나도 심해 격렬한 운동을 할 수가 없었다. 그래서 근처 골프 코스에서 걷기 운동만 했는데 걷는 동안 깊은 안도감을 느꼈다고 한다. 걷는 동안 그는 기도했다. 그렇게 함으로써 그는 육체와 영혼을 동시에 재건해 갔다.

전문가와 함께 재건하라

성공은 갈등을 통한 성장의 산물이다. 그런데 그것을 어떻게 성취할 수 있을까? 목회자가 갖추어야 할 네 가지를 회고해보라. 그 내용을 면밀히 살펴본 후, 자신에 대해 발견한 것을 전문가에게 가져가라. 미래를 준비하는 데 최선의 도움을 줄 만한 사람이어야 한다. 당신에게 불가능한 것을 하도록 강요하는 비싼 전문가일 필요는 없다. 폭풍을 지나본 적이 있는 다른 목회자여도 좋다. 그 사람이야말로 최고의 전문가이다. 때때로 가장 깊은 앙금은 바르게 전달된 말에 의해 해결된다. 그리고 성령은 적합한 사람을 통해 적절한 말을 하게 하는 방법을 알고 계신다.

앞으로의 기회에 대해서도 생각해보아야 한다. 당신을 다른 리더들에게 드러내고, 그들이 당신의 모든 상황을 다 알 수 있도록 하라. 정확하지 않은 정보로 자신의 시야가 흐려졌을 경우, 그들은 당신을 추천하지 않을 것이다. 하지만 자기 잘못을 인정하고 잘못을 고치려 노력한다는 증거만 있다면 그들은 당신의 실수를 굉장히 너그러운 태도로 대할 것이다.

무엇보다 당신의 회복을 위해 다른 사람만 마냥 기다리지 마라. 하나님은 자신의 약속을 분명히 지키실 테지만, 당신은 당신이 할 일을 해야 한다. 언제나 내일은 온다. 하나님의 섭리와 함께…. 아무것도 내일을 위한 당신의 준비를 방해하지 못하게 하라.

이제는 목회자를 대상으로 좀 더 큰 그림을 살펴보고 교회 갈등 이후에 교회를 위한 보살핌에 관련해 고민해보자.

상처 입은 교회를 보살피라

교회는 하나님께서 왜 갈등을 허락하셨는지, 갈등으로부터 얻을 수 있는
가치가 무엇인지, 올바른 신학적 이유를 발견해야 한다.

당신이 심각한 화상을 입은 교회로 청빙이 되었든, 그러한 교회에
목회자나 성도로서 남기로 했든, 갈등으로 생겨난 마음의 상태를 분
석하는 것은 꼭 필요하다. 그럴 때만이 어떻게 그 교회의 회복을 도울
지 결정할 수 있다.

집단적 사고방식을 이해하라

군중심리에 대해 들어본 적이 있을 것이다. 이것은 실제로 존재한
다. 흥분한 군중 사이에 있을 때 사람들은 홀로는 용기가 부족해 못했
을 행동들을 한다. 분노는 임계질량에 도달하고 파괴적 행동이 폭발
한다. 교회에 불어 닥친 갈등의 소용돌이가 임계질량을 만들어 교회

를 감정적, 영적으로 흔들어놓았다. 이 소용돌이가 지나면 또 새로운 임계질량이 형성될 기미를 보인다. 이런 기미를 감지하고 논의하지 못한다면, 새로운 갈등의 소용돌이가 덮쳐 남아 있는 것마저 완전히 파괴해버릴 것이다.

대부분의 사람들은 무엇이 자신을 괴롭게 하고 있는지 이해하지 못할 것이다. 리더십은 자신의 교회를 흔든 재난에 대한 사람들의 내면의 반응을 정의하고 해결하도록 도와주어야 한다. 사람들에게는 이 악몽으로부터 교회를 이끌어낼 리더를 향한 잠재된 갈망이 있다. 이 리더는 사람들이 집단적인 혼란과 두려움, 불안, 실망, 분노, 죄책감, 낙심, 절망, 마비를 다룰 수 있도록 도와야 한다.

집단적 혼란

교회 안에는 갈등의 원인에 대한 의견이 분분할 것이다. 사람들은 진실의 일부만을 알고 있을 뿐, 전체 이야기를 아는 사람은 거의 없다. 전체 이야기를 알게 된다고 해도 긍정적인 해결책이 보장되지는 않는다.

추측을 멈추어야 한다. 추측은 문제를 지속시키고 깊어지게 할 뿐, 해결에는 전혀 도움이 되지 않기 때문이다. 문제의 원인을 분석하고 정확히 지적하고 싶은 것이 사람의 마음이지만, 현명한 사람이라면 그것을 올바른 권위에 맡길 줄 알아야 한다. 그렇지 않으면 문제는 계속해서 연기를 내고 타며 새로운 불길을 일으킬 것이다.

잠언 26장 20절은 말한다. "나무가 다하면 불이 꺼지고 말쟁이가 없어지면 다툼이 쉬느니라." 물론 사람들은 자신이 말이나 다툼을 좋아한다고 보지 않는다. 뭐 그럴 수도 있다. 하지만 지나친 이야기가 위기를 부채질하고 혼란을 가중시키는 때가 있다는 사실을 깨달아야 한다.

집단적 두려움

말로 표현은 않더라도, 위기 때에 하나님은 어디 계셨는가 하는 근본적인 회의에 빠질 수 있다. 하나님은 왜 위기를 멈추지 않으셨을까? 왜 고통스럽고 진실한 기도들에 응답하지 않으셨을까? 하나님이 회복해주실 거라 믿어도 되는 걸까? 이 위기가 신앙을 향한 태도에 어떤 영향을 미칠까? 재정적으로는 버텨낼 수 있을까? 지역 사회에서 잃어버린 명예를 되찾을 수 있을까? 대답을 얻지 못한 질문들은 두려움을 조장해서 교회가 지나치게 조심하도록, 심지어는 회복을 향한 노력에 저항하도록 할 것이다. 교회 리더들은 이런 질문들이 실재한다는 사실을 간과해서는 안 된다. 두려움이 잦아들기 위해서는 일이 년 이상 꾸준히 성공을 맛보아야 한다. 사람들의 질문과 두려움에 성경적인 설교로 담대히 맞서라. 예를 들어 목회자는 다음과 같은 주제를 가지고 설교할 수 있다.

- 목적을 성취하시는 하나님의 흔들림 없는 주권과 능력
- 고통에 대한 하나님의 목적
- 밀 까부르듯 하는 사탄에 대응하는 법
- 대답을 얻지 못한 질문들이 믿음을 성장시키는 방식
- 포기하지 않는 기도의 능력

문제가 전혀 존재하지 않는 것처럼 생각하거나 위기의 원인을 추측하는 것에만 집중해서 설교하면 두려움만 깊어질 뿐이다. 두려움을 쫓고 담대함을 회복시키는 것은 성령의 능력 안에서 선포되는 하나님의 말씀이다.

집단적 불안

집단적인 두려움은 집단적 신뢰의 상실과 짝을 이룬다. 공개적으로 하나님에 대한 신뢰의 상실을 인정하는 사람들이야 없겠지만, 그렇다고 그런 사람들이 전혀 없는 것은 아니다. 그것은 리더십에 대한 부당한 심문으로 표현될 것이다. 이 끔찍한 문제가 교회를 흔들고 지나간 이상, 리더들은 이미 실패한 것처럼 보인다. 사람들은 이 위기를 멈추고 문제를 해결하기 위해 리더들이 얼마나 오랫동안 힘들게 노력해 왔는지에 대해서는 별 관심이 없다. 대신 조속한 해결책을 요구한다. 이것은 신뢰를 잃은 사람들이 보이는 전형적 기대이다.

교회 리더들은 개방 정책을 실행해야 한다. 만일 어떤 사람에 대한 치리와 같이 정보가 공개되기 어려운 경우라면, 리더들은 침묵의 이유를 밝혀야 한다. 교회 전체에 영향을 미치게 될 결정이라면, 그 결정의 세부사항들을 공개해야 한다. 교회의 생명에 중요한 정보는 절대 비밀에 부쳐지지 않을 거라는 사실을 분명히 해야 한다.

사람들이 사실 때문에 분노하는 건 어쩔 수 없지만 소문 때문에 분노하는 일은 없도록 하라. 리더십이 공연히 비판받지 않도록 하라.. 진실만이 비판의 근거가 되게 하라. 운영위원회가 책임감을 가지고 심사숙고하여 내린 결정을 고수할 때, 점점 신뢰가 회복될 것이다.

누군가 당신의 결정이나 행동에 도전해올 때 당황하지 마라. 그 결정이나 행동이 성경을 근거로 하고 하나님에 대한 겸손한 복종으로 집행된다면 언젠가 방해가 극복되고 잠잠해질 것이다. "주권자가 네게 분을 일으키거든 너는 네 자리를 떠나지 말라. 공손함이 큰 허물을 용서받게 하느니라"(전 10:4).

집단적 실망

목회자가 자신이 설교해온 진리와 배치되는 행동을 했을 수도 있다. 이제까지 그를 위대한 경건의 모범으로 믿어왔던 사람들은 무척 실망할 것이다. 교회의 다른 리더들이 갈등 상황에 적절히 대응하지 못한 사실이 밝혀질 수도 있다. 리더가 무엇을 하고 어떻게 행동해야 하는지 아는 사람들이 기대에 못 미치는 리더의 행실을 목격할 때, 그들은 실망한다.

문제가 사람보다 중요해지면 실망이 따른다. 자신은 있는 모습 그대로 존중받고 사랑받고 있었다고 믿었는데, 이제 와, 그 누구의 편을 들지 않았다고 해서 조롱의 대상이 되다니. 이처럼 기초가 빈약한 우정이 드러날 때, 거대한 실망이 찾아온다.

사람들은 교회 안에서 자신의 가치가 돈이나 은사의 공헌 정도로 환산된다는 사실을 알게 될 때도 실망감에 고통스러워한다. 갈등의 불이 우정의 허울을 태워버리고 나면, 교인들은 자신이 그저 노리개에 불과했다는 사실을 알게 될 것이다.

실망감의 원인이 무엇이든 그것에 대해 실제적으로 논의하고 해결책을 강구해야 한다. 그렇지 않으면 환멸이 찾아오고, 사람들이 믿음에서 낙오하도록 만들 수 있다.

집단적 분노

분노의 원인은 다양하다.

- 배신당한 사람들은 자신이 바보 취급을 받았다는 것에 분노한다.
- 상처 입은 사람들은 자신이 당한 고통에 분노한다.
- 모욕당한 사람들은 불의에 분노한다.
- 조용한 사람들은 자신이 더 큰소리로 말하지 못한 사실에 분노한다.

분노는 자연스런 감정이다. 따라서 사람들이 분노에 대하여 죄책감을 느끼게 해서는 안 된다. 다만 리더들은 사람들이 그들의 분노를 잘 다루고 해결하여, 죄짓는 데까지 이르지 않도록 인도해야 한다(엡 4:26).

억눌리고 감춰진 분노는 다양한 방식으로 표출된다. 갈등 상황이 지나간 후일지라도 남아 있는 긴장감이 사람들 사이에서 논쟁을 일으킬 수 있다. 이러한 논쟁은 결정에 대한 저항이나 중요하지 않은 문제에 대한 지루한 논쟁의 형태로도 나타난다. 분노는 가정에서의 논쟁을 통해 떠오르기도 한다. 교회의 재난으로 인해 해결되지 못한 분노는 정말이지 큰 문제이다. 이 분노는 개밥을 주는 것을 잊었다고 해서 자기 식구에게 버럭 화를 내는 것과 같은 형태를 띤다.

분노는 더 은근한 형태로 나타날 수도 있다. 이 경우 사람들은 계속 교회에 출석을 하면서 교회 봉사에는 참여하지 않는다. 그들은 자신에게 문제 해결 능력이 없다고 느끼고, 따라서 소극적 저항의 형태로 발을 빼는 것이다.

분노는 교회가 갈등을 겪을 때 직면해야 할, 결코 무시할 수 없는 실재이다.

집단적 죄책감

교회는 죄책감을 느낀다. 우리가 악한 사람은 아닐까? 하나님께서 우리를 벌하시는 건 아닌가?

갈등의 원인을 제공한 사람들은 그렇게 느끼지 않겠지만, 참된 성도는 그렇게 느낀다. 그들은 죄에 민감하다. 재난은 그들의 마음속에 그들 자신에 대한 의문을 떠올리게 한다. 자신은 사랑과 존중을 받을 가치가 없다고 느낀다.

오직 오랜 시간에 걸친 참된 사랑과 확신만이 이러한 죄책감을 쫓아낼 것이다. 참소하는 자, 즉 사탄이 하나님의 백성들에게 가져다주는 거짓된 죄책감에 대해 설교해야 할 필요도 있다. 또한 죄는 갈등을 일으킨 사람들의 몫이지, 교회의 연합을 통해 하나님을 높이고자 애쓴 사람들의 몫이 아니라는 사실도 분명히 해야 한다.

집단적 낙심

교회가 심한 손상을 입어 노인이나 젊은 신혼부부, 어린이들을 위한 특별 프로그램을 축소하거나 폐지해야 할 경우, 남은 교인들은 낙담할 수 있다. 교회를 사랑하고 교회에 남기를 원하는 사람들이 자신의 특별한 필요를 위해 다른 교회로 가야 한다고 느낄 수 있다. 이 문제는 해결이 쉽지 않다.

소생 불가능한 상태에서 교회를 구하실 하나님의 위대하심을 선포하는 강력한 설교들이 필요하다. 믿음을 깨우고, 하나님의 놀라운 사역을 기대하도록 교인들을 긍정적으로 도전하라. 그들의 소망을 새로운 비전에 집중시키기 위한 걸음을 떼라. 교인들이 그런 움직임을 인지하면 좀 더 기다려줄 수 있을 것이다.

교인들이 낙담한다고 꾸짖지 마라. 대신 열심히 계획을 실행하고 성경을 바르게 가르쳐 교인들을 격려하라.

교인들 사이에는 낙심이 자리해도 리더들은 낙심해선 안 된다. 리더들이 긍정적 태도를 유지하는 가장 좋은 방법은 수련회이다. 이러한 시간은 신뢰와 연합을 쌓고, 앞으로 다가올 많은 문제들을 정리하는 영적 회복의 기회로 사용되어야 한다.

집단적 절망

낙심은 절망으로 통하는 문이다. 사실, 절망하는 것도 이해가 된다. 개인적 문제들만으로도 충분한데, 이제 감정적 갈등과 재정적 불안으로 절뚝거리는 교회의 문제까지도 상대해야 하니 말이다.

절망 속에 있는 사람들은 어떻게 회복할 수 있을까? 사람들은 회복해야 한다는 분명한 동기가 있을 때 어떠한 위기라도 견뎌낼 수 있다. 특별한 믿음과 희생을 고무시킬 수 있는 이유를 제시하라. 실제 하나님께서는 전혀 나무랄 데 없는 사람들에게라도 심각한 재난을 허용하신다. 이러한 위기 가운데 하나님을 믿고 하나님께 순종하는 것은 위대한 영적 성장을 가져다 줄 수 있다. 절망을 몰아낸답시고 하나님의 영광과 목적보다 못한 이유를 결코 제시하지 마라.

집단적 마비

이상의 모든 것들은 의사 결정에 대한 두려움으로 이어진다. 어떠한 시정 조치가 필요한가를 두고도 갈등이 일어날 수 있다. 결국 마비는 더욱 심해진다. 사람들은 뭔가 행동해서 소란을 불러오느니 아무런 결정도 내리지 않는 것이 낫다고 생각한다. 이럴 경우, 교회는 잿더미에서 일어서기 위해 꼭 필요한 생명력을 잃게 된다.

신학을 통한 치유

이러한 집단적 어려움이 있는 교회를 어떻게 보살펴야 할까? 앞을 바라보는 능력을 기르고 다양한 의문에 대답해줄 만한 신학을 축적하라. 교인들이 알아야 할 내용은 다음과 같다.

- 왜 하나님께서 갈등을 허용하셨는가?
- 왜 그토록 심각한 피해가 있기 전에 멈추지 않으셨는가?
- 왜 말썽꾼들을 처벌하지 않으시는 것처럼 보이는가?
- 왜 분노와 분열이 사랑과 용서를 압도했는가?
- 왜 갈등 중의 기도가 그렇게 무력하게 느껴졌는가?
- 갈등으로부터 어떠한 가치를 얻을 수 있는가?

교회 안에서 하나님의 역할을 재확인시켜주는 특정 교리들을 가르치는 것은 재건을 위해 필수적이다.

FIRESTORM

임시 목사

임시 사역은 전환이나 위기를 맞은 교회의 컨설턴트로서 풍부한 경험을 갖추고
사도로서의 역할을 수행하는 전문 사역이다.

_스티브 리처드슨

여러분의 교회가 앞에 소개한 교회들과 흡사하다면, 얼마나 심각한
곤경에 처해 있는지 알 만하다. 리더 그룹은 혼란, 혹은 막다른 길에
몰려 있다. 설상가상으로 목회자는 재난을 못 견디고 교회를 떠났다.
곧 교회는 활기를 잃고 위축될 것이다. 당신은 본능적으로 이렇게 생
각할 것이다. "새로운 목회자를 찾는 것이 급선무야!"

새로운 목회자가 필요한 것은 사실이지만, 그가 앞으로 수년을 함
께 보내게 될 목회자여야 할 필요는 없다. 근래에는 '기간제 임시 사
역자'라 불리기도 하는 목회자들이 있다. 갈등에서 새로운 미래로 발
돋움하는 기간에는 일정 시간 동안만 교회를 맡아 사역하는 목회자를
찾는 것이 최선일 것이다.

기간제 임시 목사를 찾아야 하는 이유가 몇 가지 있다. 먼저, 교회

가 다시 안정을 찾기까지 역량 있는 목회자를 찾기가 쉽지 않기 때문이다. 능력 있는 목회자를 원하는 교회가 많고, 그런 목회자들은 문제 있는 교회를 찾지 않는다. 영적으로 들리지는 않겠지만 그것이 사실이다. 다음으로, 교회가 지금처럼 약해진 상태에서는 경험이 부족한 목회자에게 교회를 시험장으로 내줄 수도 없다. 마지막으로 그가 굉장한 자격을 갖추지 않은 한, 부족한 연금을 채우기 위해 자리를 찾는 반半은퇴 목회자도 적절치 않다.

마지막 말에 놀랐는가? 왜 수년간의 경험을 가진 사람이 부적절할지 의아한가? 당신의 교회는 불가능한 도전을 시도할 수 있도록 단련된, 교회를 위기에서 인도해낼 특별한 기술을 연마한 사람이 필요하다. 적절한 사람을 찾는 것도 중요하지만 성공을 보장하려면 교회가 그에게 특별한 권위를 부여해야 하기 때문이다. 그의 사역 기간이 제한되어야 하는 것도 그 때문이다. 오랫동안 함께 있을 사람에게 광범위한 권위를 부여하는 건 현명하지 못하다.

권위를 부여해야 하는 이유

크라이슬러가 위기에 빠졌을 때, 중역들은 자신들이 회의하고 투표하는 것으로 회사를 구할 수 없다는 사실을 잘 알았다. 회사는 리 아이아코카Lee Iaccoca를 찾아 그에게 거대한 권력을 부여했다. 그가 비상한 능력을 활용할 기회를 마련해준 것이다. 그때 그렇게 하지 않았다면 지금의 크라이슬러는 없었을 것이다.

위기에 빠진 교회도 그렇게 해야 한다. 하지만 교인들에겐 인간의 능력 말고도 의지할 수 있는 것이 훨씬 더 많다. 사도적 은사를 가진 사람들도 있고, 갈등의 잿더미에서 교회를 건져 올릴 은사와 기술들도 있다.

크라이슬러와 같은 지혜를 실천하지 않는 운영위원들 때문에 어느 교회들은 수년 동안이나 불필요한 패배 속에 머물러 있다. 그것은 실망스런 일이다. 크라이슬러는 위대한 성공 사례가 되었지만 많은 교회들은 여전히 무능한 상태로 머물러 있다.

임시 목회의 가치

장기 사역을 생각하고 있는 사람이 위기에 처한 교회를 이끌 수는 없다. 그 이유는 다음과 같다.

- 그는 사람들이 좋아하지 않는 결정들을 내려야만 한다. 예를 들어 재정적 손실이 크거나 쓸모없는 프로그램들을 폐지해야 할 경우, 과거에 대한 향수 때문에 그것을 반대하는 사람들이 있을 수 있다. 장기 사역을 하게 될 목회자는 당연히 사람들이 좋아하지 않는 결정을 더디 내릴 것이고, 이것은 돌이키기 어려운 실패로 귀결될 수 있다.
- 그가 교회의 치리에 관여해야 할 때, 임시 목사라면 치리 이후 치유의 과정이 수월할 것이다.
- 위기에 처한 교회에겐 변혁의 주도자가 필요하다. 모든 목회자가 그러한 기질과 기술을 갖고 있지는 않다. 장기 사역을

할 목회자는 급진적인 변혁의 주도자가 되지 않는 것이 좋다. 장기 사역을 할 목회자를 위해 교회를 준비시키는 것이 변혁 주도자의 의무이다.

임시 목회의 분명한 목표

임시 목회는 먼저 교회가 회복을 시도해야 할지, 아니면 교회 사역을 종결시켜야 할지 분별해야 한다. 어느 경우든, 임시 목사의 도움은 필수적이다. 회복에는 임시 목사의 특별한 능력이 필요하고, 종결에는 방해나 치우침이 없는 지각이 요구된다.

회복 과정을 시작하기로 했다면, 임시 목사가 충족해야 할 구체적인 목표들은 다음과 같다.

1. 갈등을 해결하라. 갈등을 해결하기 위해 임시 목사는 타협의 여지가 있는지 아니면 추방해야 할 사람들이 있는지 중립적으로 판단해야 한다.

2. 효과적인 리더십을 회복하라. 이것은 영적 회복은 물론, 적절한 사람들이 권력의 자리에 있도록 하는 것을 의미한다.

3. 비전과 사역으로 초점을 재조정하라. 기본 설계를 세워라. 교회 갈등은 교회의 목적을 성취할 수 있는 능력을 앗아갔다. 모든 관심이 문제로만 집중되었다. 이제 회복이 그 효력을 나타내기 위해서는 긍정적 비전이 제시되어야 한다.

4. 예배와 봉사를 소생시켜라. 교회가 교회 될 수 있도록 가르치라.

교인들의 마음을 문제로부터 떼내어 하나님과 서로를 향한 봉사로 집중시켜라.

5. 미래를 위해 조직을 다듬어라. 교회가 불필요하고 생명력 없는 위원회의 무게에 눌려 붕괴했을 수도 있다. 이제 모든 기관들이 교회의 생명에 중요한 밑거름이 된다는 사실을 확신시켜라.

6. 사역자들을 효과적으로 재배치하라. 임시 목사는 조급하게 자리를 메워 새로운 문제를 낳을 것이 아니라, 교회가 신중하게 적절한 사람을 뽑아 상임 자리에 배치할 수 있도록 해야 한다.

언제 임시 목사가 필요한가

모든 교회들이 기간제 임시 사역을 할 수 있는 건 아니다. 임시 목사가 필요한 때라는 신호는 다음과 같다.

1. 전임 목회자가 자신과 교인들 사이에서 일어난 엄청난 갈등 이후에 해고를 당했거나 사임을 했다.

2. 교회가 심각한 내부 갈등을 겪고 있는 경우로, 갈등의 초점은 전임 목회자일 수도 있고 아닐 수도 있다.

3. 목회자가 아주 오래 사역하고 사임하거나 은퇴했다. 전문가들은 7년 이상은 상당히 긴 기간으로 본다.

4. 3년 이하의 단기 목회가 반복적으로 나타난 경우, 이것은 조직적인 문제로서 그 뿌리를 뽑아야 한다.

5. 교회가 지역 사회나 경제 상황의 변화, 교회 건물 이전의 필요,

화재로 인한 재건축과 같은 주요 전환을 맞이했다. 그 전환이 교회 건축 완공이나 부채 해결, 새로운 목표 설정과 같은 교회 사역의 초점 변화에서 왔을 수도 있다.

6. 길어진 임시 목회가 비교적 비생산적으로 드러났다.

7. 현재 교회를 섬기던 목회자가 사망했다.

8. 리더십에 심각한 도덕적 실책이 있다.

만일 위의 조건들 중 하나 이상이 충족되는 경우라면, 임시 목회에 대한 필요는 더욱 심각해진다. 물론 결정은 교회와 리더들의 몫이지만 이와 같은 조건들이 지침이 되어줄 것이다.

임시 목사의 요건

하나님은 사람들 안에 특정 기질을 주셔서 그들이 다양한 방법으로 섬길 수 있도록 준비시키신다. 선의를 가진 사람이라도 준비가 부족한 분야에서는 실패하기 마련이다. 기간제 임시 목사의 역할은 독특한 특성들을 요구한다.

1. 사역의 초점이 기존 교회 위에 있다. 이 사람은 그 교회의 전통과 역사를 존중할 준비가 되어 있다. 임시 목사가 자신이 같은 뿌리를 나누지 않았다는 단순한 이유로 교회를 그 뿌리로부터 분리하려 드는 것은 비도덕적인 처사이다.

2. 모험을 즐긴다. 따라서 다음과 같은 일들을 할 수 있다.

다른 사람들 안에서 잠재력을 본다.

죄와 평범함에 정면으로 맞선다.

하나님나라의 새로운 일들을 위해 교인들을 도전한다.

3. 은사가 있고 리더십 훈련을 받은 그는 다음과 같은 역할을 수행한다.

팀 사역자 : 임시 목사와 지역 교회, 그리고 가능한 곳에서는 교단의 리더십까지 다양한 관계들이 존재한다. 이러한 관계들은 교회의 생명을 세우고 강화하며 생산적 미래를 위해 교회를 준비시키는데, 임시 사역 기간을 효율적으로 사용할 수 있도록 하는 열쇠가 된다.

변혁적 리더 : 레잇 앤더슨Leith Anderson은 자신의 책,《변화를 위해 목숨을 걸다Dying for Change》에서 변혁적 리더를 적절히 묘사했다. 민첩하게 행동하고, 일반 구성원들이 그를 인정함으로써 그들로부터 권위를 얻고, 하나님께서 주신 권세를 소유하며, 반대 속에서 굴하지 않고, 주도권을 쥐는 사람을 변혁적 리더라 한다.[6]

전환 전문가 : 이 분야의 사역자는 슬픔에서 반성, 반성에서 회복, 회복에서 새로운 시작으로 전환하는 과도기에 교회를 도울 만한 능력을 갖춰야 한다. 이를 위한 섬세한 기술도 있어야 한다. 또한 뛰어난 전략적 계획과 리더십, 성장, 갈등 해결, 의사결정을 제공해야 한다. 변혁적 리더와 전환 전문 리더 사이의 차이점에 주목하라.《과거와 미래의 교회The Once and Future Church》에서 로렌 미드는 이렇게 말했다. "조직적 전문가들은 '전환적' 변화와 '변혁적' 변화를 서로 구분한다. 그들이 전환적

변화를 말할 때, 그것은 임시적 혼란과 불편이 가져다주는 적응과 전환을 의미하며, 이것은 새로운 안정으로의 움직임을 전제로 한다. 반면 변혁적 변화는 기초가 산산 조각나 새로운 실체로 재구성되는 것을 의미한다."[7]

끈기 있는 조사관 : 불편할 뿐 아니라 논쟁의 우려가 있는 문제들을 파헤치기 위해서는 끈기가 필요하다. 이 사역자들에겐 오랫동안 묻어둔 문제들을 드러내고 성경적인 해결책을 제시하는 위험을 감수하겠다는 의지가 있어야 한다.

임시 목사 : 임시 목사는 과도기에 양떼를 보살펴야 한다. 양떼의 건강을 진단하기 위해 모든 성도의 집으로 일일이 전화를 걸어야 할 수도 있다. 여기서부터 그 지역 교회의 특정한 필요가 보이기 시작한다.

중요한 임시 사역 팀

최대한 빠른 교회 회복을 위해서는 여러 팀을 구성해야 한다.

1. 임시 목회 팀. 기간제 임시 목사에겐 뒤에서 자신을 지지해주는 팀이 있어야 한다. 특별히 그가 문제 있는 교회들을 전문적으로 돕는 기관에서 파송된 경우라면 말할 것도 없다.

2. 리더십 팀. 교회 장로들이 임시 목사와 가까이에서 협력하는 것은 매우 중요하다. 임시 목사가 떠난 후에도 교회가 지속적으로 성공하느냐는 이 리더십에 달려 있다. 장로들은 단순히 의사결정 위원회가 아니라, 실제 일을 하는 위원회의 일원이여야 한다. 그들이 스스로

본을 보여 이끌어야 하는데, 교회를 새로운 미래로 이끌기 위해서는 많은 교인들이 엄청나게 헌신할 필요가 있기 때문이다.

3. 예배 팀. 임시 목사는 자신이 섬기고 있는 교회의 예배 문화와 양식을 존중해야 한다. 하지만 생기 있는 예배를 위해서 팀을 구성할 필요가 있다. 이러한 예배는 갈등 기간 동안 교회를 억눌러온 부담을 떨쳐내는 데 도움을 줄 것이다.

4. 목회자 청빙 팀. 임시 목사는 그야말로 기간제 임시 사역자이므로 교회는 그를 상임 목회자 후보로 고려해선 안 된다. 청빙 팀은 전환을 지속시킬 최선의 적임자를 찾기 위해 과도기에도 노력을 기울여야 한다.

임시 사역 기간의 강단

다음의 내용은 임시 목사가 강단에서 해야 할 일들이다.

1. 임시 사역의 목적을 강조하라. 비전은 반복적으로 제시되어야 한다. 리더 한 사람이 그 교회가 어디로 향하고 있는지 분명한 비전을 가지고 있을 수 있지만, 그것은 교회 성도들에게 지속적으로 강조되어야 한다.

2. 은사가 있는 평신도들에게 강단으로의 새로운 접근을 허용하라. 임시 사역 기간은 교회가 교회 되는 법을 배울 수 있는 절호의 기회이다. 목회자의 참된 사역은 성도를 위해 자신이 '기독교란 이런 것이다' 하며 보여주는 것이 아니다. 성도가 자기에게 맡겨진 사역을 감

당할 수 있도록 그들을 준비시키는 것이다(엡 4:12).

3. 분명한 실행 과정을 제시하라. 교회는 자신이 임시 목사에게 부여한 권한이 행동의 무제한적 자유가 아니라 정해진 계획을 실행하기 위한 자유임을 알아야 한다. 따라서 임시 목사는 그러한 실행 과정을 관찰 가능한 평가 요소들과 함께 정기적으로 교회에 보고해야 한다.

나는 여러분이 기간제 임시 목사의 가치를 분명히 인식하고 이것을 교회에 유익이 되는 선택으로 고려해보았기를 바란다. 또한 측량하기 힘들 만큼의 어려움이 있긴 하겠지만 심각한 교회 갈등이 극복될 수 있다는 사실을 이해했으면 한다.

우리는 이제까지 교회 갈등의 라이프사이클과 그 원인, 그것과 어떻게 싸울지, 폐허에서 어떻게 재건을 이룰지에 대해 살펴보았다. 이제 교회 갈등의 최종적 결말, 그리고 당신이 받을 최종적 보상에 대해 살펴보도록 하자.

정금같이 나오다

생각하건대 현재의 고난은 장차 우리에게 나타날 영광과 비교할 수 없도다.

_로마서 8장 18절

장면 1 : 시험

인생은 얼마나 불공평한가? 회중 회의를 마치고 집으로 돌아오는 길, 당신의 세상은 산산 조각났고 절망의 거센 비바람이 당신을 후려치는 듯하다. 반면, 사람들은 반듯하게 정돈된 일상으로 돌아가 편안히 잠자리에 누울 것이다. 하지만 당신의 잠자리는 돌처럼 딱딱하다. 당신은 강제 해임이 유년 시절부터 당신을 괴롭혀온 모든 두려움과 불안, 무능함을 일깨울 것이라곤 상상도 하지 못했다. 지난 수년 동안 목회를 위해 다양한 기술을 개발해왔고, 그 때문에 사람들은 당신을 자신감에 넘치는 목회자로 보아왔다. 하지만 교회 분위기는 소수의 반대자들로 완전히 뒤바뀌었고, 사람들은 당신이 아픔을 느끼지 못하는 사람이라도 되는 양 당신의 영혼을 할퀴고 있다.

자리에 앉아 손으로 머리를 쥐어짠다. 불가능 속에 갇힌 것 같다. 누구도 듣지 않을 테니 당신의 무고함을 입증할 방법이 없다. 당신이 이제까지 세우고자 노력했던 바로 그 사람들이 지금 당신의 삶을 갈기 갈기 찢고 있다. 당신은 정직하기 때문에 외로움을 경험한다. 모욕을 당했던 역사 속 믿음의 영웅들을 상기해본다. 하지만 이 공허한 시간, 그들은 생명 없는 조각상처럼 당신에게 어떤 위안도 주지 못한다.

당신의 감정들은 소용돌이치고 서로 충돌한다. 한순간 복수심이 일어나 당신이 아픈 만큼 그대로 갚아주겠다고 주먹을 불끈 쥔다. 그러다가 또 어느 순간, 철천지원수라도 용서하고픈 생각이 든다. 생각과 감정의 파도가 밤새 당신을 괴롭힌다. 어찌나 격렬하게 싸움을 벌이는지 어떤 감정이 진짜인지 알 수가 없다. 경솔하고 어리석고 불명예스런 것에 이끌리지 않으려 감정들과 싸움을 벌인다. 그러다가 아무런 행동도 하지 못하게 자신을 억누른다.

성경책을 봐도 하나님을 향한 분노를 감출 수 없다. 그분은 어디에 계셨던 걸까? 왜 그냥 놔두셨을까? 언제쯤 나의 무고함을 증명해주실까? 당신의 배우자는 이 일을 빌미삼아 사역을 그만두라고 다그친다. 당신의 자녀들도 혼란스러워한다. 자녀들이 '삼촌'이라고, '이모'라고 불렀던 이들이 당신을 배반한 셈이 아닌가.

당신 안에 있는 모든 것은 사역을 그만두거나 술을 마시거나 하나님을 저주하는 것과 같은 극단적인 무언가를 하고 싶어 한다. 이제는 나 자신을 알아보기조차 어렵다. 그러한 생각들이, 아니 그것을 요구하는 감정들이, 당신을 이렇게까지 움켜쥘 줄이야. 당신은 그리스도인들로부터 가능한 한 멀리 도망치고 싶다. 마음에 일어나는 불과 싸우느라, 잠도 제대로 이루지 못한다.

어느새 새벽 5시 30분. 태양이 새날을 열며 지평선 위로 떠오른다. 하지만 당신의 마음은 냉랭하기만 하다. 어떻게 해야 당신에게 새날이 열릴까? 밤새 싸워온 나쁜 생각들 때문인지 자신에게 혐오감을 느낀다. 입이 쓰다. 악의 속박이 당신의 영혼을 두른 것 같다.

그런데 갑자기 예상치도 못한 성경 구절들이 마음속으로 들어온다. 그 말씀들이 지옥의 악한 손아귀를 헐겁게 하는 듯하다. 당신이 성경 구절들을 큰소리로 읊을수록 더욱 큰 생명이 당신의 존재 속으로 다시 들어온다. 악한 구름이 거두어지듯 방 기운도 가벼워진다.

불을 켜고 성경을 열어 성구를 찾아 밑줄을 긋는다. 말씀이 피를 닦아주고 영혼의 깊은 상처를 싸매는 것만 같다. 영적 용기와 확신으로 새 힘이 솟는다. "이기는 자는 이것들을 상속으로 받으리라. 나는 그의 하나님이 되고 그는 내 아들이 되리라"(계 21:7). 완벽한 심판자 되신 하나님께 모든 처분을 맡겨드리기로 선택하면서 하나님께서 당신을 변호해주실 거라는 소망이 커져간다. 당신은 바울의 책망을 새겨 듣기로 다짐한다. "악에게 지지 말고 선으로 악을 이기라"(롬 12:21). 당신의 싸움이 사탄과의 전쟁이었음을 깨닫고 난 후, 당신은 요한의 기록으로 달려간다. "아비들아 내가 너희에게 쓰는 것은 너희가 태초부터 계신 이를 알았음이요. 청년들아 내가 너희에게 쓰는 것은 너희가 악한 자를 이기었음이라"(요일 2:13).

그러고 난 후 당신은 요한에게 보이신 그리스도의 계시를 기억하고 미래를 엿볼 기회를 얻는다. "이기는 그에게는 내가 내 보좌에 함께 앉게 하여 주기를 내가 이기고 아버지 보좌에 함께 앉은 것과 같이 하리라"(계 3:21). 또한 다음 말씀을 읽어 내려가면서 이기고자 하는 당신의 결심은 더욱 강해진다. "내가 또 들으니 하늘에 큰 음성이 있어 이르되 이제 우리 하나님의 구원과 능력과 나라와 또 그의 그리스도의 권세가 나타났으니 우리 형제들을 참소하던 자 곧 우리 하나님 앞에서 밤낮 참소하던 자가 쫓겨났고 또 우리 형제들이 어린 양의 피와 자기들이 증언하는 말씀으로써 그를 이겼으니 그들은 죽기까지 자기들의 생명을 아끼지 아니하였도다"(계 12:10-11).

당신은 하늘에서 내려온 담대함을 가지고 사탄에게 권세 있게 선언한다. "너는 이 전투에서 패배하게 될 것이다! 나는 나의 주, 나의 하나님을 배반하지 않을 것이다!"

당신은 요한복음 16장 33절을 펼쳐 읽는다. "이것을 너희에게 이르는 것은 너희로 내 안에서 평안을 누리게 하려 함이라. 세상에서는 너희가 환난을 당하나 담대하라. 내가 세상을 이기었노라."

그리스도께서 확증하신 승리는 교회 안에서 일어난 파괴적인 갈등의 정점이 되었던 그날 밤의 끔찍한 악몽을 몰아냈다. 당신의 마음에 평안이 넘쳐난다. 전쟁이 지나고 당신 혼자서는 쟁취할 수 없었던 승리가 다가오고 있음을 감지한다. 무언가 특별한 일이 지난밤에 일어난 것이다. 그러나 누구에게도 결코 간밤의 일을 완벽하게 설명할 수는 없을 것 같다. 하지만 당신은 그것이 얼마나 거대하고 생생한지 잘 알고 있다. 하늘 높이 성경을 들고서 이렇게 선언한다. "하나님, 제가 이 책이 드러내는 하나님을 있는 그대로 보이겠습니다."

장면 2 : 승리

당신은 생전에 교회 두 곳을 더 섬겼고, 수년이 지난 지금 하늘나라 강가에 서 있다. 당신은 교회 갈등이라는 불길이 목숨을 거의 앗아갈 뻔했던 그날 밤에 대해 말을 아껴왔다. 하지만 그 시간을 통해 얻었던 지혜와 통찰만은 여러 번 유용하게 사용해왔다. 완전한 죽음, 즉 자기 다스림에 대한 죽음이 당신의 마음 깊은 곳에서 일어났다. 그날 밤 당신의 생각과 소원, 결정을 다스릴 권한을 그리스도께 실제로 내어드렸다. 죽음을 통해 생명을 얻는다는 역설과 같은 진리에 적응하는 것이 처음에는 쉽지 않았다.

당신이 거둔 영원한 열매는 불길이 일어나는 동안 마음에 심은 것들에서 자라 맺힌 것이다. 당신은 위기에 처한 사람들을 도와 그들의 삶 깊숙이 들어가는 능력이 탁월했고, 또 그것으로 유명해졌다. 사람들은 당신이 어떻게 그토록 깊고 풍성한 믿음을 갖게 되었는지, 많은 교회들이 풍파를 지나도록 도울 수 있었는지 궁금해했다. 당신의 장례식에서 많은 사역자들은 영적 문제에 대해 당신이 보여준 초자연적인 이해와 하나님의 말씀에 대한 확신, 당신에게 영향받은 많은 영혼들에 대해 이야기했다.

지금 당신은 모든 세대의 교회들과 함께 그리스도의 보좌 앞에 엎드려 있다. 한 번에 한 사람씩 사람들은 주님 앞에 불려나가 각각 그들이 한 것에 따라 상급을 받고 있다. 소명을 저버릴 뻔했던 그날의 어두운 기억은 저 멀리 영원 전의 일과 같이 느껴진다. 무수한 골짜기들을 지나도록 도와주었던 바울의 말을 상고한다. "생각하건대 현재의 고난은 장차 우리에게 나타날 영광과 비교할 수 없도다"(롬 8:18). 바울이 옳았다. 이 영광은 수만 개의 태양보다 찬란한 것이다.

그리고 그리 멀지 않은 곳에 바울이 있다. 그는 보좌로 나아갔다가 이제 막 들어오고 있다. 그런데 면류관을 쓰고 있지 않았다. 물론 그는 면류관을 받았지만 그것을 벗어 주님의 발 앞에 내려놓았다. 그가 당신을 보았다. 면류관을 찾고 있는 당신의 마음을 꿰뚫어본 모양이다. 그는 한때 상처가 있던 부분을 가리키며 속삭였다. "이것을 기억하는가? 이들이 나의 면류관이네."

갑자기 당신의 이름이 불린다. "보좌로 나아오라." "그의 음성은 많은 물소리와 같으며"라는 요한의 묘사를 보고 상상했던 목소리, 그 이상이다. 그것은 수천의 바다가 우레와 같은 소리로 부딪히는 것과 같은 소리였지만, 동시에 잔잔한 개울과 같이 다정한 소리이기도 했다. 마리아가 부활의 아침 동산에서 자신의 이름을 부르시는 그분의 목소리를 들었을 때 느꼈을 따스함이 묻어났다.

당신은 환대에 압도되어 그의 보좌 앞으로 나아간다. 이제 요한이 밧모 섬에서 그리스도를 만났을 때 왜 죽은 것처럼 엎드렸는지 십분 이해할 수 있다. 하지만 계시의 때에 요한을 붙들어주었던 똑같은 긍휼과 은혜와 사랑이 지금 당신을 붙들고 있다. 전능하신 분의 마음에는 표현되지 않은 거절이나 실망의 흔적이 없다. 하지만 상스러운 죄악 세상과의 거대한 경계를 지나 완벽한 순결과 진리와 빛의 자리로 나아오는 것에 쉽게 적응이 되지는 않는다.

연구와 기도, 목양을 통해 당신이 하나님께 보여준 절제에 대해 그분은 기쁨을 표시하시며 당신 인생을 쭉 펼치신다. 이윽고 이해할 수 없었던 그날 밤, 그러니까 영원한 상급을 포기할 뻔했던 밤으로 페이지가 넘어갔다. 갈등은 재현되었고 그날 밤으로 초점이 맞추어졌다. 그분은 당신을 어떻게 심판하실까? 그날 이른 새벽 날개를 타고 임했던 초자연적 도우심이 아니었다면, 당신은 분명 실패했을 것이다. 그 결과가 당신의 영원한 상급을 결정짓는 만큼, 천군 천사들 사이에는 깊은 침묵이 흐른다.

그날 밤이 재현되고 당시에는 믿음으로만 받아들여야 했던 실재에 눈을 뜨기 시작한다. 그때는 볼 수 없었던 것이 이제는 눈에 들어온다. 서재 구석에서 당신 마음에 비방할 생각을 던져 넣는 것은 사탄이었다. 졸개 귀신이 아니라 사탄 자신이다. 이제 당신의 생각을 공격했던 어둠의 에너지를 이해할 수 있다. 그날 밤은 당신의 겟세마네였고, 바로 그곳에서 당신 영혼의 대적은 엄청난 힘으로 당신에게 속삭이고 있었다. 하나님을 의심하라 부추겨 당신을 죽음으로 몰아넣으려는 궤계였다. 그때 당신은 하나님께서 바울을 통해 주셨던 약속을 얼마나 충실히 지키고 계신지 알지 못했다. "주는 미쁘사 너희를 굳건하게 하시고 악한 자에게서 지키시리라"(살후 3:3).

뼛속까지 서늘했던 그 새벽을 다시 떠올리던 찰나, 장엄한 자태를 지닌 천사가 방으로 들어와 하나님의 최후 명령을 선포한다. "그것으로 족하다. 이제 그만 그에게서 떠나가라!" 어둠을 몰아내는 태양의 힘처럼 말씀이 당신의 마음을 새로이 채우던 순간이었다. 아, 그러나 그뿐이 아니다. 천사들이 당신을 둘러싸 당신의 몸에 힘을 불어넣는 모습이 보인다.

구속받은 사실에 대한 감사로 당신은 이십사 장로들과 천군천사들의 틈바구니에 엎드려 그들과 함께 "거룩하다 거룩하다 거룩하다 주 하나님 곧 전능하신 이여"라고 찬송하고 싶은 마음뿐이다. 그분이 손 대지 아니하셨다면 분명 넘어졌을 것이다. 연약한 당신은 하나님의 약속보다 사탄의 속삭임에 더 귀를 기울일 뻔했다.

이제 때가 되었다. 결정이 내려질 순간이다. 주님께서 당신의 눈을 그윽하게 들여다보신다. 그분은 당신을 어떻게 평가하셨을까? "잘 하였도다." 화려한 면류관을 가리키시며 그분이 말씀하신다. "너는 이기었도다. 너에게 나와 함께 다스릴 권세를 주노라. 네가 작은 일에 충성하였으니 이제 열 고을을 맡아 다스리거라."

당신은 재빨리 무릎을 꿇는다. 그렇지 않으면 쓰러질 것이기 때문 이다. 실패 직전까지 갔는데… 상급이라니…. 이어서 당신은 그의 말 씀을 기억한다. "나를 떠나서는 너희가 아무것도 할 수 없음이라." 정 말로 승리는 모두 그분의 것이나 믿음으로 그 시험을 지나온 사람이 당신인 것도 사실이다. 당신은 고통을 허락하신 하나님을 부당하다고 판단하면서 비통에 젖어 뒤돌아서지 않았다.

모든 세대의 교회들이 긍휼과 능력이 많으신 유다의 사자에게 찬송 을 올려드린다. 당신은 받은 면류관을 들어 구원자이자 왕이신 그분 께 경의를 표하고 다시 그것을 그분의 발아래 내려놓는다.

지옥과 같은 고통을 경험했던 그날 밤이 천국에서는 당신의 가장 영광스런 승리로 입증되었다는 사실에 감사하면서 인파 속 당신의 자 리로 돌아온다.

능히 너희를 보호하사 거침이 없게 하시고 너희로 그 영광 앞에 흠이 없이 기쁨으로 서게 하실 이 곧 우리 구주 홀로 하나이신 하나님께 우리 주 예수 그리스도로 말미암아 영광과 위엄과 권력과 권세가 영원 전부터 이제와 영원토록 있을지어다. 아멘 (유 1:24-25).

내 이야기는 여기까지이다. 마이어스타운 은혜형제교회에서의 사역과 이 책을 집필하면서 배운 모든 것을 전했다. 이 책의 내용을 통해 혼란의 구름이 걷히고, 당신이 힘을 얻어 갈등을 극복하고 위대한 승리를 경험한다면, 마이어스타운 은혜형제교회 친구들과 내게 큰 선물이 될 것이다.

더 도움이 될까 하여 교회의 건강 상태를 진단하는 데 필요한 가이드와 갈등의 불길을 예방하고 진화하고 잿더미에서 회복하는 데 필요한 행동지침을 제시하려 한다.

갈등의 라이프사이클

불길이 번지는 각 단계에 최대한 많은 징후를 기록해보십시오. 각 단계를 통해 여러분의 교회에 나타나는 징후의 수는 물론 그 정도를 파악하고 어떠한 행동을 취할지도 결정하십시오.

1단계 : 불꽃이 일다

1. 징후

2. 이러한 '불꽃'들이 화재로 이어지는 것을 예방하기 위해 우리는 다음과 같은 행동을 하기로 다짐합니다.

2단계 : 불이 붙다

1. 징후

2. 사나운 불길이 더 넓게 번지는 것을 막기 위해 우리는 다음과 같은 행동을 하기로 다짐합니다.

3단계 : 격렬히 타오르다

1. 징후

2. 갈등의 불길이 더 격렬히 타오르고 넓게 번지는 것을 막기 위해 우리는 다음과 같은 행동을 하기로 다짐합니다.

4단계 : 바람이 불다

1. 징후

2. 갈등의 불길이 더 크게 번지는 것을 막기 위해 우리는 다음과 같은 행동을 하기로 다짐합니다.

5단계 : 잔불이 남다

1. 징후

2. 갈등의 불길이 교회에 회복하기 어려운 손상을 입히는 것을 막기 위해 우리는 다음과 같은 행동을 하기로 다짐합니다.

6단계 : 잿더미에서 일어서다

1. 징후

2. 교회가 입은 손상을 회복하고자 우리는 다음과 같은 행동을 하기로 다짐합니다.

갈등의 원인

목회자와 리더들의 자가 평가

교회가 영적 능력을 갖추려면 모든 리더가 자신의 강점과 약점을 알아야 합니다.

1. TRIM에 비추어 볼 때 나의 강점과 약점은 다음과 같습니다.

a. Truth(진리) : 말씀과 연합으로 그리스도를 나타내는 능력

▌강점

▌약점

b. Relationship(관계) : 교제를 통해 그리스도를 나타내는 능력

▌강점

▌약점

c. Integrity(온전함) : 인격과 행동으로 그리스도를 나타내는 능력

▌강점

▌약점

d. Mission(사명) : 승리함으로써 그리스도를 나타내는 능력

▌강점

▌약점

2. 네 기둥이 균형을 이루도록 저는 이렇게 다짐합니다.

3. 갈등을 좋아하는 사람들에 관한 이야기를 통해 가정환경과 사회심리적 욕구가 여전히 깊은 영향을 미치고 있는 영역들을 발견하게 되었습니다.

　a. 파괴적 가정환경은 다음과 같은 방식으로 관계에 부정적인 영향을 미치고 있습니다.

　b. 사회심리적 결핍은 다음과 같은 방식으로 관계에 부정적인 영향을 미치고 있습니다.

일반적인 원인 평가

1. 다음과 같은 방식으로 우리 교회는 아래 요인들에 영향을 받고 있습니다.

　a. 권위에 대한 도전을 장려하는 문화

　b. 급속한 교회 성장

　c. 예수님 마케팅

　d. 자유와 형식의 충돌

　e. 조직의 문제

f. 문화적 충돌

g. 상처를 되돌려주는 사람들

h. 사역자들의 숨은 의도

i. 나의 나라

j. 부패한 마음

2. 이러한 요인들이 교회에 미치는 영향을 줄이기 위해 다음 행동을 취할 필요가 있다고 생각합니다.

지옥에서 올라오는 불에 대한 평가
우리는 다음 증거들로 사탄이 우리의 갈등에 연관되어 있다고 생각합니다.

하늘에서 내려오는 불에 대한 평가
하나님께서는 이번 갈등을 통해 다음과 같은 일들에 우리와 함께하시기를 원하십니다.

갈등과의 전쟁

교회 치리

1. 무엇 때문에 치리를 망설이는지 먼저 논의하고 극복해야 합니다.

2. 목적을 잃지 않기 위해 우리는 교회 치리를 위한 목적 선언서를 만들었습니다. 우리의 선언서는 다음과 같이 요약할 수 있습니다.

3. 치리는 오로지 사랑과 구속의 행위여야 하고, 따라서 우리는 다음 필수 단계들을 준수할 것입니다.

4. 치리 과정 속에서 '일이 잘못될' 경우, 우리는 다음 계획을 실행할 것입니다.

담대한 영적 리더십

1. 갈등에 빠진 교회를 섬기는 목회자로서 많은 기도와 조언을 따르자면 다음 내용이 제가 취해야 할 입장이라고 믿습니다.

2. 그렇게 믿는 이유들은 다음과 같습니다.

교회가 취할 수 있는 행동

이 원리들이 우리 교회의 안녕과 성공에 필수적이라는 사실을 기억하면서 우리는 다음과 같은 방법으로 예수님께서 정하신 개념들을 우리 교회 성도들에게 가르칠 것입니다.

지옥에서 올라오는 불

갈등 속에서 사탄의 역할을 극복하기 위해 필요한 모든 도우심을 그리스도께서 이미 제공하셨다는 사실을 기억하면서, 우리는 사탄이 움켜쥐고 있는 다음과 같은 '손잡이들'을 제거할 것입니다.

갈등 관리 컨설턴트

하나님께서는 이 갈등을 헤쳐 나가기 위해 필요한 도움을 이미 예비하셨고 바로 지금이 그 중립적인 사람의 도움을 구해야 할 때라고 믿습니다.

1. 우리는 다음 사람들을 컨설턴트 후보자로 면밀히 살펴볼 것입니다.

2. 우리는 컨설턴트에게 다음과 같은 권위를 부여할 것입니다.
수동적 조정자/ 수동적 조언자 /강제적 중재인

3. 컨설턴트를 고용하기 위해 다음의 행동들도 취할 것입니다.

회복을 향하여

피해 조사

1. 갈등의 불길은 교회의 모든 영역에 영향을 미쳤습니다. 각 특정 영역에 이 화재가 미친 영향은 다음과 같습니다.

a. 목회자

b. 목회자의 아내

c. 목회자의 자녀들

d. 교인들

2. 그리스도의 몸의 각 영역이 당한 고통을 경감시키기 위해 우리는 다음 행동을 취할 것입니다.

a. 목회자

b. 목회자의 아내

c. 목회자의 자녀들

d. 교인들

목회자에 대한 교회의 책임

1. 목회자와 멘토의 관계는 매우 중요합니다. 교회가 목회자의 삶 속에서 이 같은 필요를 효과적으로 충족시키고 있는지, 아래 표를 참고하여 성도 몇 퍼센트가 사도 바울이 언급했던 사람들처럼 목회자에게 영향을 미치고 있는지 평가해보겠습니다.

성격	사람	영향
a. 신뢰할 수 없는	데마	세상의 유익을 위해 바울을 저버렸다
b. 말썽꾼	알렉산더	바울을 대적했다
c. 멘토	아굴라와 브리스길라	바울을 도왔고 아볼로를 성숙시켰다

2. 그리스도께서 우리를 사랑하신 것 같이 우리도 서로 사랑하여 세상이 우리를 그리스도의 제자로 알도록 우리는 목회자의 성숙을 도와야 합니다. 다음 일들을 하기로 다짐합니다.

상처 입은 목회자를 보살피라

우리의 목표는 교회를 떠나는 모든 목회자들이 최선의 상태에서 다음 교회로 떠나도록 하는 것입니다. 우리 교회에서 갈등을 마주한 모든 목회자들을 다음과 같이 보살피기로 다짐합니다.

목회자들의 자가 치료

제 삶과 사역의 상태에 대하여 궁극적으로는 저 자신이 하나님 앞에 책임을 져야 한다는 사실을 깨달았기에 저는 다음 일들을 하기로 다짐합니다.

1. 영적 재건을 위해

2. 정서적 재건을 위해

3. 육체적 재건을 위해

4. 전문가의 도움을 받기 위해

상처 입은 교회를 보살피라

1. 여기에 묘사된 징후들 중에서 우리 교회는 다음과 같은 징후들을 보이고 있습니다.

2. 이러한 집단적 어려움을 진단하고 해결하는 방법은 다음과 같습니다.

임시 목사

1. 우리는 임시 목사가 필요합니다. 임시 목사 후보들과 우리가 논

의하고 싶은 문제들은 다음과 같습니다.

  2. 각 임시 목회 팀을 위해 현재 우리가 가지고 있는 (혹은 앞으로 배
치해야 하는) 사람들의 명단은 다음과 같습니다.
  a. 임시 목회 팀

  b. 리더십 팀

  c. 예배 팀

  d. 목회자 청빙 팀

주註

1. *Webster's New World Dictionary*, Third College Edition(New York: Webster' s New World Dictionaries, 1991), p.702.

2. Erwin Lutzer, *The Serpent of Paradise*(Chicago: Moody, 1996), p.119.

3. Herbert Lockyer Sr., *The Psalms: A Devotional Commentary*(Grand Rapids: Kregel, 1993), p.355.

4. Robert Greenleaf, *Servant Leadership*(New York: Paulist Press, 1977), p.7.

5. John Flavel, *Banner of Truth*, vol. 6(Carlisle, Pa.: Banner of Truth, 1968), p.62.

6. Leith Anderson, *Dying for Change*(Minneapolis: Bethany, 1998).

7. Loren Mead, *The Once and Future Church*(Washington, D.C.: The Alban Institute, 1993).

참고 도서

다음 자료들은 대부분 직접 인용하지는 않았지만, 이 책에 영향을 끼친 자료들이다. 견고한 교회를 세워가는 데 값진 도구가 될 것이다.

폭력적 리더십

David Johnson and Jeff VanVonderen, *The Subtle Power of Spiritual Abuse*(Minneapolis: Bethany, 1991).

문화 충돌 피하기

Charles Arn, *How to Start a New Service*(Grand Rapids: Baker, 1997).
Barry Leisch, *The New Worship*(Grand Rapids: Baker, 1996).

인간의 마음에 대한 성경적인 평가

Ron Susek, "Discovering the Real You" video series(Gettysburg, Pa.: Susek Evangelistic Association, 1991).

지역 사회를 위한 공헌

C. John Miller, *Outgrowing the Ingrown Church*(Grand Rapids: Zondervan, 1986).

파괴적인 지나침에 맞서기

Clifford Hill, Peter Fenwick, David Forbes, and David Noakes, *Blessing the Church?* (Surrey, B.C. Canada: Eagle, 1995).

모든 기관에서 찾을 수 있는 백분율 원리

Richard Kock, *The 80/20 Principle*(London: Nicholas Brealey Publishing, 1997), 《80/20법칙》(21세기북스).

영적 전쟁

Neil T. Anderson, *The Bondage Breaker*(Eugene, Ore.: Harvest House, 1990).

Neil T. Anderson, *Setting Your Church Free*(Ventura, Calif.: Regal Books, 1994).

Mark I. Bubeck, *The Adversary*(Chicago: Moody, 1975).

Mark I. Bubeck, *Overcoming the Adversary*(Chicago: Moody, 1984).

이 시대의 영에 대한 이해

Robert H. Bork, *Slouching Towards Gomorrah*(New York: HarperCollins, 1996).

Os Guinness, *The American Hour*(New York: The Free Press, 1993).

Harold Lindsell, *The New Paganism*(San Francisco: Harper and Row, 1987).

예배

Paul E. Engle, *Baker's Worship Handbook*(Grand Rapids: Baker, 1998).